新时代大学生思想政治教育理论与实践探究

戚盼姣　李奉天 ◎ 著

中国书籍出版社
China Book Press

图书在版编目（CIP）数据

新时代大学生思想政治教育理论与实践探究 / 戚盼姣, 李奉天著. -- 北京：中国书籍出版社, 2024.7.
ISBN 978-7-5068-9943-7

Ⅰ. G641

中国国家版本馆 CIP 数据核字第 2024CY4555 号

新时代大学生思想政治教育理论与实践探究
戚盼姣　李奉天　著

图书策划	成晓春
责任编辑	毕　磊
封面设计	守正文化
责任印制	孙马飞　马　芝
出版发行	中国书籍出版社
地　　址	北京市丰台区三路居路 97 号（邮编：100073）
电　　话	（010）52257143（总编室）（010）52257140（发行部）
电子邮箱	eo@chinabp.com.cn
经　　销	全国新华书店
印　　刷	天津和萱印刷有限公司
开　　本	710 毫米 ×1000 毫米　1/16
字　　数	300 千字
印　　张	15
版　　次	2025 年 5 月第 1 版
印　　次	2025 年 5 月第 1 次印刷
书　　号	ISBN 978-7-5068-9943-7
定　　价	88.00 元

版权所有　翻印必究

前　言

思想政治教育是一个由许多要素组成的有机系统，这一系统的创新应当是整体性的。思想政治教育只有从整个体系上综合体现改革创新的时代精神，才能真正提高其针对性和有效性。因此，必须将思想政治教育看作一个有机的整体，使各部分有机结合、相互影响、相互促进，成为全面的创新体系。

我国历来十分重视思想政治教育工作。大学是对人才进行教育和培养的主要基地，必须承担起为社会主义建设培养合格接班人的重任。党的十九大报告提出："要以培养担当民族复兴大任的时代新人为着眼点。"党的二十大报告中也强调了要培养德智体美劳全面发展的社会主义建设者和接班人。一名合格的人才，不仅应具有丰富的专业知识和技能，还应具有较高的政治素养。因此高校在人才培养过程中，除了进行专业知识的教育外，还应突出思想政治教育的主体作用，重视思想政治教育工作实践及其创新。思想政治教育本身所固有的特征要求其理论研究必须与时俱进，贴近学生，贴近现实，贴近时代。大学生思想政治教育工作，就是要有效运用马克思主义理论武装青年学生的头脑，帮助他们认清历史发展的规律和自身的历史使命，树立正确的世界观、人生观和价值观。这就要求我们要解放思想、实事求是、与时俱进，帮助大学生树立正确的世界观、人生观、价值观，深入开展马克思主义立场、观点、方法教育，宣传党的基本理论、基本路线、基本纲领和基本经验，不断增强高等学校思想政治理论课教育教学的针对性、实效性、说服力、感染力；坚持开拓创新，不断改进教育教学的内容、形式和方法，进一步提高大学生的马克思主义理论素养和道德品质水平。

大学生是祖国的未来，是民族的希望。大学生思想政治教育能否成功，关乎人才能否健康成长、中国特色社会主义建设事业的成败。我国的高等教育正处在深刻的历史转变之中，主要表现为由注重规模扩张向注重质量提高转变。重视和加强高校思想政治教育，不断提高高校思想政治教育的实效性，不断改进和创新大学生思想政治教育的内容和形式，是促进大学生健康成长成才的重要措施。

党的十八大以来，以习近平同志为核心的党中央高举马克思主义旗帜，致力于推进中华民族伟大复兴，高度重视并全面加强思想政治教育工作，形成了推进新时代思想政治工作的一系列新思想新举措。习近平总书记先后主持召开了全国高校思想政治工作会议和学校思想政治理论课教师座谈会并发表重要讲话，提出了一系列富有创见的新思想、新观点、新理念，深刻回答了高等教育要解决"培养什么样的人、如何培养人、为谁培养人"的根本问题，为做好新时代大学生思想政治教育工作提供了根本遵循。大学生思想政治教育包括思想政治理论教育和日常思想政治教育，其中，思想政治理论教育是主渠道，日常思想政治教育是主阵地，二者相互依存、互为补充，共同架构起大学生思想政治教育大厦。大学生能否健康成长，能否成为德才兼备的全面发展的人才，关乎国家的命运和民族的未来。做好新时代大学生思想政治教育工作，是一项重大而紧迫的战略任务。

从本质上讲，思想政治教育是人的政治信念教育，属于国家意识形态教育。对新时代大学生而言，思想政治理论教育就是进行理论灌输，即进行马克思主义理论和马克思主义中国化理论成果的系统教育，帮助他们坚定马克思主义信仰，树立中国特色社会主义共同理想和共产主义远大理想，激励他们把人生理想融入为实现中华民族伟大复兴的中国梦的奋斗中。大学生是国家经济社会发展的人才基础，也是实现中华民族伟大复兴伟业的希望所在。改革开放以来，大学生思想政治素质的主流是积极健康、向上向善的，他们热爱党、热爱祖国、热爱社会主义，能够坚定中国特色社会主义道路自信、理论自信、制度自信和文化自信，为实现中华民族伟大复兴而团结奋斗。

大学生思想政治教育总是随着改革开放的深化、经济社会的发展及时代主题的变化而不断得以加强和改进。党的十九大报告指出："青年一代有理想、有本领、有担当，国家就有前途，民族就有希望。"作为社会的重要构成力量，大学生的政治行为表现及其形成的政治习惯，承载着国家未来的命运与民族振兴的深切期望。对教师而言，贯彻落实加强和改进新时代大学生思想政治教育新要求，既要在实践层面推进思政课教学改革创新，不断提升思想政治教育的思想性、理论性、针对性和亲和力，又要在理论层面深化马克思主义理论和思政课理论研究与实践探索的良性互动。高校思政课教师要坚持教学与科研相结合，以习近平新时代中国特色社会主义思想为指导，以培育和践行社会主义核心价值观为主线，结合大学生思想政治教育实践，着力开展相关问题研究。新时代大学生思想政治教育的研究是多层面、多向度的。研究应立足问题意识，坚持问题导向，既有宏观层面的研究，也有微观层面的研究；既有教育理论阐释，也有教学经验总结；既有德性培育研究，也有素质提升研究；既有文化育人研究，也有实践育人研究。

在撰写本书的过程中，笔者参考了大量的学术文献，得到了许多专家学者的帮助，在此表示诚挚的谢意。本书内容系统全面，论述条理清晰、深入浅出，但由于笔者水平有限，书中难免有疏漏之处，希望广大同行及时指正。

戚盼姣　李奉天

2024 年 4 月

目 录

第一章 新时代大学生思想政治教育的理论基础 ··· 1
    第一节 马克思主义经典作家关于思想政治教育的重要论述 ····················· 1
    第二节 习近平关于大学生思想政治教育的重要论述 ····························· 8

第二章 新时代大学生思想政治教育概述 ··· 21
    第一节 新时代大学生思想政治教育内容目标 ··································· 21
    第二节 新时代大学生思想政治教育的原则和理念 ······························ 55
    第三节 新时代大学生思想政治教育的新任务和目的 ···························· 70

第三章 新时代大学生思想政治教育师资队伍建设 ··································· 76
    第一节 新时代大学生思想政治教育师资队伍建设的现状及其理论指导 ··· 76
    第二节 新时代大学生思想政治教育师资队伍的素质要求与能力构成 ······ 91
    第三节 新时代大学生思想政治教育师资队伍的专业能力提升 ············· 104
    第四节 新时代大学生思想政治教育师资队伍的建设路径 ················· 108

第四章 新时代大学生思想政治教育的具体实践 ···································· 120
    第一节 元认知策略在大学生思想政治教育中的应用 ······················· 120
    第二节 云课堂在大学生思想政治教育中的应用 ···························· 125
    第三节 慕课在大学生思想政治教育中的应用 ······························· 130

第五章　新时代大学生思想政治教育路径的拓展 ································ 139
第一节　新时代大学生思想政治教育的教学路径 ······················ 139
第二节　新时代大学生思想政治教育的组织路径 ······················ 147
第三节　新时代大学生思想政治教育的社会实践路径 ·············· 156
第四节　新时代大学生思想政治教育的校园文化路径 ·············· 166
第五节　新时代大学生思想政治教育的网络路径 ······················ 176

第六章　新时代大学生思想政治教育的创新发展 ································ 184
第一节　新时代大学生思想政治教育体制创新 ·························· 184
第二节　新时代大学生思想政治教育评估体系创新 ·················· 196
第三节　新时代大学生思想政治教育模式创新 ·························· 218

参考文献 ·· 228

第一章 新时代大学生思想政治教育的理论基础

本章内容为新时代大学生思想政治教育的理论基础部分，分别介绍了马克思主义经典作家关于思想政治教育的重要论述、习近平关于大学生思想政治教育的重要论述两个方面的内容。

第一节 马克思主义经典作家关于思想政治教育的重要论述

中国共产党的思想政治教育工作得到了来自马克思主义经典作家的思想政治教育理论的重要指引和支持。马克思和恩格斯的理论为现代思想政治教育奠定了基础，列宁在二者理论的基础上进一步进行研究，使思想政治教育工作理论向着更加系统化、严谨化的方向发展，而斯大林对相关理论进行了继承和推动。

一、马克思的人学思想

马克思深入分析了西方传统人本主义，批判地继承了费尔巴哈的人本主义思想，最终形成了其人学思想。马克思的人学思想内涵丰富，具有科学性和时代性，贯穿于马克思主义哲学体系，对新时代我国高校开展思想政治教育工作具有重要的指导意义。

（一）人学思想的理论基础

"现实的人"是人学思想的基础，"现实的人"即从事生产劳动、参与社会生活的人。马克思在研究人类本质时，摒弃了以往哲学家们狭隘的见解，重新解释了"现实的人"的概念，指出人的现实性受制于其生活的物质条件。在《德意志意识形态》中，马克思讨论了人类社会的产生和发展，强调了劳动作为人类活动的核心价值,认为劳动是人类与动物之间的关键区别,是人类活动的必要条件,并赋予活动以价值。人的个性特征、彼此之间的差异由他们所处的不同劳动生产历史阶段决定,因此人被塑造成了具体且能够受到历史背景影响的个体。马克思通过研究政治经济学得出结论,认为人们的社会行为和物质生产方式直接影响了个体的生存和发展,认为资本主义的兴起导致了"现实的人"之间异化现象的产生。他对历史进程进行了系统分析,并预测未来社会将朝着人人享有自由和全面发展的方向发展。恩格斯同样认为历史唯物主义是关于现实的人及其发展的科学。根据上述观点,我们可知马克思以从事物质生产的个体和"现实的人"为依托,探讨了人类的本质和社会发展的推动力量,从而建立了一套具有重要意义的人性研究框架。

在《哲学的贫困》一书中,马克思通过"剧中人"和"剧作人"理论,深入探讨了"现实的人"的概念。"剧中人"代指处于特定历史时期的个体,若要全面理解"现实的人"理论,便需要考虑个体所处的特定时期的工业进展、劳动方式、生产设备,以及个人的需求。"剧作人"是与"剧中人"相对应的概念,它用以指代在特定历史条件下,通过发挥主体性功能,用行动对历史进程产生作用的个体。该概念强调了个体的主动性和创造性。这两种角色超越了传统的主客对立理论,表明人类和社会之间存在着内在的联系。特定历史时期的生产力水平决定了人们资源流通的方式和社会的组织形式,也塑造了特定的社会结构、制度和家庭模式。历史的大背景为处于该时期的人们提供了生存的机会,催生了人与人之间的互动和人与社会之间的关系,人们在生存过程中不断成长和进步,经历着不断的变革和发展。

(二)人学思想的主要内容

人类的需求不仅包括基本生活需求和社会需求,还包括对驱使个人和社会不断进步、追求更高层次发展的动力的需求。人类最基本的需求是自然需要,即维持日常生活的需要,只有当最基本的需求得到满足后,个人才会开始追求更高层次的需求。自然需要是在一种需要的同时,也能够作为一种工具帮助人类不断进步。人在社会中形成的需求,与自然需要相比更加广泛和复杂。个人价值在于能够合理地追求自然需要、社会需要的满足,使得个体在日常生活与工作中肩负起一定的责任，同时在社会关系中发挥应有的作用。这两种需要促使"自然人"和"社会人"两种身份在人的身上达到和谐统一。随着不断地进步和成长，人开始追求自我提升、推动社会的发展。个体就在不断地生活实践与工作实践中完善自我、满足社会的需求，激发自身的主观能动性，积极探索、改变世界，为人类社会的进步做出贡献。

根据人学的相关理论，主体的价值即人的价值，人的价值比一般价值问题复杂，因为人存在双重价值的问题，即人类需要既创造个人价值，又创造社会价值来体现人的价值。

个体通过在外部世界中积极参与实践追求自我，进而完成了个人价值的实现。个体的社会价值则涉及对人类内在价值的追求，与个体的存在的意义息息相关。个人价值需要在社会实践中完成，也无法脱离社会关系的作用，与人际交往密切相关。个体在追求价值实现的过程中应当把个人的成长与社会的进步紧密联系起来，在工作、生活和学习过程中不应只关心个人利益，还应当具备奉献心态。只有不懈努力并为社会做贡献，才能实现个人利益与社会利益的和谐统一。只有关注社会问题，为公众做出贡献，才能展现个人的才华和能力，使个人和整个社会都从中获益。

（三）人学思想的最终目标

马克思主义人学思想的最终目标是确保每个个体实现自由而全面的发展。只有个人实现了全面而自由的发展，才能够帮助他人实现自由的发展。人类既在自然界中存在，也在社会中存在。马克思主义人学关注个人的全面自由发展，也强调全人类实现全面自由发展的目标。

个体的自我解放意味着个体在摆脱传统的、落后的社会约束后，通过获得自主权来引导自身的成长和发展，在社会中占有主导地位。根据马克思主义理论，人的解放涉及劳动和社会双重层面的解放，同时还涉及作为独立个体的自我的解放。在复杂的社会环境中，人的个体性的形成受到多种因素的综合影响，涉及生理、心理等多个方面。在古代人类社会中，人们受制于自然环境，只能依靠血缘关系建立生存共存体，没有关注其他方面的余力，更无法发展自身的个体性。在封建社会中，家庭结构得以发展，家庭成员可以在一定程度上自主安排生活和工作。然而，受封建专制制度的影响，个人行为受到限制，个性自由受到压抑。资本主义社会，随着生产力的提升，个人获得了更多的自主权，无论是在物质方面还是在精神方面，人们均展现出了更强的主观能动性和个体性。资本主义社会的经济形式以商品经济为主，资本家和工人均会受到资本的控制，被迫处于资本主义体系中。在这种情况下，要想追求个人自由，就必须依靠资本。在共产主义社会中，人与人之间的交往将会更加自由，社会关系也更加人性化、自主化。个体可以自由发展，每个人都有机会挖掘自己的潜力，最终形成所有人自由发展的局面。可以说，随着人类社会的不断进步，马克思主义人学思想的最终目标必然会实现。

二、列宁的思想政治教育观

在长期的无产阶级革命和思想政治教育工作实践中，列宁针对思想政治教育工作提出了一系列观点，指导苏俄思想政治教育工作有序开展。

（一）教育与政治的辩证关系

列宁认为，思想工作应当围绕政治工作展开。随着政治工作和政治任务的演进，思想政治教育也需紧跟时代发展，以更好地支持革命事业。此外，列宁还鼓励思想政治教育工作者以及相关政府部分联合起来，准确理解政治工作发展的规律，全面普及思想政治教育，以支持革命斗争。因此，工人阶级的政治目标是打破资产阶级统治的体制，改革陈旧的生产关系，建立起崭新的社会主义国家。在改革过程中，需要重视无产阶级的思想政治教育工作，以促进民众形成正确的政治意识，从而为政治体制改革奠定基础。

列宁曾说，"苏维埃工农共和国的整个教育事业，无论在一般的政治教育方面或者具体的艺术方面，都必须贯彻无产阶级的阶级斗争精神，这一斗争是为了顺利实现无产阶级专政的目的，即推翻资产阶级、消灭阶级、消灭一切人剥削人的现象"[①]。在工人阶级领导的情况下，教育应当努力帮助无产阶级民众确立正确的政治观念，使其意识到个人的历史使命，并为工人阶级事业的进步做出贡献。

---

① 中共中央马克思恩格斯列宁斯大林著作编译局.列宁专题文集[M].北京：人民出版社，2009.

列宁认为，思想政治教育工作的开展需要与社会实践密切结合，从而提高人们的世界观教育水平，减弱唯心主义和宗教对人们的影响。在阶级社会里，教育的价值并未得到充分的体现，资本主义社会所提倡的教育往往仅仅被用于促使群众成为被剥削、为资本服务的工具。在沙皇封建专制统治时期，教育被用来维护统治者的权力，大部分人民被剥夺了接受教育的机会，他们甚至缺乏基本的读写能力。而只有在社会主义社会中，教育才能够帮助人们实现全面、自由的发展。

（二）思想政治教育的灌输论

列宁明确提出了"政治教育"和"政治工作"等概念，并在马克思主义的指导下形成了较为完善的灌输论。"灌输论是列宁思想政治教育的理论依据。"[①] 在与各种错误思潮进行斗争的过程中，列宁积极向广大民众，特别是工人阶层，介绍科学的马克思主义理论。在学习马克思主义理论后，工人阶层意识到了可以摆脱被压迫的现状，并认识到了自己的历史使命，开始积极投身于社会主义事业中。列宁强调了在进行理论灌输时应当采用灵活的处理方式，他认为只有将马克思主义与人们的日常生活和革命实践结合起来才能更好地被社会大众接受和理解。许多人缺乏对科学社会主义思想的认识，而这种思想能帮助他们更清楚地理解社会情况，并认识到资产阶级和无产阶级之间的不可调和的矛盾。因此，为了向民众传递科学的社会主义思想，不可避免地要采取"硬灌"策略。无产阶级政党需要积极参与思想政治教育活动，主动占领利于开展思想政治教育的重要位置。通过揭露资产阶级的真实面目和指出其错误本质，无产阶级政党可以帮助广大民众特别是工人和农民抵御资本主义意识形态的侵略。

只有意识到进行思想政治教育对于传承和发展科学社会主义理论以及人类文明成就的重要性，我们才能在日常社会生活中自觉开展思想政治教育。灌输论的形成有两大重要意义，一是为苏联共产党提供了正确的思想指导，为之确定了思想政治教育的正确取向；二是在实践中积累了经验，为苏联共产党思想政治教育理论注入了新鲜血液。列宁强调，无产阶级政党的首要任务是普及和推广革命理论，他认为只有在思想政治教育领域占据有利形势，才能最为广泛地实现人民群众的思想觉醒，使工人运动成为自觉的运动。在利用灌输论进行思想引导的过程

---

① 陈万柏.思想政治教育学原理[M].北京：中国人民大学出版社，2012.

中,俄国成功地颠覆了沙皇统治,建立了社会主义政权,并解决了无产阶级政党内部的思想混乱和组织松散等问题,无产阶级政党的思想政治教育工作的重要功能由此有目共睹。

(三)思想政治教育工作的普及

列宁认为,思想政治教育的内容应该以客观事实为基础,并致力于真实反映社会实际,只有在与人们日常生活密切相关的情况下,思想政治教育才能得到广泛的认同。在党的十九大报告中,共有二百多次提到"人民"一词,多次提到"人民生活""人民获得感""人的全面发展"等,深刻表明了党对人民群众的切实关怀之情。首先,实践是理论的基础。为了加深人们对思想政治教育的理解,列宁鼓励人们积极参与社会主义革命活动和建设活动,主张通过实际行动来实现教育目标,激发民众的自主性,促进民众意识的觉醒。其次,社会存在塑造了人们的观念和想法,而这些观念和想法又会影响社会存在。在向民众进行思想政治教育的过程中,无产阶级政党着力培养民众先进的社会意识。思想政治教育的开展有助于在社会存在中更好地发挥社会意识的积极作用。在"人民群众是历史的创造者"思想的指导下,无产阶级政党应加强与人民的思想交流,激励他们积极参与社会活动,以构建充满活力的革命队伍与社会建设队伍,推动科学社会主义和工人运动相互结合,持续提升自身的思想政治教育水平。

列宁用通俗易懂的例子,使文化水平较低的一般群众也能轻松了解马克思主义理论,"善于用简单、明了、群众易懂的语言讲话,坚决抛弃难懂的术语和外来语,背得烂熟的、现成的但是群众还不懂、还不熟悉的口号,决定和结论……要善于运用掌握的事实和数字"①。许多接受过文化教育,且拥有一定社会实践经验的思想政治教育者在苏联共产党的引导下得以展示才华,揭露了沙皇专制统治和资本主义剥削的实质,进而激发了人们对社会主义事业的支持与热情。根据列宁的观点,为了提升人们的思想政治觉悟,需要根据群众职业和文化水平的不同,采用不同的教育方法,鼓励他们为维护个人利益而与资本主义体制抗争,为实现社会主义社会而努力。

---

① 中共中央马克思恩格斯列宁斯大林著作编译局.列宁全集(第42卷)[M].北京:人民出版社,1987.

三、斯大林时期的思想政治教育工作

实现每个人的自由全面发展这一最高目标，始终贯穿于马克思主义经典作家的理论中，斯大林也是如此。在苏联社会主义探索实践中，斯大林克服党内的争论危机，坚决捍卫列宁主义，对列宁主义做了科学的概括，在继承了马克思、恩格斯和列宁的思想政治教育观点的基础上形成了斯大林思想政治教育观点，并在实践中对苏联的教育组织结构及领导体系进行了新的变革，促进了苏联思想政治教育朝着更科学、更规范的方向发展。

（一）确立培养目标

教育的目的是使青年能够真正地成为一个共产主义者，能够真正地为苏联社会主义事业做出贡献。1925年4月，斯大林在《致苏联无产阶级大学生第一次全国代表会议》中明确提出青年的培养目标，并明确了三个要求："要竭力使无产阶级大学生成为社会主义经济和社会主义文化的自觉的建设者；要竭力使大学生感觉到自己是社会活动家，并且在行动上表现出自己是真正的社会活动家；要竭力使无产阶级大学生首先是共产党员大学生，懂得掌握科学的必要性并且去掌握科学。"[①] 不论是社会主义的自觉建设者，还是真正的社会活动家，都必须掌握科学技术，学习马克思主义、布尔什维主义，从而转变为一名真正的共产主义者，为苏联的社会主义事业贡献力量。

（二）规范教育制度

斯大林认为每一个苏联共产党党员都担负着苏联思想政治教育工作的重任，只有加强苏联共产党对思想政治教育的领导权，才能促使苏联共产党在全国建立并逐步完善思想政治教育工作管理体系。同时，斯大林时期，政府建立了思想政治教育工作的联动机制，"党政工团妇齐抓共管"的思想政治教育工作体系日益完善。苏联共产党作为苏联当时思想政治教育工作开展的核心，引领工会、妇联、共青团实现对整个社会的领导，宣传党的路线方针政策，保护民众权利，普及教育，选拔和培养人才，促使社会主义事业欣欣向荣。

---

① 中国共产主义青年团中央团校. 马克思恩格斯列宁斯大林论青年 [M]. 北京：中国青年出版社，1980.

（三）保障教育权利

斯大林曾多次强调要保障工农青年受教育的权利，他从苏联社会主义革命和建设的根本需要出发，倡导努力实现苏联扫除文盲、普及初等教育、发展中等教育和高等教育的理念，以此保障工农子女受教育的权利。他也提出学校要打破教育屏障和束缚，一视同仁地对待所有学子，因材施教，为苏联社会主义建设培养掌握科学技术的人才。

（四）发展思想政治教育

斯大林延续了列宁的灌输论思想，并在多领域奉行马克思列宁主义思想，专门开展了针对青年的马克思列宁主义教育。斯大林认为，过去的党内干部接受的马克思主义理论教育并不充分，这些干部对理论的掌握不够深刻，缺乏对马克思主义理论的深入理解，在实际工作中只是对马克思主义理论进行了机械、片面的套用，党内因此出现了教条主义倾向。若要客观认识和掌握社会主义建设和发展的规律，必须要求革命者与建设者准确理解和熟练运用马克思主义理论。青年应该持续审视马克思主义理论的适应性，并不断对理论进行丰富和完善。斯大林强调，青年在学习列宁主义时需要拥有决心和毅力，他鼓励青年树立正确的世界观、人生观和价值观，成为怀揣理想和抱负的共产主义者。

通过对经验的总结，马克思主义经典作家提出了一系列方法论、原则和内容用于指导思想政治教育工作，为后续思想政治教育工作的开展奠定了坚实的理论与实践基础。习近平总书记在总结我国社会主义建设的成功经验时，特别强调了在思想政治教育工作中坚持和深化马克思主义的关键作用。他强调应当在传承和弘扬已有思想政治教育观的基础上，不断使其贴合中国的实际国情。这些已有的思想政治教育观为思想政治教育工作的开展提供了科学依据。

第二节　习近平关于大学生思想政治教育的重要论述

习近平总书记充分审视了当今国际发展的总体趋势，并且站在世界的宏观角度考察各国教育事业发展格局，立足我国目前所处的国际环境和内在发展要求，提出了一系列大学生思想政治教育的重要观点和论断。聚焦大学生思想政治教育的根本问题,紧密联系"两个一百年"和"中国梦",精准回答了我国要培养什么人、怎样培养人、为谁培养人,最终得出结论——中国想要建设教育强国,让大学生思想政治教育更好地服务于社会主义建设,服务于现阶段发展的新要求,就必须始终坚持走中国特色社会主义道路,致力于培养德智体美劳全面发展的社会主义建设者和接班人。

一、为党育人、为国育才的核心任务

从古至今,"要培养什么人"的问题始终是教育的首要问题。无论是哪个国家,都会根据本国的政治需求来培养人才。包括我国在内的世界各国都需要通过深入了解本国的发展需求和机遇,总结出发展形势与规律,从而有针对性地培养有利于本国政治、经济和文化领域实现进步的人才。中华人民共和国自成立之初,就明确规定了教育应当为无产阶级服务的原则。随着社会的不断发展,大学生思想政治教育仍然致力于培养符合国家发展需求的人才,实现"为党育人,为国育才"的目标。

教育的核心任务是由国家性质所决定的,中国共产党所肩负的历史使命,决定了教育的核心任务是"为党育人、为国育才"。我国发展教育事业的目标是培养符合社会主义基本要求的人才,他们不仅具备建设社会主义国家所需的知识和技能,同时具有为党、为国家服务的使命意识。个人的进步和国家、民族的繁荣息息相关,只有始终坚持"为党育人、为国育才"的核心任务,方可实现国家的兴旺、民族的振兴和个人的发展。

中国共产党的历史使命是实现中华民族的伟大复兴。为了完成这一历史使命,需要培养众多与中国共产党所持价值观和理想信念一致的人才,这些优秀人才的培养是我们党履行初心使命的关键途径。总的来说,教育便是要"为党育人、为国育才"。

教育是国家和党的重要任务,"为国育才"体现出了教育作为"国之大计"的重要性,"为党育人"体现出了教育作为"党之大计"的重要性。纵观中国近现代历史,每一次国家克服艰难险阻、迎来新希望的背后都离不开一群志同道合、有远大理想的人才,他们脚踏实地,砥砺前行,为国家的进步贡献着自己的力量。一代代怀揣着共产主义理想的先驱们为革命事业付出了鲜活的生命;"两弹一星"的科学家们怀揣着梦想,忍受着与亲人分隔两地的孤独,只为了见证中国在国际

舞台上占有一席之地。他们的不懈努力和执着源自对社会主义伟大目标的追求，他们行动的基础来自扎实的科学文化知识。这些因素使得他们在国家困难时期依然顽强拼搏，并最终为国家的建设事业贡献了自己巨大的力量。

二、立德树人的中心思想

习近平总书记多次强调，教育的根本任务是立德树人，要培养全面发展的新时代人才，即德智体美劳全面发展的人才，使得青年一代能够胜任民族复兴大任，满足我国社会主义建设的发展需求，成长为优秀的社会主义建设者和接班人。大学生思想政治教育的开展需要以"立德树人"为中心思想，建立完备的工作体系，充分利用育人各方的教育资源，确保各项工作的开展都能有效地影响学生的思想政治观念，从而使得大学生思想政治教育工作取得实质性成果。必须坚持在包括教学科研领域、行政管理领域、学科建设领域在内的各个领域全面开展思想政治教育工作，构建全方位、全员、全程育人的"大思政"工作体系，从而充分发挥各部门的思想政治教育作用，提高人才培养水平和学校管理水平，最终在党委的统一领导下，形成各方面齐抓共管、共同参与的育人格局。应当注重开展育人队伍建设工作，重点培养党政干部，团学干部，思想品德、政治理论和哲学社会科学课教师、辅导员，推动思想政治教育活动积极开展，在立德树人思想的指导下，实现全员协同的思想政治教育工作格局。

2023 年东北大学发布了《领导班子联系思想政治理论课教师工作方案》，该方案以习近平新时代中国特色社会主义思想为指引，深入贯彻党的二十大精神，紧密围绕立德树人根本任务，提出构建校领导班子与思想政治教师的常态化联系机制，以更好地实践"一线规则"。此外，方案还着重强化教师队伍的"中坚力量"，突出课程建设的"核心地位"，以及课堂教学的"关键作用"，旨在推动高校思想政治教育在新时代取得更深入的发展，促进教育教学质量的稳步提升，从而培养出更多德智体美劳全面发展的社会主义建设者和接班人。

（一）立德树人在大学生思想政治教育中的重大意义

1. 国无德不兴，人无德不立

从古至今，中国的教育家一直强调对"德"的培养。"立德"一词最早出现于"太上有立德，其次有功，其次有立言"①一句中，立德、立功、立言已经成为一代代中国读书人不懈努力以期实现的人生目标。

习近平总书记通过研究历史，深入探讨了"德"的含义，并提出"德"可被划分为大德、公德、私德。具体来说，个人需要具备为国家和人民效力的意愿，把个人的未来与国家和民族的进步联系在一起。只有国家变得强盛，个人才能在国际社会中受到尊重，并且具备自由选择个人发展道路的能力。每位中国人民都需要明白，只有与其他成员互相帮助、支持，才能更加自由地追求自己的理想和价值。在坚守大德的同时，也要注重个人的"私德"。严格遵守个人行为规范，要保持个人品行的端正清廉。只有在细节上严格要求自己，才能养成光明磊落的做事习惯，培养出良好的品德，从而在面对重要抉择时坚守初衷。树德立身是为人的前提，德行的缺乏将影响个人的发展。如若德行不佳，即使拥有渊博的学识，其他人也不愿意靠近；同样地，如果缺乏大德，只注重个人利益，那么久而久之只会陷入琐碎利益的争夺中，很难取得显著的成就。

国家的发展离不开青年一代的力量。青年人只有坚守"大德"，将个人利益融入国家利益，才能推动国家和民族共同进步，让个人的梦想在社会主义建设事业中得以实现。

2. 教育是立德树人的事业

学校的立身之本在于立德树人，要把立德树人融入大学生思想政治教育工作中，检验学校一切工作的根本标准就是立德树人工作的成效如何。要求将"立德"放于"全面发展"之上，这是习近平总书记对人的全面发展的教育方针的重大发展，也是党教育理论创新的最新成果。

如果我们问："教育是做什么的？"大家当然会说："培养人。"那就又要问："培养什么人呢？"培养国家、社会、民族需要的人，可以推动这个世界发展的人。教育就是要培养有德行的人，只有这样的人才有可能成为对国家、社会、民族有用的人。而一个人有了良好的道德品质，自然会希望更好地实现自身的价值，成就他人，为社会做贡献。因此教育首先要做好的就是"立德树人"，如果这个环节没有做好，学生即使掌握再多的知识，也无法成为对社会、国家有用的人，甚至在无"德"的情况下，"才"越高越容易给社会带来大的灾难。

---

① 冯友兰. 三松堂全集（第4卷）[M]. 郑州：河南人民出版社，1986.

(二)"德"的新时代内涵——社会主义核心价值观

那么在我们肯定了"德"的重要意义后,就需要进一步领会在新时代的今天,"德"的内涵为何。社会主义核心价值观是当代中国精神的集中体现,也凝结了全体中国人民、中华民族共同的价值追求,是中华民族发展至今的"德"的具体表现,充分具象了中国人的"大德""公德""私德"。首先,"富强、民主、文明、和谐",是我国的建设目标,是国家层面的价值要求,处于最高层次。其次,"自由、平等、公正、法治",是一种社会层面的价值要求,体现了中国特色社会主义社会所应该具备的基本属性。最后,"爱国、敬业、诚信、友善",是我国社会对其成员自身所应该具备的品质的描述,是公民层面的价值要求,是每个公民应当共同遵守的道德规范,同样也是评价一个公民的行为是否符合道德要求的标准尺度。社会主义核心价值观详实地回答了我国要建设的国家及社会是什么样、培养的公民是什么样。核心价值观承载着一个民族、一个国家的精神追求,体现着一个社会评判是非曲直的价值标准。弘扬社会主义核心价值观是为民族凝魂聚气、强基固本的基础工程。习近平总书记明确提出:"如果一个民族、一个国家没有共同的核心价值观,莫衷一是,行无依归,那这个民族、这个国家就无法前进。"[①] 一个国家、一个民族的力量,取决于这里的人民共同的核心价值观是否有生命力、凝聚力、感召力。

加强社会主义核心价值观的教育引导。教育引导是培育和弘扬社会主义核心价值观的基础性工作。要把培育和践行社会主义核心价值观作为高校思想政治教育的重要内容,完善思想政治工作体系,将育人工作与各项管理工作相结合,通过多方面教育引导,强化青年学生的政治认同、思想认同、理论认同、情感认同。青年兴则国家兴,青年强则国家强,总书记用"扣扣子"的比喻,生动地讲解了在青年时期形成正确价值观的重要性,勉励广大青年勤学、修德、明辨、笃实。在培育和践行社会主义核心价值观的过程中,总书记也非常重视发挥广大师生的积极性、主动性、创造性,勉励广大师生坚守社会主义核心价值观,让自己成为其坚定的信仰者,进而在生活、教学的各个环节积极地传播它、模范地践行它。

---

① 习近平.青年要自觉践行社会主义核心价值观[N].人民日报,2014-05-05(002).

三、三全育人是路径

思想政治工作要贯穿教育教学全过程，要想实现这一目标，就要调动一切力量，推行三全育人，即实施全员育人、全程育人、全方位育人。

（一）三全育人理念的提出背景

我们党历来强调，思政工作是一个系统工程，需要齐抓共管。习近平总书记对思政工作的关注也从未放松，在他的指导下，党进一步明确了"三全育人"的内涵，并确立了坚持育人导向和问题导向的工作思路。

具体来看，高校三全育人理念包括五个层次的内容，一是党委的全面领导，二是坚持把思政工作放在首位，三是"大思政"的运行机制，四是占领课堂教学主阵地，五是工作方法的创新。

"三全育人"理念是一个不断完善的过程。教育部"三全育人"综合改革试点工作的启动，充分体现了国家希望有效促进高校思政工作的决心，是对时代的响应。

（二）三全育人理念的内涵

教育的根本任务在于"立德树人"，"立德树人"的实现离不开"三全育人"工作的开展。从广义上来看，"三全育人"的内涵并非仅限于德育，而是覆盖了教学育人的方方面面；从狭义上来看，"三全育人"是从参与者、时间和空间三个方面探讨思想政治教育的实施机制，只涉及德育工作。

三全育人的全员育人，即要求高校内每位员工都在自身工作范畴内对学生进行教育，共同为育人目标的实现贡献力量。例如，教师在课堂上除了传授专业知识外，也将德育纳入教学；学校管理层在制定管理流程时注重考虑学生德育工作；后勤工作人员在服务学生时也会开展一定的德育工作。

三全育人的全过程育人，即要求在学生学习的全过程中，持续开展德育工作，确保德育活动贯穿每个阶段。思政工作者还需要熟悉学生的成长规律，根据不同阶段学生的特点来确定工作重点，以提高德育工作的准确性。

三全育人的全方位育人，强调育人的场域范围，要求拓展德育渠道，保证不同场域的育人主体之间协调配合，有效衔接德育工作的各个环节。在全方位育人模式下，思政教育内容将潜移默化地融入学生的学习生活，涉及课堂、家庭、宿舍等不同场域，从而有效地促进大学生的全面成长。

德育工作需要多个育人主体的共同参与，从而形成合力，是一个复杂的系统工程。在开展德育工作的过程中，需要确保学校、家庭和社会紧密协作、方向一致。相关部门应当互相配合，共同建立有效的工作机制，形成健全的思想政治教育体系。在对德育工作进行全局规划时，需要将现有的"思政课程"育人模式转变为"课程思政"模式，积极利用多方资源，构建大思政育人格局。

（三）三全育人理念的实践探索

近年来，在党和国家的指导下，各大高校和专家、学者积极探索，其中比较有代表性的是岳修峰教授将大学生活分为入学时期、在读时期、毕业季三个阶段，然后根据这三个阶段学生的成长特点、存在的问题，提出有针对性的育人对策。

1. 入学时期

初入大学的学生往往因期望过高而存在目标缺失、学习动力不足、生活不适应等特点。针对这一时期，应该利用好军训进行思想政治教育，开展形式多样的入学教育。具体来说比如在军训中培养学生吃苦耐劳、艰苦奋斗的精神，通过心理健康讲座、专业发展讲座、新生联谊晚会等活动帮助学生尽快了解和适应大学生活等。

2. 在读时期

经过大一阶段的适应后，大学生对学校有了一定的了解，这一阶段的学生的特点是：有强烈的政治热情但缺乏辨别是非的能力，有远大理想但过分追求个人价值，对新事物具有好奇心理但困惑较多，积极参与竞争但存在投机取巧心理，等。针对这一时期，育人工作开展的对策有以下几个方面：一是要拓展思政教育的内容，与时俱进，体现时代特点，加强人文教育，注重人的全面发展，结合大学生的实际需求；二是要将显性教育与隐性教育相结合，既要直接给学生讲道理，又要通过树立榜样，开展德育教育类的实践活动，让道理遇到学生后有一个内化于心的过程；三是要创新思政教育方法，传统的灌输式、说教式的教育方式已经不能满足在信息时代成长起来的学生的需求，这就给高校的思政教育提出了新的挑战，即怎样用学生乐于且愿意接受的方式讲好思政课；四是要传承人文精神，应对功利主义挑战，我国发展需要的人才，对科学技术知识的掌握只是必要条件，但如果缺乏了人文精神是无法做到报效祖国、服务人民的，甚至无法做到尊重自己真实的发展需要；五是要传递核心价值观，应对多元价值观的冲击，学生的思想是高校思政教育争夺的主要阵地，信息的爆炸发展为学生获取知识带来便利的同时，也带来了不良的思潮，社会主义核心价值观是中国人的精神财富，也是让我们民族得以存续的精神力量，核心价值观的教育是德育工作开展的核心内容；六是要加强高素质的高校思想政治教育师资队伍建设，育人者，传道立身，方能言传身教，让学生奉其教，听其言，信其道。

3. 毕业季

在毕业季，学生多存在情绪不稳定但思想趋于成熟、就业压力大感到迷茫等特点，他们有较强的进取心和对成功的渴望但理想信念不够坚定；一遇小事就容易造成心理情绪的波动；关注自我价值的实现，但缺乏足够的责任意识和纪律观念；等等。针对这一阶段的育人工作要注重理想信念教育隐形化，就业指导与思政教育结合，多形式开展职业道德教育，充分利用网络进行心理健康教育，利用毕业生离校活动开展情感教育。

四、新时代大学生的时代责任

新时代大学生生长在"两个一百年"的历史交汇期，肩负着实现中华民族伟大复兴的时代重任，是祖国的未来，即将奔赴祖国发展建设的各个领域。青年人要立大志、明大德、成大才、担大任。

（一）新时代大学生承担时代责任的意义

习近平总书记对广大的青年人寄予厚望，明确了一个社会、一个国家的青年人的历史使命和前进道路，同时，这也是与青年人自身全面发展的内在要求相统一的，青年人的全面发展是必须在所处的时代语境下才能得到充分实现的。

当代青年人正处在"两个一百年"的历史交汇期，也处于"百年未有之大变局"之中，把自身置于时代的洪流，把个人的青春梦置于祖国的"中国梦"之中，就是这个时代赋予青年人的责任和使命。习近平总书记对广大青年提出了殷殷嘱托，他在庆祝中国共产党成立100周年的大会上，恳切地对青年人说："未来属于青年，希望寄予青年。一百年前，一群新青年高举马克思主义思想火炬，在风雨如晦的中国苦苦探寻民族复兴的前途。"① 而在一百年后的今天，中国站了起来，未来的中国要实现民族的复兴，要让人民更好地在这片土地上安居乐业、幸福生活，而这个目标是需要当代的青年人来实现的，只有踏着先辈们摸索出来的正确道路，坚定而又充满力量地前行，方能不负时代，不负韶华，不负党和人民的殷切期望。

（二）新时代大学生的时代责任的内涵

生活在每一个时代的青年，在具体的时代背景下，都有着与这个时代相匹配的责任与使命。在新的历史背景下，青年们要深刻认识、理解和把握自身所面临的时代际遇，看清肩上的历史责任。

1. 树立远大理想，坚定自身信念的责任

理想是人生的指路明灯，信念则是人不断进步的推动力。国家未来的发展与青年一代的理想信念息息相关。大学生在学习的过程中应坚定信念，设定远大目标，积极为国家和民族进步贡献力量。在追求梦想的过程中，除了心怀远大目标外，保持坚定的信念至关重要，只有拥有坚定的信念，才能恪守前进的方向，遇到困难和障碍时，才能坚定不移地克服。

2. 崇德修身，践行社会主义核心价值观的责任

精神上的强大才是真正的强大、持久的强大。而青年人的道德水平决定了民族的文明情况。因此，大学生要自觉践行社会主义核心价值观，不断养成高尚品格，明大德、守公德、严私德。当代大学生应在成长和奋斗中锤炼自身的品格，做凝聚和引领社会良好风气的先行者。

3. 练就过硬本领，勇于实践创新的责任

过硬的本领是青年投身国家建设事业的必要素质，大学阶段是学业发展的关键阶段，该阶段青年的首要责任是积极学习科学文化知识。青年应逐渐养成积累知识的习惯，使学习成为生活的一部分，最终将学习贯彻于人生的方方面面，实现终身学习。在获取新知识的同时，青年还需要培养批判性思维，注重自身创造

---

① 在纪念五四运动100周年大会上的讲话[EB/OL].（2019-4-3）[2024-01-10]. https://www.gov.cn/gongbao/content/2019/content_5389309.htm.

力的发展。大学生群体呈现出了充满创造力的特征，他们应当在学习中刻苦思考已掌握专业知识，同时也要有意识地培养创新思维，成为国家建设亟须的创新型人才。

4. 将所学知识用于服务国家、社会、人民的责任

习近平总书记强调勤于学习，并不是只专攻自身专业，还要博览群书，关怀世情。比如通过积极参与志愿服务、开展创新创业实践、关注社会热点、帮助贫困地区的人们，领悟自己学了知识是为了什么，把握国家、社会、人民需要什么。

（三）新时代大学生对时代责任的承担

1. 坚定社会主义理想信念是思想基础

"中国梦"是中华民族根据自身发展的需求设定的奋斗目标，与当下时代背景对社会建设的要求紧密贴合。在这种情况下，只有遵循中国特色社会主义理论的指引，坚定不移地走符合中国国情的社会主义发展道路，才能使"中国梦"逐渐成为现实。因此，大学生应从思想、态度、观念等多个方面树立社会主义理想信念，成为实现中国梦的实践者，承担起社会主义新时代赋予青年的时代责任。

2. 坚持将个人"青年梦"与国家、民族"中国梦"有机统一

大学生所处的人生阶段，正是对自己的生活、工作抱有诸多期待的时期，对自己的未来充满憧憬，他们的每个选择也关乎个人的前途命运，他们有自己的理想和追求，这是个人的"青年梦"。每个大学生的"青年梦"集合起来，是推动国家、民族的"中国梦"实现的基础和动力。同时，人的社会性决定了，大学生个人的"青年梦"也是不能脱离国家、民族的"中国梦"而独立存在的。只有认识到，个人的"青年梦"以国家、民族的"中国梦"为根本追求和行动目标时，才是有意义的。大学生要承担起自己的时代责任，必须胸怀大志，正确处理"青年梦"与"中国梦"之间的辩证关系，并找准自身方向，只有这样，才能更好地释放出青春的力量。

3. 把握梦想实现的逻辑层次是有效途径

梦想的实现存在着一定的内在逻辑，涉及特定的流程，即必须依次经历拥有梦想、追求梦想、实现梦想的过程。个体若拥有了梦想，就代表着他经历了一次自我觉醒的过程，也就是意识深层发生了某种变化。觉醒之后的个体能够明确自

己的目标、动机、预期获得的回报。只有弄清楚了自己的目标、动机和预期获得的回报，个体才会有动力去实现自己的梦想。实现梦想的下一阶段是积极地追求梦想，追求梦想的过程也是通过个人的努力和牺牲来将对理想的热爱转化为实际行动的过程。在追求梦想的过程中，大学生能够借助梦想的力量抗拒不良影响，从而坚定地在实现梦想的道路上前进。对大学生来说，个人"青年梦"的实现只是开始，而后还需要将其与国家、民族的"中国梦"相结合，只有为国家和民族的"中国梦"的实现贡献力量，才能真正圆满地实现自己的梦想。在这种情况下，把握梦想实现的逻辑层次的过程，也是认识到自身所承担的时代使命的过程。

（四）对新时代大学生的基本要求

习近平总书记先后在2018年全国教育大会和2021年庆祝中国共产党成立100周年大会上强调"六个下功夫"和"三个有"，指明了高校培养社会主义建设者和接班人的方向，这也是对当代青年人提出的基本要求。

1."六个下功夫"

2018年9月，习近平总书记在全国教育大会上要求各级各类教育要从以下六个方面下功夫：一是要在坚定理想信念上下功夫，二是要在厚植爱国主义情怀上下功夫，三是要在加强品德修养上下功夫，四是要在增长知识见识上下功夫，五是要在培养奋斗精神上下功夫，六是要在提高综合素质上下功夫。

2."三个有"

习近平总书记殷殷嘱托青年人，要有志气、有骨气、有底气。可以说"三个有"是时代的呼唤，是实现中国强起来的精神脊梁。面对风云诡谲的国际形势，在百年未有之大变局中，实现中华民族伟大复兴，需要青年人有大的志气，即为世界和全人类做贡献的大志气；需要青年人有刚强不屈的骨气，在复杂多变的时局中坚持追求理想；需要青年人有硬起来的底气，依靠自己的硬实力，不惧诋毁与打压，坚持走自己的道路不动摇。

五、对高校思政课教师的基本要求

习近平总书记系统回答了新时代需要什么样的思想政治教育教师队伍。他告诉高校思政课教师要"学为人师，行为世范"，要做"四有好老师"。

（一）"四有好老师"

在与北京师范大学师生代表进行的座谈会上，习近平总书记提出了"四有好老师"一词。

一是有理想信念。教师应当在具备教书育人所需的全面素养的同时，拥有理想信念。只有自身拥有梦想才能激励学生去实现他们的梦想，教师应当能够通过言传身教将理想信念传承下去。

二是有道德情操。教师需要展现出良好的道德水准，以言传身教的方式影响学生的学习，促使其树立正确的价值观。因此，教师应该持续提升自身的道德素养，努力成为学生的楷模。

三是有扎实的学识。教师需要具备广博的学识和宽广的视野，在教学过程中处理学生提出的各方面问题，并有效地给予帮助。随着科技的不断进步，知识更新的速度加快，教师需要跟上最新的知识潮流，了解旧知识在新环境下具有的新内涵，从而更好地帮助学生适应环境的变化。同样，高校教师也需要保持创造力，承担起生产新知识的任务，以积极进取的心态拓展教学内容和资源，激励学生培养创新思维，结合实践培养学生的批判性思维，促使他们不断成长。

四是有仁爱之心。教育对教师的人文关怀能力提出了要求，学生在受到严厉和爱护并重的教育后，更容易培养出亲师之情，进而在尊敬教师的同时，信服教师的教导。只有爱才能驱使人履行责任，爱是支持教师默默奉献的力量，是教师坚守教育事业的动力。在教学中，教师若能表现出对学生的关爱和尊重，就能够更好地理解学生。教师在实际工作中会遇到各种各样的学生，不同的学生在性格、情绪、兴趣、家庭背景和学术能力等各方面均存在差异。教师需要以公正公平的态度对待所有学生，尤其是对于那些学习存在困难或家境贫困的学生，更需要耐心地给予额外的帮助。

（二）思政课教师的素养

2020年教师节前夕，习近平总书记在《求是》杂志上发表重要文章《思政课是落实立德树人根本任务的关键课程》，对思政课教师的素养提出了六点要求。

一是政治要强，教师在教学过程中应当拥有坚定的政治信念和深厚的政治修养，在教学过程中既要自信又要灵活，通过各种教学方法帮助学生真正领会并运用所学内容。教师需要具备政治敏锐性，能够及时对重要问题明确表态。

二是情怀要深，只有真挚的情感才能感染学生。教师的真挚情感源自他们对家国情怀的热爱和对世间事物的洞察力。在教学中应当将对国家和家人的热爱、对教育事业的热情以及对学生的关心融入教学内容，使思政课变得更加人性化。

三是思维要新，在教授思政课时，不仅要注重知识的传授，还要鼓励学生自主思考，引导学生积极讨论。在教学中应该为学生提供自我认知与反思的机会，鼓励他们合理应对不同观点的冲突，以便帮助其更深入地理解社会建设事业的复杂性，从而坚定学生对社会主义的信仰。

四是视野要广，教师需要拓宽视野，具备跨学科的知识。应当善于借鉴国内外历史事件，将其作为教学资源，通过对比帮助学生梳理思绪，引导他们客观了解国内外的政治状况。

五是自律要严，教师在课堂上应该拥有主导权，需要传达正确的思想观念，传播积极的力量，同时遵守教师道德规范。当学生的观点与正确的价值观念存在冲突时，教师需要正面解决问题并引导学生正确理解。只要坚持正确的政治方向，认真履行教师的职责，才能避免出现政治问题。

六是人格要正，教师的人格魅力决定了对学生以及对教学过程的热情。教师要恪守正道，用学识的魅力、思想的境界、语言的魅力，感染学生。严于律己，修身养性，进而在学识和品性上都可以成为学生的表率，成为学生喜爱、尊敬的人。

第二章 新时代大学生思想政治教育概述

本章为新时代大学生思想政治教育概述，主要介绍了三个方面的内容，依次是新时代大学生思想政治教育内容目标、新时代大学生思想政治教育的原则和理念、新时代大学生思想政治教育的新任务和目的。

第一节 新时代大学生思想政治教育内容目标

一、促进大学生形成新时代青年修德观

国无德不兴，人无德不立。"德"既是立国的根基，又是富民强国的精神力量和精神源泉。习近平总书记在纪念五四运动100周年大会上的重要讲话中指出："新时代中国青年要锤炼品德修为。"[1] 青年是引风气之先的社会力量，优良的道德品格是青年全面健康发展的底色。习近平总书记以高远的历史站位、宽广的国际视野、深邃的战略眼光，高度重视培养中国特色社会主义建设者和接班人，围绕青年的道德修养、操守品行、修身做人等问题作出了一系列重要论述，特别强调，"德是首要，是方向，一个人只有明大德、守公德、严私德，其才方能用得其所"[2]。深刻领会和科学把握新时代青年修德的重要内容，是新时代落实立德树人根本任务的必要之举，对于确保广大青年成为中国特色社会主义事业的合格建设者和可靠接班人具有十分重大而深远的意义。

（一）明爱国、为民、志存高远之大德，直面使命担当

大德是个人对国家和民族的强烈感情，也是个人对国家最基本的使命担当。

---

[1] 在纪念五四运动100周年大会上的讲话 [EB/OL]. (2019-4-3) [2024-01-10]. https://www.gov.cn/gongbao/content/2019/content_5389309.htm.
[2] 习近平. 习近平谈治国理政（第1卷）[M]. 2版. 北京：外文出版社，2018.

个体的发展离不开大德的养成。青年是实现中华民族伟大复兴"中国梦"的关键力量，承担着主导国家未来发展的重要责任。爱国、为民、志存高远是青年人必备的大德。

爱国是中华民族传承已久的高尚品德，是千百年来人们对祖国深沉情感的结晶。从古至今，爱国精神是中华民族历经磨难却从未抛弃的核心信念和精神动力，也是推动中华民族不断发展、在世界民族之林中脱颖而出的关键力量。青年是社会中最具活力的群体，青年是国家未来发展的希望，也是民族的生机所在。爱国是青年的基本精神，也是他们成长和发展的基石。爱国也是一种道德情感，可以帮助个人与国家、民族之间建立起健全的纽带，同时也促进了社会的发展进步，为人们提供了内心支撑的力量和持续发展的动力。习近平总书记强调："爱国主义始终是激昂的主旋律，始终是激励我国各族人民自强不息的强大力量。"[①] 明爱国之大德，对青年来说就是坚持爱国和爱党、爱社会主义高度统一。青年只有将生命的热情投入社会建设事业中，将命运与国家、社会以及他人的需求紧密联系在一起，他们的青春才能焕发出生机勃勃的力量，体现出生命的意义。国家的繁荣和强大离不开人民的支持和努力。为民的含义在于把人民放在首位，将为人民服务的情怀深深扎根于心中。习近平曾说："国家的前途，民族的命运，人民的幸福，是当代中国青年必须和必将承担的重任。"[②] 为民不仅是一种态度，也体现出了一种价值观念，代表了有志青年对人生的追求。我们国家和民族的繁荣昌盛得益于历代志士的崇高理想、无畏精神，以及中国共产党全心全意为人民服务、勇于承担责任的奉献精神。新时代，国家致力于实现中华民族的伟大复兴，青年一代需要深刻理解自身的历史使命，承担起为民服务的责任，传承造福人民的美德。"以人民为中心""人民立场""民心"及"民众获得感"，是习近平总书记经常提及的词汇、特别关注的话题。从"人民对美好生活的向往，就是我们的奋斗目标"到"中国梦归根到底是人民的梦"，从"让人民生活得更加美好"到"我将无我，不负人民"，这些论断真实地反映出习近平总书记为人民谋福祉、为民族谋复兴，甘于奉献、勇于担当的思想境界和责任担当。为民不仅是青年实现社会价值的重

[①] 习近平. 习近平谈治国理政（第1卷）[M]. 2版. 北京：外文出版社，2018.
[②] 习近平. 习近平致全国青联十二届全委会和全国学联二十六大的贺信[J]. 中国共青团，2015（8）：35.

要途径，也是实现其自身价值的根本途径。只有通过将自身的才智和技能付诸为社会服务、为他人谋福利，青年大学生才能充分展现自身的发展潜力与才华，从而最大程度地实现人生的价值。青年大学生应当以"为民"为引擎，让青春远航；以"为民"为动力，挥洒青春。大学生应当开阔眼界，积极地结合国家和人民的需求，努力进取并不断提升自己，慷慨澎湃地为新时代"中国梦"的实现贡献自己的力量，实现自己的价值。

一个人人格的优劣可由他的志向是否高远来判断，远大志向不仅是个人进步的动力，也能够反映出个人的价值观和修养水平。马克思在中学毕业时的论文中语出惊人，表明自己要"为人类福利而劳动"；毛泽东在青年时期便立志"以天下事为己任"；周恩来在南开读书时就决心"为中华崛起而读书"。青年时代的高尚道德信念和正确的生活目标，是革命领袖们不断进取的动力和精神支持。习近平总书记多次参加青年活动，以多种方式表达了对青年理想的关切和期许，这不仅体现出了理想抱负对个人发展、社会进步和国家治理的重要意义，同时也为青年指明了时代发展的方向和目标，激励他们为"中国梦"的实现不懈努力。2015年7月，在向全国青联和学联大会发去的贺信中，习近平总书记寄语青年四点希望，即"志存高远、德才并重、情理兼修、勇于开拓"[1]，其中，志存高远居于首位。志存高远的"志"，是远大、崇高之志，内蕴着历史使命和责任担当。志存高远的"高"，不是财富名声、地位职位之高，而是思想觉悟、境界格局之高。习近平总书记常说，要立志做大事情，而不要总想着做大官。志存高远，对领导干部来说就是要有为人民谋幸福的理想抱负与雄心壮志，其核心是为人民服务。对青年来说，志存高远则是深植家国情怀，直面使命担当。现代社会，对于身处物质丰富、经济发达的社会环境中的青年人，我们应如何激发他们对理想和使命的热情？对此，习近平总书记指出，要"把理想信念建立在对科学理论的理性认同上，建立在对历史规律的正确认识上，建立在对基本国情的准确把握上"[2]。当代青年作为实现"中国梦"的中坚力量，他们的理想和抱负应当与国家的发展和民族的进步密切相关。青年人应该坚定信念，使个人的理想追求与社会需要和人民福祉

---

[1] 柳晓森，李章军.全国青联十一届全委会全国学联二十五大在京开幕[N].人民日报，2010-08-25（001）.

[2] 习近平.习近平谈治国理政（第1卷）[M].2版.北京：外文出版社，2018.

相契合；应该以国家和民族的发展为己任，将此作为激励自己关心社会时事、拼搏学习、为祖国发展做贡献的动力。需要强调的是，爱国、为民、志存高远的大德，也能够为大学生学习、生活和事业发展的过程提供引导和支持。

（二）守诚信、奉献、友善之公德，凝聚道德力量

公德是每个公民都应该自觉遵循的现代社会道德规范，代表着国家的现代化和社会的文明精神。当今时代，诚信、奉献、友善是社会生活的基本价值准则，这既是人们对美好品质的向往，也是与青年的学习、生活紧密联系着的行为规范准则。

诚信是人类必不可少的优秀品质，也是建立良好社会关系的基础。众所周知，信誉对于个人和社会的重要性均不可小觑。作为中华民族传统美德的核心，诚信之德经过千百年的演变发展，其价值从未被人们忽略。习近平总书记对诚信在我国社会主义现代化建设中的重要性有着深刻的认识。一方面，他旗帜鲜明地谈到，中华文化中的"言必信，行必果""人而无信，不知其可也"等。"像这样的思想和理念，不论过去还是现在，都有其鲜明的民族特色，都有其永不褪色的时代价值。"[①]另一方面，他对如何合理利用中华传统文化也作出详细阐述，强调要"深入挖掘和阐发中华优秀传统文化讲仁爱、重民本、守诚信、崇正义、尚和合、求大同的时代价值"[②]。青年阶段是个体踏上未来之路，开始新的旅程的重要阶段。在这个阶段，诚信将会对个体未来的成长方向、情况产生直接的影响。习近平总书记多次强调了诚信对青年人的重要性，号召青年遵守人类共同的道德标准，善待他人，保持礼貌和诚信。青年人的诚信尺度对社会信用体系至关重要，与社会信用根基的牢固程度息息相关。是否拥有诚信的美德不仅会对青年个人产生影响，也会波及他们的同龄人，甚至可能对多代人的未来产生影响。另外，这种影响会扩展到社会的经济、政治等多个领域，其影响力之广泛不可低估。青年人是社会进步的领导者，是引导诚信潮流和对抗失信行为的重要力量。需要强调的是，诚信的美德并非与生俱来，诚信公德的形成需要社会大众持续地努力。它既要求个人时刻反省自己、监督自己的行为，也要求全社会迅速建立起健全的信用制度。针对经济社会领域出现的失信突出问题，习近平总书记特别强调："既要抓紧建立

---

① 习近平.习近平谈治国理政（第 1 卷）[M].2 版.北京：外文出版社，2018.
② 习近平.习近平谈治国理政（第 1 卷）[M].2 版.北京：外文出版社，2018.

覆盖全社会的征信系统，又要完善守法诚信褒奖机制和违法失信惩戒机制，使人不敢失信、不能失信。"①

奉献被广泛认为是人类最高尚、最崇高的道德品质之一。奉献精神是中华民族爱国精神的核心，从古至今一直在影响着人们的思想观念，对国家的发展和民族的进步起着重要作用。从屈原的忧国忧民到岳飞的精忠报国；从范仲淹"先天下之忧而忧"的无私精神到林则徐"苟利国家生死以，岂因祸福避趋之"的果敢行动；从人民子弟兵战争年代的血洒疆场到和平时期的戍守边关，无不是奉献精神的典范。现代人应当传承高尚的奉献精神，将这一光荣的传统发扬光大。自党的十八大以来，习近平总书记多次强调了发扬奉献精神的意义。在回复华中农业大学"本禹志愿服务队"的来信时，他充分肯定了志愿者们所展现的服务精神以及对社会做出的贡献，勉励他们要"弘扬奉献、友爱、互助、进步的志愿精神，坚持与祖国同行、为人民奉献，以青春梦想、用实际行动为实现中国梦作出新的更大贡献"②。在全国组织工作会议上，习近平总书记再次强调，"着力培养忠诚干净担当的高素质干部，着力集聚爱国奉献的各方面优秀人才"③。奉献是青年人实现个人价值的重要方式，也是他们为社会主义事业做出贡献的有效途径。新时代，积极努力奋斗、乐于服务他人、为社会贡献力量是青年人获得成功的必然途径。只有青年人不断努力、无私奉献，中国社会才能保持生机勃勃的活力，"中国梦"的实践者们才能继续探索民族复兴的新途径。

友善是中国人民自古流传下来的美德精髓。这种品质不仅能够表现出高尚的个人品德，同时也是公民必备的道德准则。老子强调"上善若水"，孔子提出"仁者爱人"，孟子认为"恻隐之心，仁之端也"，这些思想本质上都是在说我们要行善积德、以友爱为准则、助益他人。在社会主义核心价值观中，"友善"扮演着重要的角色，能够在社会生活中发挥基础性的作用，有助于解决社会矛盾、调和社会情绪，进而营造和谐的社会环境。"友善"一方面可以激励青年以积极的心态与他人相处，尊重他人；另一方面可以促使青年在社会群体间传播积极向上的

---

① 坚持依法治国和以德治国相结合 推进国家治理体系和治理能力现代化 [N]. 人民日报，2016-12-11（001）.
② 习近平给华中农业大学"本禹志愿服务队"回信 [EB/OL].（2013-12-5）[2024-01-20]. https://www.gov.cn/ldhd/2013-12/05/content_2542812.htm.
③ 习近平. 习近平谈治国理政（第3卷）[M]. 北京：外文出版社，2014.

情感，并在实际行动上与他人互相支持。青年作为社会建设的中坚力量，应该继承优秀的中华传统美德，倡导社会主义道德，尊重品德高尚的人，努力塑造自身的友善人格，做出端正的品德判断，并积极践行道德原则。只有以友爱和包容的心态来解决社会中存在的分歧和矛盾，积极促进并维护社会关系的和谐，青年才能敏锐地把握时代进步的方向，坚定地引领社会潮流向好发展。

（三）严慎独、慎行、慎微之私德，砥砺品质修养

私德注重个人的品德修养，强调个人行为的规范。习近平强调："人而无德，行之不远。没有良好的道德品质和思想修养，即使有丰富的知识、高深的学问，也难成大器。"[①] 严私德，意味着要严格控制自己的品行和行为。慎独、慎微、慎行，是青年人必须领略的私德。

"慎独"是一种道德修养方式，也是拥有极高水平的道德修养的体现。《中庸》曰："莫见乎隐，莫显乎微，故君子慎其独也。"一个人的品质最能通过隐蔽的事物展现，而一个人的灵魂则可以从最微小的细节中窥见。慎独可以体现党员干部的自律和自我审视能力，这是评估其素养水平的关键标准，也是培养新时代青年品格的内在要求。

习近平不仅从思想层面鼓励青年要培养自身的慎独意识，还在实践方向上为青年人指明了培养慎独意识的路线，"人生的扣子从一开始就要扣好"[②]；在遵守纪律和法规方面，不越过底线，严守规范，不放任自流；每日三省，"见贤思齐焉，见不贤而内自省也"[③]。慎独能够让人保持独立思考的习惯，从而深化自我意识、形成远大志向，最终取得成功。习近平总书记对青年人慎独修德的鼓励，不仅强调了应有的思维方式，也着重强调了行动方式。

"慎微"是指对琐碎事务非常留心，不忽视微小之事。习近平总书记多次强调了"慎微"的重要性。在"学习贯彻党的十八届六中全会精神"专题研讨班上，他特别强调了领导干部应该强化自我管理，尤其在独处时更要慎独、慎微。此后，他多次告诫党员干部要铭记"堤溃蚁孔，气泄针芒"的古训，在琐细之处多加留心，努力提升自己，做到防患于未然。除了党员干部之外，社会中的每个人特别

---

① 习近平．之江新语 [M]．杭州：浙江人民出版社，2007．
② 习近平．习近平谈治国理政（第 1 卷）[M]．2 版．北京：外文出版社，2018．
③ 人民日报评论部．习近平用典 [M]．北京：人民日报出版社，2015．

是青年，也应该注重提高自己的道德修养，谨慎小心，注意细节，防患于未然，以免走上错误的道路。细枝末节如同一面镜子，展示着一个人的品行和风度。众多例证表明，一个无法处理小事和细节的人，也难以胜任重大事务、出席重要场合。不重视小事和小节的人，常常会因小失大。"一滴敢报江海信"，精神和品德往往能够在细微处显现。从古至今，所有取得成就和成功的人，都是从小事做起。对青年而言，"慎微"意味着在有远见和大局观的同时，注重小事和细节，致力于将细节做到极致完美。只有拥有雕琢细节的能力，青年才能在把控局面的同时，凭借细微工作步步通向成功殿堂。

"慎行"是人们在内化了"慎独""慎微"后所展现出来的言行举止。《礼记·大学》云："一言偾事，一人定国。"翻译过来是指，国君说错一句话，就可能会让事业失败；国君谨慎处理，就可以让国家安定。因此，必须慎重行事、谨慎言行以确保国家安定。"慎行"体现了高尚的品质和真正的修养。在当代社会，青年人应该如何达到"慎行"的境界？首先，思想上要端正态度，对待事物应当认真且谨慎。"于实处用力，从知行合一上下功夫。"[①] 习近平总书记强调，青年要保持实事求是的学习态度，不能因自负荒废学业。"治学要有一种严谨、科学、老实的态度，'知之为知之，不知为不知，是知也'。"[②] 在行动上，习近平总书记强调要严格遵守道德规范和行为准则，坚持内外一致、公私分明、是非分明，在任何情形下都要严格要求自己做出正确选择。其次，需要培养自我反省的品质。自省，就是在内心深处进行持续不断的自我检讨，反思并审视自己的言行。通过反思和了解自己，明白什么是应该做的，明白什么是应该避免的。越是自省就越能看清事物的真相，懂得适可而止就能走得更远。应当培养自律的美德。自律是实现"慎行"的关键。在反躬自省、自我批评的同时"心存敬畏，手握戒尺"，努力做到"心不动于微利之诱，目不眩于五色之惑"。[③]

只有做到认真谨慎、自省、自律，青年才能增强自我控制、自我调节和自我管理的意识和能力，从而能够有意识地遵循道德规范行事。

总的来说，当今青年是与新时代一同进步的一代，他们不仅拥有丰富的成长机会，同时也承担着时代责任。"新时代中国青年处在中华民族发展的最好时期，

[①] 中共中央文献研究室. 十八大以来重要文献选编（中）[M]. 北京：中央文献出版社，2016.
[②] 习近平. 摆脱贫困 [M]. 福州：福建人民出版社，1992.
[③] 中共中央文献研究室. 十八大以来重要文献选编（中）[M]. 北京：中央文献出版社，2016.

既面临着难得的建功立业的人生际遇，也面临着'天将降大任于斯人'的时代使命。"①身为民族希望的青年应当深刻认识到自己所承担的历史使命和责任。他们应该将正确的道德观念和积极的道德实践结合起来，树立高尚品德，遵守社会公德，恪守个人道德标准，不辜负人民重托和人民期望，始终站在时代的前沿，发挥青春活力，开创精彩人生，为社会进步做出积极贡献，书写完成时代使命的光辉篇章！

二、培育新时代大学生的理想信念

要用习近平新时代中国特色社会主义思想铸魂育人，引导学生增强中国特色社会主义道路自信、理论自信、制度自信和文化自信，厚植爱国主义情怀，把爱国情、强国志、报国行自觉融入坚持和发展中国特色社会主义事业，建设社会主义现代化强国，实现中华民族伟大复兴的奋斗之中。习近平总书记在纪念"五四运动"100周年大会上的重要讲话中进一步强调："新时代中国青年要树立远大理想，青年的理想信念关乎国家未来。"②他还指出："新时代中国青年要树立对马克思主义的信仰、对中国特色社会主义的信念、对中华民族伟大复兴中国梦的信心，到人民群众中去，到新时代新天地中去，让理想信念在创业奋斗中升华，让青春在创新创造中闪光！"③

习近平总书记所说的理想信念，是指对马克思主义的忠诚信仰、对社会主义和共产主义的不懈追寻及对中国特色社会主义道路、理论、制度和文化的强烈自信与自觉坚守。这样的理想信念既是共产党人能够经受住任何困难与考验的精神支柱，又是他们在新时代坚持不懈谱写中国特色社会主义新篇章的思想动力。这些重要论述内涵丰富、思想深刻，为新时代大学生理想信念的培育工作指明了前进方向和基本遵循。下面从新时代培育大学生理想信念的重大现实意义入手，进而分析当前我国对大学生理想信念的培育面临怎样的机遇和挑战，最后以2019

---

① 在纪念五四运动100周年大会上的讲话[EB/OL].（2019-4-3）[2024-01-10]. https://www.gov.cn/gongbao/content/2019/content_5389309.htm.
② 在纪念五四运动100周年大会上的讲话[EB/OL].（2019-4-3）[2024-01-10]. https://www.gov.cn/gongbao/content/2019/content_5389309.htm.
③ 在纪念五四运动100周年大会上的讲话[EB/OL].（2019-4-3）[2024-01-10]. https://www.gov.cn/gongbao/content/2019/content_5389309.htm.

年 3 月习近平总书记在学校思想政治理论课教师座谈会上阐明的"八个统一"的要求为基本原则，尝试提出通过进一步创新培育机制，塑造新时代大学生理想信念的具体途径。

（一）新时代培育大学生的理想信念具有深远意义

加强对大学生理想信念的培育具有非常重要的现实意义，主要表现在以下三个方面。

1. 是培养时代新人的应有之义

人是实践活动的主体，社会历史是由人民群众创造的，中国的未来要靠时代新人来书写。当前我国要培养的时代新人，是能够担负起中华民族复兴重任的优秀人才，他们不仅要具备广博的学识、过人的本领，还必须要有坚定的理想信念。大学生正处于人格塑造、打好人生基础的重要时期，这段时期，大学生形成正确的理想信念至关重要。失去了理想信念的指引，大学生的世界观、人生观和价值观便会出现偏差，再大的学识和本领也会无用武之地，难以承担历史赋予的责任。

2. 是实现中华民族伟大复兴的中国梦的内在要求

中国梦的实现，需要全国各族人民树立起中华民族命运共同体意识，团结一致，共同应对挑战，通过每个人的努力奉献，汇聚起强大的中国力量。大学生们具有健康的体魄和灵活的思维，是社会主义建设进程中不可缺少的重要人才。坚定的理想和信念是青年为实现中国梦而奋斗的源泉，激励着他们不惧困难、勇攀高峰、持之以恒、百折不挠。为了实现中华民族伟大复兴的中国梦，必须着力培育大学生的理想信念。

3. 是推动世界社会主义运动的必要条件

不可否认，当前，世界社会主义运动仍处于低潮，但这绝不意味着马克思主义是错误的、过时的，人类社会发展的客观规律不以人的意志为转移，人类社会向着社会主义和共产主义迈进是历史的必然。世界社会主义运动仍在积蓄力量，等待时机。当代中国引领着 21 世纪马克思主义的发展方向，中国的青年代表着未来，承载着人民的希冀和历史的使命，共产主义社会需要一代又一代青年的努力，可谓任重而道远。而坚定的理想信念，是广大青年在世界社会主义运动中能始终保持敏锐的洞察力、准确的判断力、坚韧的意志力和丰富的创造力的不竭源泉。

（二）新时代培育大学生的理想信念，机遇与挑战并存

1. 对大学生理想信念的培育适逢难得的历史机遇

历史机遇是由中国共产党带领人民在艰苦卓绝的奋斗中创造出来的，必须紧紧把握住，并在此基础上续写新的历史。大学生理想信念的培育工作所面临的历史机遇主要包括以下两个方面。

（1）习近平对新时代大学生理想信念的培育工作提出了新要求

中国梦是全国各族人民的共同理想，也是青年一代应该牢固树立的远大理想。中国特色社会主义是我们党带领人民历经千辛万苦找到的实现中国梦的正确道路，也是广大青年应该牢固确立的人生信念。

（2）我国在理想信念教育方面积累的经验，为新时代大学生理想信念的培育工作奠定了坚实基础

党中央一直非常重视培养人民的理想信念。自党的十八大以来，以习近平同志为核心的党中央从战略高度将理想信念教育作为治国理政的战略抓手和核心内容，迄今已经取得了十分丰硕的成果，获得了诸多宝贵经验。首先，重视课堂教学，并推行大学生的理想信念教育。大学生接受思想政治教育的主要形式是课堂教学，课堂也是培养大学生理想信念的重要环境。党中央结合学生们的成长发展规律，采用课堂教学或讲座等多种形式，有针对性地进行理想信念教育，确保所有学生受益。其次，重视实践教学，通过创新实践方式和采用多样化的活动形式，积极开展大学生理想信念教育。实践教学是加强和巩固大学生理想信念的主要途径，对于日常开展思想政治教育至关重要。党中央通过建立实践教学基地、实行主题教育，以及组织社会实践等方式，为大学生创造机会，营造相应的氛围，帮助他们坚定理想信念。最后，重视全方位育人，多方协同促进大学生理想信念教育的深入开展。作为一项系统工程，思想政治教育的顺利开展不是只需要校方和教师的参与。通过"大思政"格局，重新分析当下理想信念教育体系可能存在的不足，并呼吁家庭、学校和社会等各方参与，打造全面的教育格局，为大学生理想信念的培育提供新的动力。新时代的历史背景下，这些宝贵经历展示了党中央对大学生理想信念教育工作的精准把握和深刻理解，为进一步巩固大学生的理想信念奠定了基础。

2. 加强对大学生理想信念的培育刻不容缓

在接受了长期的教育熏陶后,我国许多青年人已经树立了坚定的理想和信念,拥有了稳固的精神基础。然而,也有一些青年人没有坚定的信仰、缺乏追求梦想的信念。他们可能专注于个人生活,视自身与亲友的健康和幸福为首要,对国家、人民所面对的现实挑战漠不关心,缺乏对时代责任和历史使命的认识;也有可能是受到了金钱至上主义的负面影响,将物质财富看得极其重要,他们的思想比较狭隘,缺乏对马克思主义的信仰;还有可能是对工作不尽心尽力,缺乏对学习的热情,过着漫不经心的生活,随波逐流,以一种随遇而安的态度面对一切;等等。

之所以会出现上述现象,一方面是由于受到了国外各种错误价值观的消极影响,另一方面则是因为正确的理想信念还没有在这些青年心中扎下根来。在他们眼中,理想、信念在如今这个时代早已成为不合时宜的无用之物,它与日常生活无关,自己既不想也没有能力树立起坚定的理想信念。

由此可见,培育大学生的理想信念,关键在于要使他们充分认识并正确理解个人理想与国家理想之间、个人价值与社会价值之间、小家与大家之间、眼前利益与长远利益之间的密切联系,着力培养大学生的家国情怀,使之自觉拒斥错误思想的侵蚀。而要做到这一点,就必须紧紧抓住大学生这个主体,深入剖析当代大学生的思想观念、性格特质和行为方式,构建起面向大学生主体的理想信念培育新模式。

(三)新时代培育大学生的理想信念,重在机制创新

1. 构建新时代大学生理想信念培育的动力机制

动力机制是促使系统维持和更新的运行方式,也是大学生坚守理想信念的重要因素。如果没有形成积极的动力机制,大学生可能会丧失追求梦想、坚持信念的热情和能力。详细来说,动力机制主要涉及需要引导机制、价值引领机制、体验陶冶机制和行为规范机制四个方面。

(1)需要引导机制指向的是大学生的需要结构

根据马克思主义的观点,人的本质决定了人是有需要的。尽管大学生的需求各具差异,并且可能在不同时间点上有所变化,但可将他们的需求概括为基本生存的需要、享乐的需要和个人成长的需要三个层次。这三个层次共同构成了当代大学生的需求框架。在培育大学生的理想信仰时,应该关心他们的实际需求,引导他们朝着积极向上的方向发展。通过将培育理想信念与促进个人全面成长相结合，激发大学生内在的热情，从而使其自发地培育自身的理想信念。

（2）价值引领机制旨在塑造大学生的精神世界

确立正确的世界观、人生观和价值观对于理想信念的塑造至关重要。若未建立正确的"三观"，将无法培养出坚定的理想信念。应该指导大学生深入学习习近平新时代中国特色社会主义思想，使其把社会主义核心价值观摆在自身价值体系的优先位置，致力于丰富他们的理论知识，优化其学习方法，提高其政治素养，确保他们能够深刻理解并灵活运用马克思主义理论。

（3）体验陶冶机制以促进大学生的情感认同为目标

理想信念的形成既牵涉人的认知机制，也牵涉人的情感机制。在培育大学生的理想信念时，应注重激发他们的情感。应该加深他们对红色思想的了解，鼓励他们前往革命历史博物馆、革命纪念馆等地参观，使其在亲身体验红色旅游景区氛围的同时，更好地了解和传承丰富的文化遗产，传扬红色精神。这种陶冶机制有助于大学生通过情感体验和实践不断提高思想道德素养，坚定理想信念。

（4）行为规范机制把大学生的行为作为规制对象

知识、信念、行为三者之间存在着辩证统一的关系。大学生应当培养良好的行为习惯，通过积极参与社会实践活动、恪守行业规章制度、遵循礼仪准则来践行自己的理想和信仰。通过在重要节日和纪念日举办理想信念教育活动，鼓励大学生在日常的学习工作中接受积极思想的引导，以此帮助他们在内心建立根深蒂固的价值观认同。

2. 形成新时代大学生理想信念培育的协调机制

协调机制指的是通过调节系统内各要素之间的关系，使不同要素能够互相作用、彼此推动、相向而行的结构关系和运行方式，体现为对大学生理想信念培育工作中不同方面的统筹兼顾、均衡调配。建构起大学生理想信念培育的协调机制，有助于形成教育合力，扩大培育措施的影响力，实现培育效果的最大化。大学生理想信念培育的协调机制主要包括以下两个方面。

（1）要促进动力机制内的各个构成要素之间相互配合

要使需要引导与价值引领相互推动，既要突出需要引导对大学生价值选择的导向作用，又要充分发挥价值引领对大学生需要结构的重塑功能。要使知识教育与价值引领相得益彰，对理想信念的培育必须具有鲜明的价值导向，要引领广大大学生将为党和国家服务、为人民服务、为中国特色社会主义事业奋斗终生作为毕生的价值追求。同时，将这种价值引领融入理论知识教育的具体环节中，用科学的思想武装广大大学生的头脑，使大学生充分感受到马克思主义理论的思想魅力和现实活力。要使知识教育和体验陶冶互为补充，通过情感渲染和场景体验提高大学生对知识的学习效果，并以知识教育的方式对大学生感性的情感体验进行提炼和升华，帮助其搭建起完整、均衡、稳定的知识结构。要将理论学习和行为规范紧密结合，实现理论与实践的辩证统一，在知识获取和习惯养成的交互作用中培育大学生的理想信念。

（2）要实现理想信念教育过程中各项关系之间的协同一致

要坚持政治性和学理性相统一，将理想信念的教育与侧重思想性、逻辑性的理论教育连接起来，注重阐发马克思主义理论的系统性和整体性，彰显马克思主义理论的内在逻辑，帮助大学生把对马克思主义的信仰建立在科学认知的基础上，塑造起以理性认识为基础的信仰。要坚持建设性和批判性彼此支撑，理想信念教育不仅要善于和精于对马克思主义理论的阐释和宣传，还要敢于和勇于向各种非马克思主义甚至是反马克思主义的错误观点和思潮展开批判，在扬善抑恶中阐明马克思主义的科学性和革命性，使大学生明辨是非，修身立德。要坚持统一性和多样性彼此协调，在尊重教育的普遍性规律的基础上，充分关注不同个体间的差异性，根据大学生群体的具体成长环境和性格特征进行分类指导，做到因地制宜、因时制宜、因材施教。要坚持主导性和主体性相互兼容，对理想信念的培育既要"接地气"，从大多数大学生的发展现状出发，触发大学生的兴趣点和关注点，充分调动大学生的积极性、主动性和创造性，同时又要重视理想激励，引导大学生立鸿鹄志，且为之坚持不懈地奋斗。要坚持灌输性和启发性互相补充，灌输教育不等于"填鸭式"教育，系统的马克思主义理论不可能在人们的头脑中自发产生，先进的理想信念也不可能自己进入人们的思想意识里。只有通过灌输，科学的理论、正确的理想信念才会在大学生心中生根、发芽，并最终结出果实。另外，灌输教育也离不开启发式教育的重要作用，要通过开展多种多样的活动，使学生在自主思考和不断探索中树立起坚定的理想信念。要坚持显性教育和隐性教育有机融合，对大学生进行系统的理想信念教育主要是在学校完成的，学校是显性教育的主要载体。但理想信念的树立还要依靠隐性教育的推动，要通过在大学生的日常生活中创设各种情境、开展潜移默化式的教育活动，将理想信念的种子播撒到大学生的心灵深处，并成为其"日用而不觉"的行为准则，产生"润物细无声"的培育效果。

3. 健全新时代大学生理想信念培育的评价机制

评价机制旨在研判和预估系统运行状况及其发展态势的结构和功能，检测所实行的大学生理想信念培育措施是否可持续、是否达到了预期的效果，并通过信息反馈为培育措施的进一步调整和改进提供动力与方向。由于大学生的成长是培育理想信念的具体举措有效与否的试金石，因此，评价机制可以大学生理想信念的树立状况为对象来建立，主要涉及评价内容、评价形式和评价主体三个方面。

（1）在评价内容上，要尽力凸显评价的全面性和具体性

大学生的理想信念是否坚定，不仅仅在于其对理论知识的掌握情况，绝不能把知识量的多少与信仰程度的高低简单等同，"知而不信""知而不行"便是典型的例子。所以，要针对大学生的知识、能力、意志、情感态度和行为展开全面评价，在综合评判中确定理想信念的树立状况。此外，评价要紧密围绕大学生的生活实际来进行，制定出科学的评价量表，杜绝评价标准设置上的泛化、虚化和抽象化，保证评价的可操作性。

（2）在评价形式上，要不断推陈出新，彰显时代特色

一方面，要将过程评价和分类评价结合起来，通过过程性动态考核，对大学生理想信念的树立进行分阶段多次评价，并根据大学生群体的具体情况来设定不同的构成比例。同时，每次评价应针对不同大学生群体的差异性、多规格性探索多样化的设计，避免"一刀切"。另一方面，要牢牢占据网络这个重要阵地，在线发放以大学生理想信念为主题的调查问卷，并采用大数据等新技术手段对问卷进行整理、分析和处理，以获得精确的评价结果。

（3）在评价主体上，要继续推进多元化，发挥多个主体的评价积极性

要将自我评价和他人评价、署名评价和匿名评价统一起来，将个人评价和国家、社会、家庭、工作单位、学校的评价统一起来，最终形成全方位、立体化的评价格局，由此产生的评价结果无疑具有更高的准确性。评价主体的评价活动是评价内容和评价方式辩证统一的现实基础。

4. 完善新时代大学生理想信念培育的保障机制

保障机制是指为系统创造物质和精神条件，使其正常运行的结构和功能。大学生理想信念培育工作的有效开展有赖于机构简化、功能齐全、运作高效的保障机制的支持。

（1）要为培育大学生的理想信念提供充足的人员保障

没有合格的人才，理想信念教育就成了无源之水、无本之木。从事大学生理想信念教育的教师，必须具备如下六项品格。第一，政治要强，让有信仰的人讲信仰，承担大学生理想信念教育的教师首先自身要树立坚定的理想信念，政治站位要正确，善于从政治上看待问题，能够在大是大非的问题面前时刻保持清醒的头脑。第二，情怀要深，从事大学生理想信念教育的教师不能只关心自己的小家庭，而要保持家国情怀，心里始终装着国家和民族，在党和人民的伟大实践中关注时代、关注社会，并从中汲取养分，不断丰富自身的思想。第三，思维要新，从事大学生理想信念教育的教师要有深厚的理论素养，尤其是要具备扎实的马克思主义理论功底，能够将辩证唯物主义和历史唯物主义原理谙熟于心，在此基础上，积极进取，锐意革新，不断创新理想信念教育的方式方法，给大学生深刻的学习体验，引导他们建立起正确的理想信念和思维方法。第四，视野要广，从事大学生理想信念教育的教师要有宽广的知识视野、国际视野和历史视野。要将马克思主义理论放到西方文化和中国传统文化的大背景下予以审视，通过对包括马克思主义在内的古今中外文化思潮进行生动、深入、具体的纵横比较，展现出马克思主义理论超越其他文化思潮的地方，达到强化大学生理想信念的效果。第五，自律要严。承担大学生理想信念教育的教师本身就发挥着榜样和标杆的作用，大学生正是在教师的言传身教中锻造自身的道德品格的。因此，教师一定要表里如一，做到课上课下一致、网上网下一致，自觉弘扬主旋律，积极传递正能量，切不可言行不一，质非文是。第六，人格要正，有人格，才有吸引力。亲其师，才能信其道。从事大学生理想信念教育的教师要有堂堂正正的人格，用高尚的人格感染学生，用真理的力量感召学生，以深厚的理论功底赢得学生，以崇高的理想激励学生，以真诚的信仰鼓舞学生，自觉做为学为人的表率，做让学生喜爱的好老师。需要指出的是，新时代的大学生拥有丰富的获取知识和信息的途径，而传统的教师课堂讲授只是众多途径之一，单纯依靠传统的课堂教学方式，理想信念的培育效果是十分有限的。因此，要顺应时代要求，着力创新，努力打造一支由思想政治教育工作者、网络文化建设者、技术人员、舆论宣传员、信息安全员和青年骨干等构成的专业化队伍，以团队的力量，从不同方面对大学生展开理想信念教育。

（2）要为培育大学生的理想信念提供可靠的政策和资金保障

大学生理想信念的培育工作是一项系统工程，任何一个部门都不可能单独完成。办好中国的事情，关键在党。一方面，各级党委要把大学生理想信念培育工作放到重要位置，抓住制约培育大学生理想信念的突出问题，在形成协同联动机制上下功夫，建立党委统一领导、党政齐抓共管、有关部门各负其责、全社会协同配合的工作格局。另一方面，要深化政府相关体制机制改革，多部门联合制定并实施相关政策，多方筹措资金，以保证理想信念培育工作的深入开展。学校党委要坚持把从严管理和科学治理结合起来。学校党委书记、校长、教学名师在带头讲思想政治理论课的过程中，要充分重视对大学生的理想信念教育，及时与从事大学生理想信念教育的教师讨论交流。

（3）要为培育大学生的理想信念提供有利的社会环境保障

社会历史是孕育思想的现实土壤，坚定的理想信念离不开社会环境的涵养。要真抓实干，着力改善民生，维护社会公正，加强法律法规、社会治理等方面的配套建设，努力实现人与自然的和谐相处，营造有利于大学生树立理想信念的社会情境和环境氛围。

三、引导大学生在经济全球化视野下不断增强制度自信

当代社会的主要特征包括经济全球化、政治多极化、文化多样化和社会信息化。在经济全球化视野下，大学生们应当团结一致，坚定支持并推动中国特色社会主义共同理想的实现，这对他们个人的发展至关重要，同时也与中国特色社会主义的建设密切相关。加强大学生的理想信念教育，需要培养学生正确的国际视野，使其正确理解社会主义的发展趋势，并深刻把握中国特色社会主义道路前进的方向。这将有助于唤起当代大学生的爱国意识，促使他们承担起实现中华民族伟大复兴的历史责任，成为中国特色社会主义的建设者和传承者。

（一）经济全球化与人类社会政治制度的发展

1. 经济全球化是一个社会历史进程

经济全球化的起源可追溯至 15 世纪末的大航海时代，当时的航海活动消除了各大洲之间的隔阂，极大地拓展了人类对整个地球的认知，并推动了全球市场的兴起。19 世纪，随着西方工业技术的飞速进步，航海和铁路等交通基础设施建设不断完善，有力推动了全球市场的扩展和国际贸易额的增长。到了 20 世纪，尤其是经历了第二次世界大战之后，随着航空和信息技术的快速发展，世界各国之间的贸易、技术和商业合作如火如荼，经济全球化进入迅猛发展的阶段。21 世纪，随着生产效率的不断提升，国际劳动分工进入了新的阶段，经济全球化进程逐渐成熟。经济全球化由不断进步的科技力量、日渐高效的生产力运行机制驱动，代表了人类社会整体的进步和发展，是人类社会不可避免的发展浪潮。经济全球化的发展并非无往不利，而是经历了漫长而复杂的历程。在这个过程中，不同国家和民族参与其中，既有合作也有摩擦，经济全球化进程也从起步阶段逐渐进入更为成熟的阶段。经济全球化的进程会受到不同社会制度主体的影响，同时也会反作用于人类的社会制度。

2. 人类社会经济全球化的历史过程同时伴随着不同政治制度的建立和发展

人类社会的经济全球化进程与政治体系的建构和演进密切相关。人类社会在私有财产制度刚开始形成的阶段，生产力水平十分有限。奴隶社会和封建社会普遍实行专制政治体制，造成了不同地区文明之间的沟通交流受限。因此，在人类社会的早期阶段，并没有明显的经济全球化倾向。随后，随着资本主义体系的发展，资本家们开始专注于追求利润的最大化。随着商品生产规模的增长，以及全球市场资源需求的持续上升，人类社会经济全球化的进程加快。发达的西方资本主义国家由此阶段开始主导经济全球化进程。随着经济全球化的发展，资本主义的盛行导致了社会贫富差距的加大，导致了发展的不平衡，并引发了人类社会与自然环境之间的冲突。为了迎接这些挑战，必须对资本主义社会制度做出全面的变革与调整，以适应经济全球化发展的要求。社会主义制度提供了更为先进的解决方案来解决经济全球化带来的问题，目前来看，社会主义国家整体实力仍相对较弱，并非经济全球化的主导力量。但社会主义国家已经加入了经济全球化的潮流，并开始表现出在制度方面的优越性。随着经济全球化的发展，资本主义和社会主义两种制度迅速兴起并传播至各地，它们在全球范围内繁荣共存、彼此抗衡，对人类的政治、经济、社会和文化等方面产生了深刻影响。

（二）经济全球化与当代资本主义发展

经济全球化的趋势为资本主义国家创造了广泛的发展机会，也使得西方资本主义国家在经济和社会领域经历了重大改变。随着经济全球化进程的推进，现代企业越来越倾向于采用股份制，其股权结构和资金来源也变得更加多元化。随着生产效率的提升和财富的集中，由金融资本主导的寡头垄断资本在国家经济中扮演着更为突出的角色，同时在全球经济中的影响力和控制力也在不断增强。它们国际金融资本的载体主要为跨国公司，随着跨国公司数量的不断增长，逐步构建起了国际化的垄断资本主义格局，逐渐打破了仅停留在西方国家层面的垄断资本主义格局。为了适应经济全球化趋势，不少西方资本主义国家开始跨越国界限制，成立了世界贸易组织、国际货币基金组织和世界银行等国际经济机构，同时也推动了多个地区经济合作组织的建立，引导发展中国家融入全球资本主义经济体系。国家和垄断资本之间的合作对于经济的发展至关重要。通常情况下，资本主义国家会通过货币政策、税收和社会福利等手段来调整经济，完善自身经济运行机制，从而规避面临经济危机的风险。随着资本主义国家经济的持续增长，西方国家的中产阶级人数明显增加，社会福利和保障体系得到广泛实现，社会矛盾大幅减轻。即使如此，资本主义的核心矛盾仍然存在，即生产的社会化与生产资料的私人占有制之间的冲突并没有被经济全球化进程彻底改变。随着经济全球化的推进，不同资本主义国家之间的经济发展不平衡加剧，贫富差距日渐扩大。发达资本主义国家借助强大的经济和技术能力，在一定程度上推动了经济全球化的发展，并对国际政治和经济规则带来了重大影响。同时，由于全球贸易的不平衡性，发展中国家通常充当资源和廉价劳动力的提供者。在这种情况下，资本主义制度在经济全球化进程中显露出的矛盾也呈现出增多的趋势。

（三）经济全球化与当代社会主义发展

1. 经济全球化的历史进程与社会主义发展有着密切联系

16世纪，西方国家开始进入资本主义发展阶段，资本不断向外扩张，标志着人类进入了经济全球化时代。在这一阶段，一些西方学者提出了建立没有剥削、平等对待所有人的理想社会的构想。随着19世纪经济全球化的迅速推进，一些理想主义者开始揭露资本主义社会中的不公平现象，批评了建立在私有制和自由市场竞争基础上的资本主义体系，并提出了更具实效性的社会主义制度构想。这促进了19世纪中叶科学社会主义理论的产生，并推动了社会主义思想从理想主义转向科学化的发展。20世纪初，经济全球化发展进入飞速扩张的阶段，俄国十月革命取得胜利，俄罗斯苏维埃联邦社会主义共和国（苏俄）应运而生，成为世界上首个社会主义国家，社会主义理想由此付诸实践。苏联通过实施以公有制和计划经济为基础的社会主义经济体系，迅速促进了经济和社会的进步。自20世纪50年代以来，经济全球化进入了新的阶段，社会主义的发展也经历了从集中式体制向现代化体制的重要转变。改革开放后，中国在不断发展和丰富中国特色社会主义理论体系、确立和完善社会主义市场经济体制的过程中取得了重要成就，推动了社会主义事业的发展。从全局来看，每当经济全球化快速发展时，都会推动社会主义的历史性进程。经济全球化与社会主义相互促进，两者紧密联系，彼此支持。社会主义发展需要经济全球化的支持，经济全球化促进了社会主义的发展，促进了社会主义社会政治、经济领域的发展；社会主义的进步也为经济全球化提供了支持，推动了国际关系的民主化进程。综上所述，经济全球化的历史进程和社会主义的发展在目标和价值层面表现出了一致性。

2. 经济全球化的深入发展为中国特色社会主义发展提供了历史机遇

经济全球化推进了中国与国际社会广泛的经济交流与合作，中国可以利用跨国公司带来的充裕资金发展经济，可以在全球范围内进行更加优化的资源配置，可以与世界各国开展更加便利的服务贸易，可以更加快速地引进各种现代科技成果，这些都大幅提升了中国经济的整体结构升级的速度，使中国社会经济制度得以创新和完善。经济全球化发展带来了不同社会制度、政治文化的交流和碰撞，丰富了社会主义民主政治的发展形式和途径。伴随着经济全球化的发展，世界多极化特征日益明显，各国力量相互制衡，形成了有利于中国和平发展的外部环境，为建设中国特色社会主义事业赢得了宝贵时间。经济全球化推进了中国与世界不同国家之间的文化交流，有助于我国及时便捷地吸收其他国家的思想理论成果和先进文化，使得当代中国人更加具有全球视野，更加理性和务实地探索社会主义的发展。经济全球化深入发展成为中国特色社会主义建设的时代背景，在与世界各国进行经济交往、政治对话和文化交流的过程中，中国已经成为影响经济全球化进程的重要力量，中国特色社会主义的发展丰富了世界政治文化，正对世界政治经济格局变化产生着日益显著的影响。

（四）坚持开展大学生中国特色社会主义理想信念教育

对大学生开展理想信念教育至关重要，能够促进大学生人格与价值观念的综合发展。在开展理想信念教育的过程中，主要的挑战在于引导大学生认识到社会主义在经济全球化背景下的发展趋势，并培养他们对未来的信心。只有深刻理解经济全球化进程中社会主义体制的强劲活力和适应能力，正确理解社会主义与资本主义长期竞争并存的时代特征，认识到中国特色社会主义建设的独特之处，意识到社会主义复兴是未来发展的必然走向，大学生方能在建设社会主义的过程中即使遭遇挫折也依旧能坚定方向、保持信心。

1. 引导大学生正确认识社会主义制度更加适应经济全球化发展的需要

马克思在研究科学社会主义理论时预测了全球市场和经济全球化的持续发展，认为随着社会生产力的全面提高，社会主义对资本主义的成功替代必将实现，社会主义将成为历史的必然选择。在目前的经济全球化进程中，资本主义扮演着主导角色，推动了生产效率的提高和人类社会的全方位进步，为世界各国实现社会主义和共产主义奠定了基础。根据历史唯物主义的相关理论，社会制度的存续与其是否能够促进社会生产力的发展和维护社会的公平与正义密切相关。在当今经济全球化的背景下，资本主义制度在经历多重现实挑战的同时，也需要面对如何维持经济的持续增长以及促进社会公平等诸多问题。相比之下，社会主义制度更符合当前经济全球化生产方式的发展趋势，能够更有效地应对经济全球化背景下人类社会面临的挑战。首先，社会主义制度有助于更有效地统筹全球范围的生产活动。社会主义制度提倡公有制，通过协调全球商品生产和市场需求之间的矛盾，有效管理全球供需关系，减缓全球经济波动，减轻经济危机对各国的影响，推动全球经济持续稳定增长。其次，社会主义体制以公有制为基础，采用按劳分配的制度。通过调整财政政策和收入分配的机制，以及建立社会保障体系来引导资本力量，社会主义制度能够确保经济发展成果更加公平地惠及全社会。社会主义制度强调关爱弱势群体的价值观念，在维护社会公平正义、保护弱势群体的权益方面显露出了更好的效果，有助于解决收入差距拉大的问题并促进社会的持续发展。最后，在经济全球化进程中西方发达资本主义国家凭借自身的经济技术优势，对发展中国家推行不公平的国际经济政治秩序，而社会主义将消灭剥削压迫、消灭阶级对立和国家民族之间的战争，以及实现全人类的彻底解放作为最终的价值追求，这无疑更符合经济全球化进程中世界和平发展的时代要求。中国特色社会主义的伟大事业在实践过程中不断取得成功，丰富和发展了社会主义制度、理论和实践，为社会主义制度在全球范围的发展壮大提供了现实借鉴。

2. 引导大学生正确认识社会主义和资本主义制度的发展特征

社会主义和资本主义在经济全球化的进程中互相制衡，但同时二者间也存在密切的联系，在长期的竞争中彼此借鉴。举例来说，中国特色社会主义市场经济制度汲取了资本主义市场形成过程中的教训和经验；资本主义国家在采用自由市场经济的同时，也支持政府干预经济并设立了社会保障和福利体系。随着经济全球化进程的加速，经济危机的爆发也从单个国家层面的问题上升到了全球层面问题。无论各国采用资本主义制度还是社会主义制度，它们在面临危机时都无法单凭自身力量摆脱困境。例如2008年国际金融危机爆发后，全球进入了"后危机时代"，各国开始意识到强化国际金融体系监管的迫切性，开始调整经济和金融政策。随着科技的不断进步，人类社会对创新型生产的需求越来越迫切，社会分工愈来愈精细，人类的社会关系也变得更加复杂，社会制度因此面临着前所未有的挑战。此外，国际社会还需要共同探讨包括环境污染、疾病传播在内的全球性问题，并分享有效治理方法，从历史中汲取经验教训，促进全球国家共同发展。西方市场曾多次发生经济危机，但相关国家通常能够通过调整再次实现经济增长。西方资本主义国家不时出现的民众抗议、示威现象，主要旨在追求更多的社会福利和民主权，并未对资本主义制度提出根本性的挑战。同时，目前社会主义国家虽然在经济社会上都取得了一定的发展，但与资本主义国家相比，在整体实力上仍有较大差距，并且在当前经济全球化发展中社会制度的竞争仍集中体现在国家综合实力的较量上。因此，应该引导大学生清醒地认识到，在经济全球化的背景下，不同社会制度的国家相互依赖、相互影响，资本主义和社会主义两种制度将呈现出在一定时期并存共处、相互竞争的时代特征。中国作为社会主义国家，需要不断深化改革，努力提高综合国力，使社会主义制度更加完善，从而在未来的经济全球化进程中处于更加有利的地位。

3. 建设中国特色社会主义的内涵特征必将不断丰富和发展

当前我们坚持中国特色社会主义道路，既体现了科学社会主义的基本原则，也彰显了鲜明的中国特色。中国从成立初期被动参与经济全球化到改革开放后积极主动融入经济全球化，再到当前全面深度融合到经济全球化进程中，取得了一系列成就。开展理想信念教育，应从理论和实践两个层面引导大学生深刻认识中国特色社会主义的主要内涵和特征。随着经济全球化的深入发展，建设中国特色社会主义的理论需要不断与时俱进，使中国特色社会主义道路不断拓展，以适应经济全球化背景下的时代发展要求。

4. 世界范围的社会主义发展振兴是不可逆转的历史趋势

社会主义在经济全球化发展进程中与资本主义交织发展，虽然遭遇了苏联解体和东欧剧变等巨大磨难，但是也开创了中国特色社会主义发展模式。从历史规律出发，社会主义作为人类社会的一种新的思想体系、价值观念、社会制度和发展道路在经济全球化进程中展现出更强的生命力和更好的适应性。根据马克思主义辩证唯物论的观点，任何事物都是变化发展的，同样社会制度如果不能适应时代的发展要求，必然会失去生命力而最终走向崩溃。在经济全球化进程中社会主义的发展必然会遇到各种问题和挑战，我们不能在社会主义发展不断取得成就时冲昏头脑，更不能在社会主义发展处于低潮时丧失信心。社会主义的发展并非单个国家的使命，而是全人类共同的事业，经济全球化为社会主义在世界范围内的发展提供了重要条件。习近平总书记指出："中国特色社会主义这条道路来之不易，它是在改革开放三十多年的伟大实践中走出来的，是在中华人民共和国成立六十多年的持续探索中走出来的，是在对近代以来一百七十多年中华民族发展历程的深刻总结中走出来的，是在对中华民族五千多年悠久文明的传承中走出来的，具有深厚的历史渊源和广泛的现实基础。"[①] 应引导当代大学生认清经济全球化发展的本质，认清中国特色社会主义道路的现实处境，在经济全球化背景下正确看待社会主义的发展，坚定理想信念，"把理想信念建立在对科学理论的理性认同上，建立在对历史规律的正确认识上，建立在对基本国情的准确把握上，不断增强道路自信、理论自信、制度自信"[②]，积极探索中国特色社会主义在经济全

---

① 中共中央宣传部. 习近平总书记系列重要讲话读本 [M]. 北京：学习出版社, 2014.
② 习近平. 习近平谈治国理政（第1卷）[M]. 2版. 北京：外文出版社, 2018.

球化背景下的发展方略，使其在资本主义占主导的经济全球化背景下能够发展得更好。

四、提升大学生的网络舆情管理能力

随着互联网技术的不断发展和网络平台的不断增多，网络舆论已成为社会意见的重要表达形式，能够对政府决策、公众认知和社会稳定产生重大影响。大学生网络舆情是指在网络平台上，大学生们对社会公共事件、社会现象、社会问题、校园生活和校园管理等议题表达的看法。大学生网络舆情可反映出新一代学生对社会和校园事务的态度和观点，因此大学生思想政治教育工作应特别关注大学生网络舆情的走向。

（一）大学生网络舆情存在的管理难题

信息技术本身拥有交互性、复杂性、开放性的特征，网络舆论也因此极易快速传播并产生连锁反应。年轻大学生代表了当今社会的新兴力量，他们在网络上能够对热点问题做出积极、敏锐的回应，这种回应的走向对于大学校园和社会的稳定产生了深远影响，同时也给高校思想政治教育工作的开展带来了全新的考验。目前，在管理大学生网络舆情的过程中，出现了以下困难。

1. 信息来源复杂多元，加大了网络舆情的辨识难度

随着信息技术的普及和发展，大学生参与网络舆情生成的信息来源变得更加多样，既涉及大学生获取校园和社会事务信息的渠道，也包括大学生分享、探讨和参与校园、社会事务的渠道；既涉及大学论坛、学校官网等官方渠道，也涉及国内外新闻网站、多媒体平台、自媒体平台等渠道。大学生支持言论自由，但由于信息不对称和认知能力受限等因素，他们可能会情绪波动较大，甚至会在别有用心者的煽动下显露出极端情绪。大学生在参与网络舆情生成时，会从各种渠道获取信息，他们参与舆情生成的目的相对复杂，有的大学生意在进行意见交流、寻求帮助和答案，而有的大学生意在宣泄情绪等。互联网时代，信息的传播变得相当快速，大学生对信息的随意发表和扩散可能会导致网络舆情危机的产生。而又由于信息来源的复杂和信息内容的庞大，高校网络舆情管理人员常常难以准确把握情势并采取有效的管理策略。

2. 信息内容更迭迅速，加大了网络舆情的定位引导难度

信息内容更迭迅速受到了以下两方面的影响。一是经济全球化趋势使得国际时事和社会事件能够被快速传播；二是我国当前正处于经济社会转型阶段，各类社会问题和冲突更加显著。当前时代是信息时代，大学生对网络舆情的关注比较广泛，舆情覆盖的内容和话题也更新得很快，包括但不限于国际政治、贫富差距、司法改革等多个领域。然而，随着信息的快速更新和热门话题的持续涌现，各种社会事件突如其来，高校在评估和引导大学生网络舆情方面遭遇了巨大的挑战。高校思想政治教育管理者如果没有敏锐的政治判断力和舆情敏感性，往往会错失政治引导和思想教育的良机。而大学生网络舆情如若得不到及时管理和控制，很有可能造成重大校园突发事件并对社会产生不良影响。

3. 信息传播渠道分散杂乱，加大了网络舆情的监管难度

在网络时代，作为大学生网络舆情主体，大学生能够议论校园事务和社会事务的信息传播渠道和公共意见平台极为分散杂乱，除了校园网等校内网络平台外，更有无法计数的微博、微信、知乎、抖音、快手等自媒体平台。这些网络传播渠道极大地解放和拓宽了大学生观点表达和意见呈现的空间，有助于大学生关注学校和社会的问题、积极参与话题互动、表达他们的观点和态度。但是，一方面，价值取向各异的各种社会思潮通过网络平台广泛传播，会引起思想的激烈碰撞；另一方面，某些新闻媒体的不实不良报道和不可小觑的网络社会放大效应，在一定程度上会激化社会矛盾。大学生处于世界观、人生观和价值观的成长期和确立期，其思想认识、人生态度和价值取向尚未稳定，容易滋生对社会的不满情绪。互联网的便捷性、匿名性和虚拟性在大数据时代更是营造出巨大的社会放大效应，加大了大学生网络舆情的管控难度。

（二）运用大数据管理大学生网络舆情的前景

1. 运用大数据采集、存储技术，把控大学生网络舆情概况

积极运用大数据采集、存储技术，利于全面立体地掌握大学生网络舆情的基本状况。大数据具有容量大、增长速度快、类别多、价值密度低等主要特征，使现代高等教育管理决策的基础从传统的"样本数据"转化为现今的"全本数据"，区别于追求经验性、因果性、精确性的传统决策特点，显示出追求相关性、高效

性和"用数据说话"的决策优势。有效运用大数据的采集、存储技术，可以帮助大学生进行全面、立体的社会现象问题分析和辩证评价，有利于纠正大学生因自身社会经验和理性思辨能力的不足而导致的认识偏差，从而形成正确的政治态度、道德观念、价值取向、行为模式及个性心理；可以克服传统数据收集、分析手段力不从心的弊端，可以收集、汇聚大学生不同时间、不同地点产生的个体网络数据和群体网络数据，进而在数量巨大、来源分散、格式多样的数据信息基础上勾画和把握更为完整、全面、立体的大学生网络舆情状况。

2. 开发大数据分析、挖掘技术，精准研判大学生网络舆情动向

大数据时代大学生的表达意愿增强、信息传递成本下降，大学生乐于和善于通过不可胜数的信息渠道表达他们关于校园事务、社会热点、国内外新闻时势的看法和观点，形成了海量的"微数据""微事件""微观点"。深度开发大数据分析、挖掘技术，有助于更快速、更准确地研判、预测大学生网络舆情动向，运用大数据极强的联动分析能力，可以实现大学生网络舆情的源头治理。高校和高等教育主管部门可以开发和运用大数据深度挖掘技术，及时把大学生的网络行为转化为数据，进而通过数据分析和推理，准确预测大学生未来的行为走向，建立起从现实世界到数字网络世界的无缝对接。通过对大学生网络浏览、微博微信转发、论坛留言发帖、抖音快手点赞等分散杂乱、模糊难辨的网络舆情进行不同角度的全面分析、深度挖掘和有序关联，准确研判大学生关注的热点话题及其真实的思想状态，预测大学生的思想问题、价值危机可能的发生概率，立足于教育对象的行为发端和思想端倪防患于未然。

3. 应用大数据开放共享平台，推进大学生网络舆情危机预警和管理

大数据时代信息传递具有扁平化的特点，广泛开发应用各类各式的大数据开放共享平台，有助于高校和教育主管部门掌握海量即时的信息数据，进而在大学生网络舆情危机预警和管理中实施数据驱动的决策机制。通过对不同渠道、不同路径、不同层级、不同部门汇聚的大学生网络舆情数据信息进行多元整合、合理分析和深度挖掘，深入把握大学生网络舆情产生、扩散的发生机理和发展规律，从而对大学生网络舆情动向做出合理化、科学化的决策行为，实现对思想碰撞、价值冲突、政治认同等大学生网络舆情危机的精细化网格管理。

（三）基于大数据的大学生网络舆情管理能力的建设路径

1. 构建和完善不同类型的大学生思想政治教育数据库建设

在大学生网络舆情数据管理上，一是立足思想政治教育课堂的根本阵地，收集和整理在课堂教学、考试测评、网络互动等课程教学活动过程中直接产生的教育数据；二是从校内新闻网、人人网等大学生常去的网络社区收集大学生对高校校园事务、学术科研、社会热点时事等问题相关看法的数据；三是从国内主流网络媒体、知名论坛、教育网站等公共网络平台，收集大学生对社会问题、公共事务、教育发展等重要问题的思想认知数据资料。通过对重点网络平台进行常态监控，对大学生网络舆情数据传播和发展动态进行实时分析，及时掌握舆情走向，提高舆情管理效率，加快网络舆情引导步伐。

在教育对象群体方面，要运用大数据关注某些重点人群的心理动向，譬如贫困大学生存在自卑心理、社会交往障碍等，心理亚健康类大学生存在社交恐惧症等，从而为制定针对性、有效力的思想政治教育方案提供了坚实可靠的依据。推动形成覆盖全国、协同服务、全网互通的教育资源云服务体系，多主题、全领域、宽视域地打造大学生思想文化建设的各类数据库，从思想政治教育内容上满足大学生对经济、政治、文化、生态、社会等各类事务的关注需求、求知需求和解惑需求。更重要的是，从思想政治教育的立场上，以大数据技术创建弘扬中国特色社会主义文化主旋律的数据库，加强网络政治观教育、网络文明观教育、网络法制观教育、网络责任感教育等，主动了解、洞察大学生信息时代的思想困惑，强化大学生的政治意识、意识形态认同和社会主义核心价值观的内化。

2. 重视对大学生舆情导向的精准研判

大学生网络舆情监管需要全面开发大数据技术的舆情分析和预警能力，更要仰赖于一支专业的高校网络舆论引导和监管队伍，将学校宣传部门、高校辅导员队伍等汇集在一起组建起一支全方位的高校大学生网络舆情监管队伍，实现大数据技术与网络舆情监管队伍的内在融合。高校的思想政治教育工作者和管理者应主动采用大数据技术，以更有效地整合和应用各种高校思想政治教育数据，通过收集、分析和预测数据，更准确地把握大学生在网络上的舆情趋势，并结合实际情况重新规划总体思路，改革创新思想政治教育的方式方法。

相关人员可借助高校新闻渠道、网络媒体和社交平台等多种途径，充分利用

"全本数据"的技术、决策优势，深入了解大学生的舆情关注点，抓住他们的思想变化趋势和热门话题风向，从而制订有针对性的思想政治教育方案。另外，通过在线平台如论坛、公众号，以及短视频平台等，可深入了解大学生思想的个体差异，进而设计一系列有针对性且多样的思想政治教育计划，以便为大学生提供多样化的思想政治教育服务。要确保高校思想政治教育不断扩大服务范围、与时俱进、贴近社会热点，能够与大学生心理相适应。此外，还可以运用大数据思维完善教育话语的表达，从传统的灌输式说教转变为互动式交流，提高教育对学生的覆盖率。同时，积极疏通学生与学校之间的沟通渠道，转换高校管理者的舆情应对和沟通的话语范式，充分利用网络平台，构建学校、教师、学生交流的和谐空间，推动和谐校园的构建，为建设社会主义现代化强国培养合格的建设者和接班人。

3.积极构建数据驱动的大学生网络舆情管理模式

中华人民共和国工业和信息化部印发的《大数据产业发展规划（2016—2020年）》强调要"强化大数据产业创新发展能力"，全面提升我国大数据的资源掌控能力、技术支撑能力和价值挖掘能力。高校思想政治教育大数据产业创新发展对于大数据时代的思想政治理论教育和中国特色社会主义文化建设具有非常重要的意义。因此，应当顺应大数据平等共享、开放互联、协同创新的思维特征，拓展高校思想政治教育主体的范围，构建跨主体联合、跨学科融合、跨领域协同的大学生网络舆情管理模式，提高高校思想政治教育大数据产业创新发展能力。高校应当牢牢把握大学生网络舆情监管的主阵地，成立专门领导小组，建立网络舆情分级预警机制和值班机制，完善网络舆情日常监控和报告机制。

一方面，在高校思想政治教育主体方面，应当打破大学生归高校管理的陈旧观念，联合以高校思政课教师、辅导员队伍为基础的高校思想政治教育工作者，各级高校教育主管部门和管理者，影响力不一的教育机构和非营利组织等多元主体，构建高校思想政治教育和中国特色社会主义文化传播的大数据综合服务平台，共同参与大学生网络舆情管理和高校思想政治教育工作，建立和完善高校网络舆情教育引领机制、危机处理机制、队伍保障机制、反馈评价机制。另一方面，在高校思想政治教育管理能力方面，应当利用我国拥有丰富多样的教育数据资源优势，促进高校思想政治教育大数据开放与共享，加快教育技术产品研发，实现跨层级、跨地域、跨系统、跨部门、跨学科、跨领域的多元合作、协同管理和个性服务，形成数据驱动的高校思想政治教育创新发展模式。

大数据为大学生网络舆情的分析和研判提供了技术支持和分析工具，也为高校网络舆情管理提供了全新的思维范式和管理路径，需要从网上网下两端发力推动舆情互动联合治理，不断提高大学生的内在政治素养和道德品质，探索数据驱动的高校思想政治教育创新发展模式，推进大学生网络舆情精准化管理，创造积极向上的校园文化生态。

五、提升大学生的强国精神

（一）教师是强国精神教育的主导

思想政治理论课是我国面向青年学生进行强国精神宣传的主要途径，思想政治理论课教师则是引导青年学生具备强国精神的关键角色。因此，为了进一步深化强国精神的培养并促进其传播，我们需要确保思想政治理论课教师发挥重要作用，使其拥有完备的强国精神，并在真正掌握这一精神的基础上，采用多样化的教学方法进行实践，确保强国精神能够被所有学生所具备。

1. 不断学习是提升教师对强国精神认识的最佳途径

强国精神就是在确定建设社会主义现代化强国这一目标之后逐步形成的一种全新的思想观念。要想更为深入地理解这种强国精神，负责思想政治教育的教师就需要持续深化自身对相关内容的了解。

（1）专家学者引领学习强国精神

行业内的著名专家和学者可以对强国精神做深度解析，并充分发挥自身的引领作用。多年来，大量的专家学者通过研究积累了深厚的理论基础，并掌握了丰富的知识，对强国精神也有着独到的见解。他们能够准确把握理论发展趋势，对强国精神有独特且深刻的理解和认识。在这些专家学者对强国精神做深入解读之后，所有的老师都能够借此对强国精神有更为深刻的认识，甚至能够将自己所建构的知识体系与自身对强国精神的理解做深度结合。这些教师也能够以专家学者为榜样，学习其掌握的传播强国精神的专业方法，甚至有些具体的案例和资料也可以直接被教师应用到自己的日常教学中。高校还能够邀请从事过重大科研项目的专家到校演讲，使其积极分享我国的科技发展当中那些能够展现强国精神的人物事迹，就比如设计港珠澳大桥的林鸣与歼20的总设计师杨伟等人的故事，通过真实人物的事迹介绍，加深大学生对强国故事的理解，从而不断强化其强国精神。

（2）相互学习深度认识强国精神

思政课教师是传播强国精神的主导，应调动他们的积极性，发挥他们深化对强国精神的认识的积极作用。他们常年从事相关内容的教学活动，对这一问题的认识和了解比较全面，对教学教法的运用也十分灵活。因此，可以组织不同学校、不同地区相关课程的老师围绕习近平总书记关于强国精神的论述进行讨论和交流，互相学习，分享对强国精神的理解，加深对强国精神的认识；还可以借此机会在教学方式方法、教学资料、教学经验、教学手段等方面进行相互交流，分享资料、交流经验，以便能够采取更好的教学方式和教学手段，把强国精神更有效地传播出去，切实提升强国精神学习的实效性，强化学生对强国精神的理解，形成对建成社会主义现代化强国的系统认识。

（3）自主学习切身感受强国精神

思政课教师平时应自主学习强国精神的相关内容，积极观看能够反映强国精神的相关电视纪录片和政论节目，注意收看时政新闻，关注中宣部等权威部门对强国精神内容的宣传和解读。利用一些电视专题片加深对强国精神的理解。近几年相关部门出品了许多能够反映强国精神的相关优秀电视专题片，如《辉煌中国》《超级工程》《航拍中国》等。还可以关注一些三观正、传递正能量、传播强国精神的新媒体，如微博、微信、抖音、快手等平台上的一些官方自媒体，共青团中央、人民日报等都属于此列。中宣部推出的"学习强国"手机程序是学习强国精神最为有效的途径，可以每天学习其中的部分内容，日积月累对强国精神的理解将更加深刻。老师们可以利用这些辅助材料深化对强国精神的理解，挖掘强国精神的内涵，以便更好地理解和运用。

2. 深入研究是深化教师对强国精神认识的有效办法

教学和科研始终是紧密相连的，很难完全脱离彼此而存在。对于高校的思政课教师而言，要想实现强国精神与教学的深度结合，就需要加大自身研究强国精神的力度，这样才能更好地理解强国精神的本质与内涵，也就能够更为有效且全面地传播强国精神。

(1) 积极参加与强国精神有关的前沿会议

与强国精神和强国思想有着一定关联的议题在党的十八大之后逐渐成为学术领域的研究焦点。在这一背景下，大量理论研究者开始积极组织与这一主题有着一定关联的前沿研讨会，其中，与会人员还包括众多著名的专家学者，他们将会就强国主题与各参与者进行深入探讨，最终也会获得一系列优秀的学术理论成果。思政课的教师们需要抓住这一难得的机会，不仅可以选择申请举办相关主题的学术会议，还可以踊跃地参与前沿的学术研讨，进而获得在各种大会上发表自身意见的机会。借助组织会议、参与会议和积极在会议上发言等手段，他们可以扩大自己的知识视野、丰富自己的知识储备、加强自身与他人的交流，也能够充分掌握更多、更新的研究成果，进而不断加深自己对相关内容的理解，丰富自己的教学内容。

(2) 广泛阅读，时刻关注强国精神的研究

通过大量阅读能够方便研究者对强国精神的深入研究，也能使这些研究者对强国精神有更为深刻的认识。在党的十八大之后，各大官方媒体与相关领域的专家学者都对强国战略进行了深入且全面的探讨，进而创作出了大量的理论文章和学术著作。因此，思政课的教师在日常教学中应重视与强国精神相关的研究成果，还需要大量阅读相关领域的最新内容，并对权威的理论文章进行深入研究，以便更好地理解其核心思想和要点，借此也能充分促进自身对强国精神的理解。除此之外，思政课教师也能够通过新媒体或自媒体等渠道了解相关的文章与视频等内容，进而丰富自身的知识储备。总而言之，对于思政课教师而言，广泛获取强国精神的素材能够促进其对强国精神的深入理解。

(3) 深入分析强国精神，积极撰写相关研究论文

输入和输出是两个交互的过程，相互影响，相互促进。思政课教师通过大量阅读，再结合自身的知识结构和认识水平，对强国精神形成了自己的认识。同时，可以结合自身的教学和科研实际，围绕强国主题撰写相关的理论文章，还可以相关内容为主题申请相关部门的研究基金，深化对强国精神的认识。教研相长，二者相互促进，互有助益：通过论文撰写可以深化对强国内容的认识，对于传播强国精神具有十分重大的作用；通过实践教学可以加深对相关问题的思考，深化对强国精神的理解，提升对强国内容的认识，也可以把自身的理论研究成果转化为课堂上的授课内容，以达到更好的教学效果。

3. 实践体验是教师内化强国精神的根本途径

实践是认识的来源，也是深化认识的最有效的途径。强国精神是从实践中得来的，也要用以指导未来的实践，因此，思政课教师深刻把握强国精神必须坚持勤于实践。

（1）到相关地区进行实地参观

思想政治理论课教师要从强国的精神实质出发，深入相关地区进行参观、考察和研究，通过实践体验升华对强国精神的认识。如到井冈山革命根据地旧址、古田会议旧址、遵义会议旧址等进行参观，感受革命的红色精神，了解党的艰苦奋斗历程；到改革开放后的一些标志性地区了解其发展历程，深入感受当地发生的变化。通过观察、学习、感受、体验，深入把握习近平总书记的强国思想，对建设社会主义现代化强国理论形成深入的理解，进而使得教师可以基于自身感受对强国精神进行传达。

（2）走入基层聆听百姓对强国精神的认识

中国是否真的强大了？国家强大了对人民的生活是否有影响？基层百姓对强国精神又有怎样的理解？回答这些问题，基层百姓最有发言权。广大思政课教师要坚持深入基层，聆听百姓的声音，了解基层百姓对强国精神的认知、态度和意见，做到融会贯通，综合分析各方面意见，对强国精神形成客观、科学、正确的判断。思政课教师们需要走进基层，积极了解人民群众对建设社会主义现代化强国的认识及对党的十八大以来所发生的变化的切身体会，对医疗、教育、精准扶贫、交通等方面的变化做深入了解，以便增强讲授强国精神的说服力。

（3）进入企业体验践行强国精神的具体做法

企业是促进社会经济发展的最基本的单位，也是社会主义现代化建设最基本的生力军。思政课教师想要更好地把握强国精神，必须走进企业，了解企业的生产方式、技术创新情况、管理运营状况等。了解企业对促进国家强大所做的贡献、企业的技术领先情况，以及企业践行强国精神的具体做法，对于更好地把握和了解强国精神大有助益。要找机会深入一些大型国有企业，作为国有企业，它们在国家建设进程中起到了"排头兵"的作用，在引领经济发展、推进行业进步、服务社会生产、承担风险责任等方面作用突出。要深入一些大型民营企业，尤其是对经济社会发展具有较大促进作用的民营企业，如华为、阿里巴巴等，它们在技术创新、企业管理、服务社会等方面有许多独到的做法,在践行强国精神中也有很多具体做法,有较大的学习价值。当然,对于中小企业也不能忽视,它们是经济社会发展中极为重要的力量,要了解它们的运营状况、面临的困难、取得的成绩等,这些都是提升强国精神教学效果的重要素材,思政课教师们要合理地加以运用。

(4)走出国门,在对比中感受强国精神

越出国越爱国,通过对比,能够更深切地体会到国家是否真的强大了。思政课教师要利用一切时间和机会走出国门,去国外看看其他国家的状况,对于中国是不是强国,强国精神的真谛究竟是什么会有更加深刻的理解。可以到欠发达国家看一看,感受其与中国的差距,深刻体会我们在强国路上付出的巨大努力;可以到与中国发展境况相似的国家看一看,了解各国发展之间的差异;更要到以美国为首的发达国家和地区看一看,深入了解中国与美国的差距有多大,找准差异、认识不足,客观理智地看待中国的强国之路。通过走出国门,思政课教师对强国精神的认识会更加具体、深刻,爱国之情也会更加高涨。

(二)学生是强国精神教育的主体

思想政治理论课的核心目标是培养出具有坚定理想信念和高尚道德的社会主义建设者和接班人。在思想政治教育领域,爱国主义教育被视为最核心的部分之一,而在新的时代背景下,培养强国精神成为爱国主义教育的新标准。所以说,学生需要努力学习这种精神并加以掌握,以进一步强化他们的爱国情怀,并加深其对国家的了解和认识。

1.课堂教学是提升强国精神教学效果的主渠道

思政课是学生了解强国精神的关键,教师应该充分利用课堂教学,引导学生深刻认识强国精神的内涵和意义。

(1)重视课堂讲授

在进行知识的学习时,课堂讲授既是最关键的手段,也是最根本的方法。在课堂教学中,教师可以运用多样化的教学策略,以确保学生可以全面且准确地了解与掌握强国精神。能够突出表现强国精神这一主题的视频,可以使教学内容更加生动与丰富,还需要保证教学内容的叙述流畅、逻辑严密,从而最大程度地获得学生的关注并激发其学习兴趣。"强国精神"是一个严肃庄重的教学主题,具有浓厚的政治色彩,不易吸引学生的注意。所以说,思政课教师就需要展现更为强劲的教学能力，在保证教学内容的严肃性不受影响的前提下，通过有趣的教学方式赢得更多学生对教学内容的关注，从而获得更为有效的课堂教学效果。为此就需要思政课教师付出更多的精力进行教学内容的安排。

（2）强化课堂活动

虽然课堂教学是向学生宣传强国精神的关键手段，但并非没有其他宣传途径。为了扭转传统课堂教学单调乏味且难以吸引学生注意力的局面，教师可以通过课堂互动等手段来进一步提升学生对强国精神的学习兴趣。例如，教师可以指导学生深入探讨强国精神的某些内容，为此，学生就需要通过积极查阅参考资料为课上讨论做准备，这实际上就是对其所学内容加以深化的方式；为了提高学习成效，教师可以采用课堂知识竞赛的形式，以强国精神为主题，设计大量选择题，并要求学生参与知识竞赛，以加深他们对相关内容的记忆；教师还可以在课堂上播放与强国精神有一定关联的视频，促使学生对这一精神有更为深入的理解；在教学过程中，教师还可以组织学生参与以强国精神为主题的小游戏，利用游戏的形式来激发他们的学习兴趣，使其积极参与其中。

（3）增加课下作业

充分利用课下时间，将课堂和课下很好地结合起来，促进学生主动学习强国精神的内容。为实现在课堂中进行强国精神培养的目标，教师就需要为学生设置合理的与之相关的课后作业，鼓励学生自主学习，教师还需要在下一次上课的时候对学生的自主学习成果进行评判。教师运用将课堂学习与课外活动相结合的教学手段，能够为学生提供更多的学习机会以及更为优质的自主学习环境。教师所布置的作业可以采取多种形式，但需要确保作业内容展现出较强的原则性和灵活性。举例来说，教师可以要求学生课下看与强国精神相关的某篇文章，并写出自己的理解和感受；可以要求学生观看内含强国精神的影片和重大体育比赛影像等并谈谈感想；可以要求学生看与强国精神或与爱国主义有关的书籍，并写下观后感；还可以要求学生到指定地点进行参观；等等。教师要记得检查，把握学生作业的完成情况，督促学生认真对待课后作业，加深学生对强国精神的认识。

2. 社会实践是提升强国精神教学效果的重要途径

实践出真知，也是获得真理的最重要的途径。通过社会实践，把强国精神真正融入全体学生之中，让他们有切身的感受和体验。

（1）组织学生通过参观获得真知

为了深入理解强国精神的真正含义，教师可以组织学生参观在制造业领域有着较强实力与较高知名度的大型工厂和企业，这样他们可以更好地了解我国制造业的发展情况，并真正感受到制造业强国的真正含义；通过参观几家著名的科技公司与网络公司，深入了解科技是如何改变人们的生活的，并亲身体验到科技对日常生活产生的积极影响；参观一些与强国精神有着较强关联性的博物馆、展览中心和科技展览馆等，积极了解这些年来我国所取得的显著成果和经历的巨变；到一些地区进行参观，感受改革开放给这些地区带来的飞跃性进步，深化对改革开放的认识；等等。这些参观活动，可以加深学生对强国相关理论的了解，也会让他们对改革开放四十年来取得的巨大成就有正确的认识，进而增强学生的自豪感和荣誉感，提升他们的爱国热情。

（2）推动学生通过调研把握真谛

没有调查就没有发言权，调查研究是学习的最重要的途径之一。鼓励学生深入工厂、企业、农村、社区等基层单位进行调查研究，通过调查研究获得关于中国基层实际情况的第一手资料，更深入地了解我国基层民众的日常生活和实际情况，从而对党的各项政策和国家建设的目标有更深入的认识。我们可以针对一个特定的主题进行深入的研究，例如针对国家的精准扶贫，可以访问相关的扶贫机构，深入了解国家在精准扶贫方面的政策和措施以及在人力财力上的投入，或者采访负责精准扶贫的干部，了解一些扶贫攻坚的具体做法，还存在哪些困难，有什么需要改进的地方等。这样就可以对精准扶贫这一问题有全面、深刻的认识。

（3）鼓励学生通过体验掌握实质

个人亲身体验也是获得真知的十分重要的途径。教师要鼓励大学生寻找机会参与到宣传强国精神的相关活动之中；教师还需要引导学生在空余时间积极参与各种社会志愿活动，如成为国家级比赛或会议的志愿者，以此来更好地了解社会，并进一步培养与发扬自身的奉献精神，还能够借此充分强化自身的人际交往能力。学生通过亲身体验可以不断使自身生活经验丰富，也能够充分实现自身视野的拓展与知识的增长，进而能够客观、理性、深刻地看待问题，深化对强国精神的理解。

3. 网络资源是提升强国精神教学效果的重要助力

当前，网络已经成为大学生每天必不可少的交流工具。因此，教师能够借助网络信息传播的便捷性、多样性与广泛性，使得学生更为深入地接受强国精神的熏陶。另外，教师还能够以更为多样且有趣的形式宣传强国精神，以增强课堂的趣味性。

首先，在对强国精神进行宣传的时候，可以选择目前在学生群体中非常受欢迎的方法来进行推广。鉴于短视频现如今在学生群体中备受喜爱，我们可以在多个短视频平台上制作并播放与强国精神相关的内容，以获得更多学生的关注；又如城市快闪是现在年轻人之中比较流行的一种宣传方式，可以在快闪的形式中融入强国精神的内容，以提高强国内容宣传的广度；网络直播也是非常受学生欢迎的一种宣传形式，可以充分利用起来。其次，在大学生喜欢浏览的网站投放宣传强国精神的内容。大学生们有许多自己喜欢的网站，他们每天会花费较多的时间浏览这些网站，可以在这些网站上投放更多关于强国精神的宣讲内容。最后，可以增加网络互动，吸引学生参与强国精神宣传。如可以在播放视频时开放弹幕功能、留言评论功能，以增加学生发表观点的机会；还可以让学生制作与强国精神相关的视频、短片等并上传，通过互动，强国精神能够真正融入学生的内心，并转化为实际行动。

第二节　新时代大学生思想政治教育的原则和理念

一、新时代大学生思想政治教育的原则

新时代大学生思想政治教育的基本原则深刻反映了新时代大学生思想政治教育所蕴含的客观规律，而这也是教师在进行大学生思想政治教育活动过程中一定要遵守的规范标准。为了有效地开展新时代大学生思想政治教育，并提升其教育成效，除了需要对新时代大学生思想政治教育的具体工作进行清晰界定之外，还应当严格遵守新时代大学生思想政治教育的基本原则。

（一）新时代大学生思想政治教育原则体系的特征及其确立依据

1. 新时代大学生思想政治教育原则体系的特征

在新时代背景下，大学生思想政治教育的基本原则为大学生思想政治教育活

动提供了明确的指导，这对于确保大学生思想政治教育活动的有序进行发挥着至关重要的作用。新时代大学生思想政治教育不但需要处理各种复杂关系，还需要积极组织各种形式的活动；在对各种关系进行处理的时候，我们也需要严格遵守特定的标准，并在各种活动中也要遵循这些标准。所以说，新时代大学生的思想政治教育展现出了多样化的原则。这些独特的原则之间存在紧密的联系，能够发挥协同作用，共同构筑了新时代大学生思想政治教育原则体系。另外，需要注意的是，新时代大学生思想政治教育原则体系属于新时代大学生思想政治教育中的一个子系统，但是它也展现了一些与其他子系统截然不同的特性。

（1）整体性

新时代大学生思想政治教育原则体系是由多层次原则组成的丰富且完整的体系，展现出了整体性的特点。

第一点，新时代大学生思想政治教育原则体系是基于新时代大学生思想政治教育的普遍规律来构建的。不同的原则层次和具体原则之间存在着紧密的联系，相互影响，相互作用，最终形成了一个内在联系紧密的完整体系。上一层次原则对下一层次原则具有规范、指导作用，下一层次原则在某种意义上讲是上一层次原则的具体化，又对上一层次原则产生一定的影响。如果对此认识不足，对新时代大学生思想政治教育原则的把握和运用就可能会出现偏误。

第二点，新时代大学生思想政治教育原则体系的总体功能远超过各个具体原则功能的简单叠加。另外，需要注意的是，新时代大学生思想政治教育原则体系主要由从属层次、关联层次及运行层次等的众多具体原则构成，但并不等于这些原则功能的简单相加。这些原则通过相互联系、相互作用而使新时代大学生思想政治教育原则体系产生主体功能，即保证新时代大学生思想政治教育的性质和方向，指导教育者正确选择教育内容和方法，采取正确的教育行为等。因此，在运用新时代大学生思想政治教育原则时不能顾此失彼，而应充分考虑其相互协同作用，为了最大化整体效益，教师需要对其进行全面应用。通过深入了解新时代大学生思想政治教育原则体系的整体性特质，教师将更全面地了解这一原则体系，并最大限度地展现其功能作用。

（2）层次性

新时代大学生思想政治教育原则体系可以根据从宏观到微观、从整体到局部、从一般到特别的顺序进行分层组织。因为层次的不同，相应的原则也只有在特定的条件和范围内才会发挥作用，并具有其独特的功能和价值。就比如，关联层次的原则揭示了新时代大学生思想政治教育与不同的社会子系统之间的密切联系，它是有效处理新时代大学生思想政治教育与经济和管理工作等平行子系统间关系的准则；运行层次的原则揭示了新时代大学生思想政治教育系统中不同要素间存在的深层联系，它是处理新时代大学生思想政治教育各要素间关系的准则。原则在各个层面上都有明确的划分，区分了主次关系，展现出极为鲜明的分层特点。值得注意的是，就算是相同层面上的不同原则也存在明显差异，这显示了它们的层次性。例如，在关联层次原则里，求实原则反映了正确的思维方向，并对同一层次的其他原则起到了指导作用，而处于这一层次上的其他原则则属于对这一原则的进一步拓展和具体体现。又或者是在层次原则的应用当中，民主原则具有较为广阔的覆盖范围和较强的指导作用，而在同一层次上的各原则也在某种意义上都属于民主原则的具体化，因此带有基本原则的性质。

（3）辩证性

辩证性所描述的是人们对于新时代大学生思想政治教育原则的理解和掌握，不但结合了绝对性和相对性的特点，也代表了绝对性与相对性的融合统一。

第一点，基于辩证唯物主义和历史唯物主义的影响，人们在对新时代大学生思想政治教育所蕴含的客观规律有了主观上的了解之后，就会基于自身认识构建相应的原则体系，其本身与其他真理性认识展现出了共同的特点，简单来说，就是绝对与相对的真理呈现为辩证统一状态。大众对于新时代大学生思想政治教育规律及完美呈现这一规律的新时代大学生思想政治教育原则的认识具有绝对真理性的成分，这种认识每向前发展一步，就意味着我们对新时代大学生思想政治教育原则的认识达到了一个新水平。随着新时代大学生思想政治教育实践的发展和人们认识能力的提高，人们对新时代大学生思想政治教育原则的认识水平从总体上说在不断提高。但由于新时代大学生思想政治教育是在不断发展的，新事物、新情况、新问题层出不穷，人们对新时代大学生思想政治教育规律和原则的认识总是不全面的，加上不同认识主体的认知能力、认知水平存在差异，因此人们对新时代大学生思想政治教育规律和原则的认识又具有相对性，这也是对新时代大学生思想政治教育原则存在一些不同意见的重要原因。

第二点，在新时代背景下，大学生思想政治教育原则进行分类之后主要呈现出相对性的特点。为了促使学生更深刻地理解和掌握新时代大学生思想政治教育原则，进而更有效地运用这些原则来开展相应的教育活动，就需要将新时代大学生思想政治教育原则加以细化，将之划分为多个不同的层次。事实上，在新时代大学生思想政治教育中，不同层次的原则以及具体的原则既存在差异又相互关联。教师不能对这些原则持有绝对化的看法，而更应该认识到这些原则的兼容性、交叉性和连贯性。

第三点，新时代大学生思想政治教育的基本原则实际上是对该类型教育过程中涉及的复杂关系的辩证抽象。为确保教育内容满足实际情况的需求，教师就需要对存在于新时代大学生思想政治教育中的原则进行深入理解，极力避免产生偏见。

综合来看，新时代大学生思想政治教育的基本原则与其他的真理并无区别，都深刻体现了绝对性与相对性之间的辩证统一。

（4）发展性

新时代大学生思想政治教育原则体系是一个多层次、动态化的体系，它是借助新时代大学生思想政治教育实践活动诞生与发展的，而不是孤立存在的，也不是静止不动、僵硬呆滞的。例如，过去竞争被看作资本主义社会所特有的东西，但随着我国改革开放的深入和社会主义市场经济的发展，我们社会的各个领域都出现了竞争，这有助于推动我国社会向前发展。当前的状况促使新时代的大学生思想政治教育者深刻认识到，若要更加有效地进行新时代大学生思想政治教育工作并取得实效，就必须在新时代大学生思想政治教育活动中引入竞争，确立竞争激励原则，努力培养受教育者的竞争意识。否则，新时代大学生思想政治教育可能会失去活力，进而难以满足社会主义市场经济的建设需求。就算是相同的原则，其深层含义也会在实践经验不断积累的过程中逐渐丰富起来。在新时代背景下，大学生思想政治教育原则的应用会因各方面因素的影响而有所变化。所以说，在具体的新时代大学生思想政治教育活动中，应根据实际情况和具体环境来确定哪些原则应被应用，以及哪些应被重点关注。这一点是新时代大学生思想政治教育原则体系发展趋势的关键点。综上所述，在新时代大学生思想政治教育实践持续发展的过程中，我们需要正确认识、掌握并应用新时代大学生思想政治教育的基本原则，最大限度地发挥新时代大学生思想政治教育原则的作用。

2. 新时代大学生思想政治教育原则体系的确立依据

为了准确地理解和应用新时代大学生思想政治教育的基本原则，我们应当对这些原则是基于何种准则来建立的加以清晰认识。一般而言，新时代大学生思想政治教育的基本原则是基于思想政治教育实践所提炼出来的，要想确立准确、有效的原则，就需要确保这些原则能够与新时代大学生思想政治教育的实际需求相匹配，并能满足新时代大学生思想政治教育的基本规律要求。显然，新时代大学生思想政治教育的客观规律构成了新时代大学生思想政治教育原则的存在基础。

首先，要明确的是，我国的社会主义特性直接影响着新时代大学生思想政治教育系统与各平行子系统存在的相互关系。在我国，社会主义经济基础与上层建筑共同影响着经济、文化、教育等工作的根本性质和发展方向，由此就确保了所有社会活动都必须能够维护社会稳定、促进经济发展和提高公民的素质。

其次，这种关系也是由人的思想道德发展模式以及新时代大学生思想政治教育的独特性决定的。一个人的思想道德观念是基于自身经历的各类社会实践形成的，这些实践内容包含经济、文化、教育、管理等方面的工作。新时代大学生思想政治教育仅仅是影响其思想道德发展的诸多外部要素中的一个，必须与社会其他平行子系统相协调、相一致，只有这样，才能充分发挥其育人作用。为了充分发挥新时代大学生思想政治教育的潜能，并进一步提升学生的思想道德品质，新时代大学生思想政治教育就需要积极与外部环境，尤其是与其他平行子系统进行沟通和交流，使新时代大学生思想政治教育融入社会的各子系统中，以便对教育对象形成全方位的积极影响。与此同时，还应主动协调包括经济工作、文化工作、教育工作、管理工作等在内的对人们思想品德发生作用的众多的教育途径，努力促使其形成最大的"正合力"，以不断提高教育对象的思想道德素质。

综上所述，新时代大学生思想政治教育系统与社会的各个平行子系统之间存在着紧密的联系，并且，新时代大学生思想政治教育系统也对其他的平行子系统起到了至关重要的推动和保障作用。这些平行子系统也有效促进了新时代大学生思想政治教育系统的发展。以新时代大学生思想政治教育系统与其各个平行子系统之间的关系为基础，可以明确新时代大学生思想政治教育的基本原则，这些原则就叫作关联层次原则，其中主要包括求实原则、渗透原则、层次原则等，这些原则本身都反映了平行子系统之间的本质联系和平行融合的规律。

(二) 新时代大学生思想政治教育原则的价值

1. 保障新时代大学生思想政治教育的正确方向

在新时代背景下，大学生的思想政治教育呈现出较为强烈的阶级性和政治性色彩，这意味着它要与中国共产党的性质相吻合。在新时代大学生思想政治教育中，为获得良好的教育效果，就需要对正确的教育方向加以明确。如果方向选择不当，不仅无法取得理想的教育效果，还可能产生灾难性的影响。新时代大学生思想政治教育的基本原则是开展新时代大学生思想政治教育工作的准则，其是根据党的路线、方针和政策制订的，由此就能切实保障新时代大学生思想政治教育始终保持正确的教育方向，并确保自身性质不会发生改变。

2. 保障新时代大学生思想政治教育的科学性

新时代大学生思想政治教育原则反映了新时代大学生思想政治教育的基本规律。基于这一指导原则，教师所开展的诸多教育活动将会完全契合现阶段大学生思想政治教育的内在规律，也能够确保新时代大学生思想政治教育的科学性不被破坏。值得关注的是，在时代改变以及大学生思想政治教育任务发生变化的情况下，其展现的规律也将会有一定的变化，甚至会不可避免地呈现出新的特征和形态。为应对上述变化，我们就应当持续根据实践发展和当前形势的转变，对大学生思想政治教育原则进行优化与创新，以确保相关原则能够完全适应时代的发展，并呈现出新的特征与规律。

3. 提高新时代大学生思想政治教育的效益

新时代大学生思想政治教育原则与新时代大学生思想政治教育效果是紧密相联的，而新时代大学生思想政治教育的基本原则能够直接提升这一教育效果。它为新时代大学生思想政治教育的发展奠定了基础，也为新时代大学生思想政治教育指明了发展的方向，更是确保了思政课教师在实际工作中有章可依、有法可循，这样就可以极大地提升新时代大学生思想政治教育效果。除此之外，它的存在也为新时代大学生思想政治教育的发展提供了有益的借鉴，可以使新时代大学生思想政治教育者在实际工作中减少失误，从而确保新时代大学生思想政治教育的效益。

4. 促进新时代大学生思想政治教育的创新

随着形势的变化、社会的发展，大学生思想政治教育也需要不断进行更新。在新时代背景下，大学生思想政治教育的基本原则表述如下：首先，从客观角度来看，这一基本原则的存在有效促进了新时代大学生思想政治教育的发展与创新；其次，它最明显的特点在于具有相对的超前性，因为它是对过去思政教育实践经验的总结，其根本目的是更有效地指导新时代大学生思想政治教育实践工作；最后，这一原则为新时代大学生思想政治教育实践提供了本质性与方向性的要求，同时也为思想政治教育实践的创造性和主观能动性的发挥提供了可能。

（三）新时代大学生思想政治教育的主要原则

1. 求实原则

要严格遵循求实原则，做到实事求是。思政课教师的首要任务就是培养学生强烈的实事求是精神。在新的时代背景下，思政课教师应当勇于面对挑战，积极了解实际情况，通过深入地调查和研究，充分揭示教育对象与新时代大学生思想政治教育的真实面貌，并积极探寻教育的真正效果。在任何情境下，他们都应诚实守信、实事求是地工作。

另外，思政课教师还需要认真地把理论知识与实际操作相结合。随着时代的发展，从事大学生思想政治教育的专业人士需要深入学习马克思主义理论，并全面掌握唯物辩证法的精华，以便将其有效地应用到日常工作中。他们应努力实现主观与客观的统一以及认知与实践的有机结合，并根据不同的人、事、时、地开展个性化的教育活动，以提升新时代大学生思想政治教育的针对性和实效性。

除此之外，还需要选择正确的方法。"求实"意味着要进行深入的调查和研究，而"求是"则强调分析和推理，这些都是以科学方法为基础的。如果缺乏科学的方法，那么求实原则在新时代大学生思想政治教育中就很难得到真正的应用。

最终，教师必须始终保持与时代同步。"求实"的核心理念强调，新时代的大学生思想政治教育工作者需要与时代同步发展。鉴于社会的持续进步和客观环境的不断变化，学生的思维方式也有着较为明显的改变，而教师则应持续调整新时代大学生思想政治教育的内容、形式和方法，以确保它们与不断变化的实际情境相匹配。对于教师来说，需要从发展的角度出发，在不断变化的环境中深入分析和理解各种思想现象，通过这些现象深入挖掘其本质和规律，确保新时代大学生思想政治教育始终保持其新颖性。

2. 渗透原则

渗透原则指的是，在新的时代背景下，大学生的思想政治教育需要与经济、文化、管理等多个领域紧密结合，确保与各种具体任务的实际情况相协调。在人的一生中，绝大多数的时光都需要进行工作，人们的物质和精神需求大多是借助工作加以满足的，与此同时，这一类人群在思想层面出现的问题也主要与学习、工作、生活等方面密切相关。所以说，大学生的思想政治教育必须深入人们的日常工作和学习生活中去，只有这样，才可以切实满足不同层次人群的需求，也能够在最短时间内对各类问题加以识别与解决，进而充分提高思想政治教育内容的针对性与时效性，确保各项工作能够顺利、有序地进行。从这一点来看，坚守渗透原则显得尤为关键。

第一点，教师必须严格遵循渗透原则，以期构建新时代大学生思想政治教育的合力。随着时代的发展，大学生思想政治教育已经深入诸多具体的工作任务中，并与这些工作紧密结合。由此就表明，现如今的大学生思想政治教育不再仅仅是教师的单方面工作，更是需要所有从业人员的共同参与，以确保能够发挥新时代大学生思想政治教育的综合作用力。

第二点，遵循渗透原则可以更有效地展现新时代大学生思想政治教育的作用。现如今，大学生思想政治教育不仅仅是一个独立的系统，它与人们的日常生活和工作都有着紧密的联系。在没有其他方面工作的支持下，新时代大学生思想政治教育将会失去其存在的基础，这主要是因为各项具体工作任务的开展是发挥新时代大学生思想政治教育作用的关键。想要有效地开展大学生思想政治教育，教师必须紧密结合其他方面的实际工作。这样，他们就可以及时掌握教育对象的思想现状，更有针对性地开展工作，从而真正避免新时代大学生思想政治教育与其他方面工作不协调的问题出现。

简而言之，只有当新时代大学生思想政治教育与各种任务紧密相联时，它的潜在价值才能得到最大化的体现。

3. 层次原则

层次原则强调，新时代的思政课教师需要基于实际情况，认识到学生之间的差异，并以他们不同的思维模式为基础进行差异化的教育。这种方法既激励了学习成绩优异的学生，同时也考虑到大多数人的需求，最终实现先进性和广泛性的有机融合。

实际情况是，大学生不只是展现出复杂的层次结构特征，而且在大多数情况下，他们中的优秀者并不多。如果将对这些表现优秀者的期望设定为大多数人的教育目标，那么这种教育方式就会偏离实际情况，与大多数大学生的真实生活状况脱节，最终可能导致急功近利的情况出现。为了解决上面提到的问题，我们必须深入了解大学生的真实状况，并按照不同的层次开展教学工作。在新的时代背景下，思政课教师需要在激励优秀学生的同时，也对大多数学生表示关心。只有如此，思想政治教育才可以从各个层次的大学生开始，一步一个脚印地对其进行培养。

明确区分不同层次的学生对于培育有创造力的人才来说是至关重要的。要想建设具有中国特色的社会主义，就意味着我们需要在科学社会主义与中国的现代化建设实践相融合的前提下，选择一条结合"合格与特色结合"的发展路径，实现多样性的融合统一。为了完成这项宏伟的事业，就需要培养出大批具有创新精神和开拓精神的人才，这种类型的人才应当是既满足基本标准又具有独特个性的"合格加特色"型人才。在新时代大学生思想政治教育中，教师必须区分不同层次的学生，因材施教，确保他们的个性、爱好和才能可以实现全面发展，让各种创造性人才崭露头角，从而更好地推进我国的社会主义现代化建设。

4. 主体原则

首先，坚持主体原则是由社会主义制度的本质要求所决定的。人民群众是社会主义国家的主人翁，值得注意的是，人民群众必须接受先进思想的引领，由此才可以更为有效地改善自然环境和社会结构，因此有必要对他们进行思想政治教育。然而，这种教育不是脱离于人民群众的，而是在人民群众内部进行的。人民群众的思想觉悟是在对外部的客观世界以及自己所认知的主观世界的理解中一步一步得到提升的。值得注意的是，不同的人在思想觉悟和知识层次的表现上都呈现出不一致的状态。所以说，在特定的时间段内，由先进分子带头，并向其他成员开展教育工作十分重要。然而，这在根本上依然是一种人民群众进行自我教育的自发行为，也是人民群众主体性的一种具体体现。所谓的"教育者"或"救世主"

并不存在，他们存在于广大人民群众之中。人民群众的教育、自我教育和相互教育是一致的，从此意义上讲，大学生当然也是新时代大学生思想政治教育的主体。社会主义国家的大学生思想政治教育必须尊重大学生的主人翁地位，充分发挥大学生在教育过程中的主体能动作用。

其次，坚持主体原则是新时代大学生思想政治教育的内在要求。大学生思想政治教育活动是一种教育主体与教育对象在思想和情感方面进行双向交流和沟通的过程，其教育目标是通过教师展现主导作用并由学生发挥能动作用，进而通过以上两种作用相互影响来实现的。所以说，我们需要基于辩证的视角来审视新时代大学生思想政治教育的主体与客体之间的关系。首先，思政课教师作为主导者，其作用是不可轻视的，特别是中国共产党在这一教育过程中所扮演的核心领导角色是不能被无视的。思政课教师的指导是学生充分发挥自身主体作用的关键，因此，过分强调自我教育的重要性而忽视教师的主导地位是不正确的。其次，教师为学生设定的教育目标，只有通过学生发挥主观能动性，并借助自身的思维活动才可以真正实现。

二、新时代大学生思想政治教育的理念

采用科学的教育理念来培育人才，并利用教育理论来指导实际的教育活动，是教育领域工作者的核心职责之一。教育理念脱胎于众多教师在实际操作中积累的宝贵教育经验，它具备科学性和指导性的特点。在新时代大学生思想政治教育中，教师应当格外关注对教育观念的培养与树立，简单来说，就是需要对相关理念进行发展与创新。

（一）改革创新理念

1. 改革创新的基本原则

（1）解放思想、实事求是

随着时代的发展，大学生思想政治教育需要进行改革和创新，这要求教师始终严格遵循解放思想和实事求是的原则。在这一原则的指导下，教师应摆脱过时的思维模式的束缚，积极研究新的情况，发现并解决新出现的问题，还需要积极创造新的研究成果。在坚守这一原则的过程中，还需要始终以党的最新理论成果

为行动指南。这些最新的理论成果是基于对党的历史地位的科学评估而提出的，这是我们党经过不懈探索和伟大实践得出的必然结论。显而易见的是，相关理论也是指导新时代大学生思想政治教育改革和创新的重要思想。教师必须始终坚持解放思想和实事求是的原则，坚定地走可持续发展的道路，并更好地适应国家建设的各项需求。在新时代背景下，大学生思想政治教育工作者需要积极适应不断变化的环境，并在教育内容、教学方法以及管理体制等多个方面进行全面的改革和创新。另外，其还需要基于我国的实际状况，拓宽眼界，展望全球，并有针对性地吸收与借鉴国外的宝贵经验，从而使新时代大学生思想政治教育得到进一步发展。

（2）保持优势、创新发展

新时代大学生思想政治教育改革创新是一个复杂的系统工程，既要有创新精神，又要有科学态度。保持优势、创新发展，实际上是在强调新时代大学生思想政治教育要在继承优良传统的基础上改革创新，这是大学生思想政治教育不断发展的客观要求，是一条必须遵循的客观规律。保持优势、创新发展，有利于巩固新时代大学生思想政治教育的基础性地位；有利于充分发挥新时代大学生思想政治教育的作用。新时代大学生思想政治教育改革创新，就是要研究在新的历史时期，哪些因素有利于思想政治教育作用的发挥，并促进这些因素积极发展。

2. 改革创新的主要内容

（1）拓展思想政治教育的新领域

从市场经济的发展过程来看，人们在经济体制转轨过程中产生的一些困惑以及利益关系调整导致的矛盾冲突，必然会反映到大学校园中，这就迫切需要用思想政治教育去解决。市场经济越发展，思想政治教育就越重要，解决建立社会主义市场经济体制所引发的各种问题，就是思想政治教育改革创新需要开辟的新领域。

（2）探索思想政治教育的新手段

在信息时代，必须把先进的科学手段运用到思想政治教育中。新的科技成果为思想政治教育提供了新的载体和条件，为精神产品的开发和传播提供了前所未有的方法和手段。思政课教师应积极探索思想政治教育的新手段。

(二)全面发展理念

从深层次来看,新时代大学生思想政治教育应该是以人为中心的,也就是说,要坚持以人为尺度、以人为目的、以人为主体来进行思想政治教育实践活动;思政课教师在教学过程中需要充分强调思政内容的合真理性、合规律性、合目的性、合价值性、合意愿性,确保将实现大学生的全面成长作为首要任务,并致力于为青年学生打造一个可持续发展的优质教育环境。为了实现这一教育目标,就需要将思想道德素质教育和科学文化素质教育相结合,提升学生的综合能力。

1.思想道德素质教育

思想道德素质主要指的是个体在受到特定教育并参与社会实践活动后,借助独立思考形成一定社会或阶级所要求的思想观念和道德准则,并自主、自觉与自愿地做出相应行为的素质与能力。一般来讲,大学生思想道德素质包括思想素质、政治素质和道德素质三个方面。在新的历史条件下,加强大学生的思想道德素质教育,努力提高他们的思想道德水平,对于弘扬中华民族伟大民族精神和时代精神,在社会上形成良好的道德风尚,加快推进社会主义现代化建设具有十分重要的意义。

2.科学文化素质教育

科学文化素质教育包括科学素质教育和人文素质教育两个方面,这两个方面紧密联系、相互渗透、不可分割。科学文化素质教育的具体内容包括很多方面,从德育的角度来讲,大学生科学文化素质教育的重点在于培养两种精神——科学精神和人文精神。这两种精神是科学文化素质教育的核心。

(1)科学精神的培养

科学精神激励人们驱除愚昧,求实创新,不断推动社会的进步。由于科学精神是在科学活动过程中形成并发展起来的,因此,科学精神的内涵也随着科学活动的不断推进而不断充实和发展。在当代,科学精神有着新的时代内涵。在培养大学生的科学精神方面,应重视以下几种核心精神的培养。

①坚定不移的求真精神。科学研究是一项艰苦的工作,通向未知世界的道路绝对不是平坦大道,这条路上布满了荆棘,只有付出辛勤的汗水,矢志不渝,才能获得成功。

②尊重事实的务实精神。科学来不得半点虚假和浮夸。只有尊重事实,从实

际出发，将实践作为检验真理的唯一标准，才能正确认识客观世界。

③勇于批判的怀疑精神。对于世界上所有的科学创新活动来说，怀疑始终是其存在的基础。科学就是在不断怀疑、批判前人学说的基础上取得进步和发展的。

④勇于开拓的创新精神。科学的发展主要是以创新精神为动力源的，而科学活动的本质主要是基于已有知识去了解未知，进而揭示这个世界的本质。对于科研工作者来说，提出并解决问题以及创造出新的研究成果是评判其工作成效和价值的重要标准。

（2）人文精神的培养

人文精神是特定环境里各类精神价值的综合。人文精神培养人文素质教育具有悠久的历史传统。如我国古代儒家所提倡的"君子""大丈夫"等理想人格教育，近代蔡元培先生提出的教育的宗旨在于培养健全的人格，就是重视人文精神培养和人文素质教育的光辉典范。人文精神是一个历史范畴，在不同的时代有不同的主题。当代大学生人文精神培养的基本内容是根据社会发展需要和目前大学生人文素质的存在情况决定的，其中主要包含四个方面的内容，分别为独立人格教育、道德理念教育、人生态度教育、终极关怀教育，以下重点介绍其中两方面。

①独立人格教育。独立人格为大学生的人文精神培育奠定了坚实的基础。只有当一个人在其人格特质上表现出独立性和自主性，不盲目地服从于别人，有自己的意见和主张时，才谈得上具有人文精神。畏畏缩缩、唯唯诺诺、趋炎附势，连人的尊严都丧失了，又怎么谈得上具有人文精神呢？

②道德理念教育。一个人不仅要成为一个独立的人，而且要成为一个有道德的人。要教育大学生爱人如己，推己及人，设身处地为他人着想；要"先天下之忧而忧，后天下之乐而乐"，具有仁民爱物的胸怀；要热爱自然，保护环境，维护生态平衡。

科学精神和人文精神是人类精神家园的两大支柱，二者之间相互联系、相互渗透、相辅相成。科学精神和人文精神都源于人们对至真、至善、至美的向往和追求，它们在本质上是一致的。科学精神的培育需要人文精神的辅助和支撑，人文精神的培育离不开科学精神的正确指导。缺乏人文精神的科学精神并不是真正的科学精神，同样，没有科学精神的人文精神也仅仅是一种不完整的人文精神。

所以说，我们需要在新时代大学生思想政治教育中将科学精神教育和人文精神教育充分融合，避免出现只对科学精神教育加以关注却不重视人文精神教育的情况，也需要避免只重视人文精神教育而忽视科学精神教育的错误倾向。

（三）全员、全过程、全方位、整体性育人理念

1. 学校育人

（1）巩固思政课教师在"全员育人"中的基础地位

思想政治教育的目标不仅仅是引导学生掌握丰富的思想理论知识，更重要的是对他们的思维方式和行为习惯进行调整，确保他们可以从"知"发展到"信"，再发展到"行"。

首先，高校需要提高思政课教师的专业素养，确保他们对心理学和教育学的知识有深入了解，并在吸取全球大学生道德教育经验的过程当中，对德育所蕴含的内在规律做持续性研究分析。

其次，高校需要强化思政理论课程建设，丰富教学内容，优化教学方法，并基于实际情况对现有教学制度做进一步创新，从而有效促进育人实际效果的提升。另外，还需要重视各类研讨会与知识讲座的组织工作，引导著名的专家学者、高校教师、学生等群体进行彼此间的交流互动，从而获得有价值的理论成果。值得注意的是，所获得的成果将会被应用于思想政治理论课的指导教学。

（2）充分发挥辅导员队伍在"全员育人"中的骨干作用

首先，高校需要高度关注辅导员所发挥的作用，进一步强化他们的责任心，还需要着重提升辅导员的社会地位与薪酬待遇，为了增强辅导员的职业归属感，高校需要为其构建一整套完善的选拔、培训、评价与管理机制。之后，借助政策支持、职业规划、管理培训等多方面措施来实现这一目标。

其次，高校要明确辅导员的岗位职责，使之对自己的工作目标、工作任务、工作权限以及责任有进一步的了解，以更好地在日常工作中总结教育经验，改进工作方法，提高教育成效。

（3）加强民主作风建设，发挥行政管理人员在高校"全员育人"中的重要作用

为了在最短的时间内建立一个全员参与的教育工作框架，需要确保高校内部

的学生事务部门、教务部门、人力资源管理部门、后勤保障部门等部门进行紧密合作。学校的学生工作涉及面较广，需要校内各相关部门共同努力，齐抓共管。学生事务部门负责对大学生进行日常的思想引导，并为他们的成长和成才服务；教务部门的主要职责是为教务和教学管理提供服务，同时也对大学生的学习和教师教学活动的策划、组织、监督等多方面的工作加以管理；人力资源管理部门的主要工作就是拟定人力资源的相关政策和管理规定，对学校的人事事务进行处理，并对教师队伍进行全面的规划等；后勤保障部门的服务质量越好，教育效果就越好，所以后勤保障部门要根据教育教学需要，合理安排后勤工作，如放假前对校园进行全面检查，假期里进行全面维护与整修，开学前做好迎新准备等。

2. 学生自我教育

推行学生的自我教育制度是促使大学生进行自我管理和自我教育的有力途径。

①成立大学生自我教育组织。举例来说，可以创建如自律委员会这样的组织，从而更好地引导大学生进行自我管理、自我教育，促使其实现自我发展。

②开展生动有效的自我教育活动。为进一步增强学生在自我教育方面的主动性，就需要有针对性地开展多种形式的自我教育活动，从而有效促进其自我管理、自我约束、自我评价等方面的能力得到提高，最终实现育人目标。

（四）开放理念

1. 宏观意识

宏观意识问题实际上是一个大局观的问题。新时代大学生思想政治教育工作要从现实的大局出发统筹历史、现实、未来，形成宽广的视野。

在教育内容上，一方面，要培养大学生用前后联系的观念看待问题，善于从历史中分析问题的根源，并结合具体现实的问题，深入思考和剖析；另一方面，要培养大学生的世界眼光和全局意识，使他们认识到民族和国家的发展离不开世界，养成将民族和国家问题放到世界大背景下进行思考的习惯。培养大学生纵览古今、纵观全局的意识，反映出新时代大学生思想政治教育工作的开放性，这证明我们愿意用更加科学的理念指导思想政治教育工作。

2. 开放的心态与意识

经济全球化是当今世界发展的基本趋势，各国之间的相互依存度提高，为寻求更好的发展，各国以一种开放心态积极参与国际竞争与合作。在这种背景下，新时代大学生思想政治教育要保持一种对别的国家、民族的新鲜感和敏锐力，不断汲取别国思想政治教育的优秀经验。在教育内容上，要注重对大学进行开放性教育，使其对别国文明持理解、认同、尊重、宽容的态度，并且要引导大学生通过更为宽广的视角去认识和理解自己的位置，并对自己所面对的各种机会和挑战进行深入的分析。只有大学生将他们的个人命运和国家、民族以及人类的未来发展紧密结合，才有可能真正成长为有用的人。

3. 遵守国际基本准则的意识

世界经济、文化的交融，需要共同的规则。我国正处于社会转型期，法律还不健全，难免出现一些"规范"的"真空"地带，这造成人们或不知所从，或言行不一。规范意识不强是当代大学生的一个比较明显的不足。因此，在新时代大学生思想政治教育中，培养大学生的开放观念和规范意识是这个时代的迫切需求，但如果不具备遵纪守法意识和国际基本规范意识，这一目标是难以实现的。可以这么说，这正是开放理念的核心要求。

第三节 新时代大学生思想政治教育的新任务和目的

一、新时代大学生思想政治教育的新任务

（一）发挥意识形态引领作用

在党的诸多工作当中，意识形态工作极为重要。而强化意识形态的建设工作，其根本目的就是获得强大的思想动力，以期进一步促进人们在认知上的统一，同时也能有效地团结大众，激发其斗志，进而为经济和社会的进步提供坚实的思想保障。值得注意的是，意识形态建设工作是高校思想政治教育的核心，它存在于高校的教学、科研与管理等各项工作的各个方面。

（二）培养社会主义合格建设者和可靠接班人

在新时代背景下，大学生思想政治教育工作的存在主要是为了给社会主义合格建设者和可靠接班人的培养提供支持，同时，这项工作也是确保高校其他各项

工作得以顺利推进的基础。在全面建成小康社会和加速推进社会主义现代化建设进程的背景下，高等教育发挥着基础性、战略性和引领性作用，它甚至会对高质量人才的培养造成直接影响。为了实现"两个一百年"奋斗目标并实现中华民族的伟大复兴，需要我们连续几代人持续努力。因此，高校在进行人才培养的时候，其最终结果的好坏，将直接影响到中华民族伟大复兴事业的整体成功与否。但是，我们怎样才能确定人才培养的"质量"呢？我们经常提到"才为德之资，德为才之帅"，很明显，"德才兼备"是衡量一个人价值的最关键的标准。高校的核心价值在于道德教育和人才培养，而这一切都与思想政治教育的有效实施密切相关。

二、新时代大学生思想政治教育的目的

（一）新时代大学生思想政治教育目的的类型

1. 根本目的和具体目的

新时代大学生思想政治教育的目的可分为根本目的和具体目的。该划分是依据目前在新时代大学生思想政治教育目标体系中所占据的位置来进行的。在我国，面向大学生的思想政治教育活动是以共产主义为导向的，它直接影响大学生的思想品德，其主要作用就是促进大学生思想道德素质的提升。我国新时代大学生思想政治教育的核心目标是提升大学生的思想道德素质，进而有效促使他们实现全面自由的发展，为建设具有中国特色的社会主义和最终实现共产主义目标而不懈努力。这个核心目标涵盖了两个相互关联的内容。首先是提升大学生的思想道德素质。新时代大学生思想政治教育被视为促进其精神成长的重要手段，它是一种旨在提高大学生精神品质的社会实践。其次是推动人的全面自由发展。对于一个人而言，其全面自由发展不仅是共产主义追求的终极目标，同时也是社会主义核心价值观的体现。社会主义的核心理念是释放和发展生产力，其终极目标就是实现人的全面自由发展，这也是新时代大学生思想政治教育的终极目的。

我们能够将新时代大学生思想政治教育的根本目的视为一个长期的追求，这需要人们持续努力和奋斗才能实现。在开展思政教育的过程中，这一根本目的通常需要被逐层分解，转化为具体的目的，进而更好地指导新时代大学生思想政治教育活动。只有达到一个个具体目的，才能一步步向根本目的迈进。可见，具体

目的是根本目的的具体化，其作用在于把新时代大学生思想政治教育任务落实到新时代大学生思想政治教育机构或教育工作者个人身上，故又可称为操作目标。新时代大学生思想政治教育活动的大部分内容都是由相关机构或教育工作者完成操作目标的，因此具体目的对于新时代大学生思想政治教育来讲是很重要的。

2. 个体目的和社会目的

这是按照作用对象对新时代大学生思想政治教育目的所做出的划分。个体目的是指通过新时代大学生思想政治教育活动，在大学生个体思想和行为方面所期望达到的结果，包括心理素质目的、思想素质目的、道德素质目的和政治素质目的等。心理素质目的是基础，思想素质目的是前提，道德素质目的是重点，政治素质目的是核心。社会目的是指通过新时代大学生思想政治教育活动，在全体社会成员的思想和行为方面所要达到的预期效果。社会目的比个体目的的层次更高，包含政治目的、经济目的和文化目的。政治目的是实现经济目的的根本保证，决定着文化目的的性质和内容；经济目的是政治目的和文化目的的基础；文化目的受政治目的和经济目的的制约，但又是政治目的和经济目的实现的必要条件。社会目的对个体目的起主导和支配作用，决定着个体目的的形成、发展和实现；而个体目的又是社会目的实现的基础。

3. 远期目的、中期目的、近期目的

这是按照时限对新时代大学生思想政治教育目的所做出的划分。远期目的又可称作长远目的，是指经过相当长的时期的持续努力方能实现的新时代大学生思想政治教育目标，在某种意义上可将其看作在一个较长的时期内要完成的基本任务。它反映的是社会发展的客观趋势和受教育者精神世界发展的长远需要，对新时代大学生思想政治教育活动具有长远的指导意义。远期目的的作用在于能够给新时代大学生思想政治教育活动指明具体的前进方向和奋斗目标。没有远期目的，新时代大学生思想政治教育的根本目的就会变得渺茫，新时代大学生思想政治教育活动就会失去方向。中期目的是指需要经过较长时间的努力才能实现的新时代大学生思想政治教育目标。它实际上是将远期目的提出的基本任务做进一步划分，使之具体化，以便于实施。没有中期目的，远期目的将难以有效实现。中期目的具有阶段性、局部性和过渡性，它代表了现阶段大学生思想政治教育工作的核心目标，甚至发挥了极为关键的引导作用。近期目的就是对已经确定的长期目的、中期目的做具体化处理，明确现阶段大学生思想政治教育希望展现的教学效果，这一目的本身具有现实性、具体性、可操作性等特性，是此类教育活动的战术目标。新时代大学生思想政治教育的大部分活动都要达到近期目的，因此这一目的对新时代大学生思想政治教育来说很重要，对新时代大学生思想政治教育活动具有直接的指导作用。远期目的、中期目的和近期目的相互影响、相互制约，远期目的指导和制约着中期目的和近期目的；中期目的是联系远期目的和近期目的的桥梁和纽带，起着承前启后的作用；近期目的是中期目的和远期目的实现的基础。

4. 观念性目的和指标性目的

这是按照抽象程度对新时代大学生思想政治教育目的所做出的划分。观念性目的以抽象概念的形式表现出来，也成功展现了新时代大学生思想政治教育目的本身所具备的价值，同时也表现出了指向性与激励性。指标性目的是由一系列以指标形式表现出来的具体目的组成的，是观念性目的的具体化，人们可以借助这套指标对新时代大学生思想政治教育活动进行具体检测或比较。在新时代大学生思想政治教育目的体系中，这两类目的都是不可或缺的。如果缺乏观念性目的，那么指标性目的就会失去其存在的基础和未来的发展方向；仅有观念性目的，而缺少指标性目的，就难以对高校思想政治教育活动进行有效的评估。

（二）新时代大学生思想政治教育目的的特征

1. 方向性和客观性的统一

新时代大学生思想政治教育目的具有明确的方向性，这是由目的本身所具备的向量性决定的。我们在确定新时代大学生思想政治教育目的时必须保证其方向的正确性。因为新时代大学生思想政治教育目的的方向正确与否直接关系到新时代大学生思想政治教育活动的性质和实际效果。具体来说，我国新时代大学生思想政治教育目的必须充分体现社会主义的性质和发展方向，必须为社会主义现代化建设事业服务，为实现党和国家的发展战略服务，为人的全面发展服务。同时，新时代大学生思想政治教育目的又必须以社会生活条件和大学生的思想实际为前提和基础，这是新时代大学生思想政治教育目的的客观性的突出表现。在确定新时代大学生思想政治教育目的时，必须将方向性和客观性有机地统一起来。

2. 超越性和可行性的统一

新时代大学生思想政治教育目的具有较强的超越性，而这一特性主要体现在以下两个方面。首先，思想政治教育应保持一定的超越性，并保证为新时代大学生思想政治教育设定的目标要求比大学生的实际思想品德水平略高。在新的时代背景下，对大学生进行思想政治教育的根本目的是要解决社会要求的思想品德规范与大学生现有思想品德水平之间的矛盾，如果新时代大学生思想政治教育目的缺乏超越性，那就难以完成这一任务，新时代大学生思想政治教育也将失去其存在的意义。其次，新时代大学生思想政治教育目的产生于新时代大学生思想政治教育活动之前，具有时间上的超前特性。新时代大学生思想政治教育目的不仅应具有超越和超前的特点，还应具有可行性特征。也就是说，在设定新时代大学生思想政治教育目的时，我们需要深入思考社会的进步及大学生思想品德发展的实际。新时代大学生思想政治教育目的是对大学生产生影响的预期，要实现这一预期，必须考虑新时代大学生思想政治教育的客观条件，考虑大学生的接受状态。如果新时代大学生思想政治教育目的及其指导下的教育活动不能进入大学生接受的阈限，新时代大学生思想政治教育目的就会被大学生束之高阁，从而难以发挥其作用。超越性和可行性是新时代大学生思想政治教育目的既有区别又有紧密联系的两种特性。超越性建立在可行性的基础之上，可行性则受到超越性的制约，二者是有机统一的。

（三）新时代大学生思想政治教育目的的意义

首先，新时代大学生思想政治教育目的能够为该教育活动提供明确的发展方向。人们的行为并不是随意的，其本身会受明确的目的的影响。在日常生活中，任何活动开始之前，都需要明确其目的，以确保活动发展方向不会发生偏移。在新的时代背景下，大学生的思想政治教育也需要确定相应的目的，甚至其目的会表现得更加明确，而新时代大学生思想政治教育的具体方向也是受其核心目的直接影响的。总的来说，这一核心目的在很大程度上塑造了思想政治教育的未来发展方向，即走共产主义的方向，甚至这一方向的确定也会对思想政治教育的具体实施活动产生积极的引导作用。现阶段的大学生思想政治教育无论是在任务和内容的设定，还是原则、方法的应用等方面，都应当与当前的教育方向保持一致，并应有助于思想政治教育向着该方向持续前进。

其次，新时代大学生思想政治教育目的旨在为思想政治教育活动注入新的活力。在思想政治教育当中，教育者与受教育者会进行双向互动，要确保参与双方都可以将自身的主观能动性展现出来，由此才能够促使思政课程获得理想的教育效果。在此过程中，新时代大学生思想政治教育目的也极大地推动了教育者与受教育者的主观能动性的增强进程。对思政课教师来说，新时代大学生思想政治教育的目的，特别是具体目的，通常是有时限性的，能够通过具体的指标进行衡量，同时也能够充分激发大学生在思政学习方面的活力，促使他们在工作上展现出更强的主观能动性；另外，新时代大学生思想政治教育目的也是思政课教师努力实现的最终目标。

最后，新时代大学生思想政治教育目的旨在为评估新时代大学生思想政治教育活动的最终效果提供科学依据。新时代大学生思想政治教育的根本目的是将所有具体评估标准的精神内核加以整合，而这不但是新时代大学生思想政治教育活动应当努力发展的方向，同时也是评价该教育活动效果的关键标准。评估新时代大学生思想政治教育活动是否取得了预期效果，以及这种效果的强度大小的关键，在于新时代大学生思想政治教育的目的。在新时代背景下，有助于实现教育目的的大学生思想政治教育活动是有效的，反之则可能是无效的。从宏观角度看，新时代大学生思想政治教育活动是否取得了预期效果，基本取决于新时代大学生思想政治教育目的是否得以完整实现，这包括学生的思想道德水平是否得到了提升，以及他们的个性和能力是否实现了全方位的发展。在观察新时代大学生思想政治教育活动的效果的时候，不管是从局部还是从某一方面来看，最为关键的地方在于该活动的最终目标实现情况，其中主要包括以下几个方面的内容，分别为学生的思想观念是否得到了提升，以及其积极性是否得到了激发等。

显然，新时代大学生思想政治教育的根本目的是对思想政治教育最终效果进行评判的基本标准。值得注意的是，新时代大学生思想政治教育目的是当前社会在不断发展进步的过程中形成的客观需求与学生内心精神发展需求的综合体现。这一目标的最终实现情况将会深刻反映社会和个人需求得到满足的具体程度。所以说，为准确判断新时代大学生思想政治教育的具体成效，就需要将其目的作为衡量标准。

第三章　新时代大学生思想政治教育师资队伍建设

本章专门探讨了新时代大学生思想政治教育师资队伍建设问题，内容涵盖四个主要方面：首先是新时代大学生思想政治教育师资队伍的现状及其理论指导，其次介绍了新时代大学生思想政治教育师资队伍的素质要求与能力构成，再次对新时代大学生思想政治教育师资队伍的专业能力提升进行了详细介绍，最后阐述了新时代大学生思想政治教育师资队伍的建设路径。

第一节　新时代大学生思想政治教育师资队伍建设的现状及其理论指导

一、新时代大学生思想政治教育师资队伍建设的现状

一直以来，我党始终高度关注高校的思想政治教育及相应的师资队伍建设工作。高校始终坚持全方位地执行党中央的各项决策，将道德教育和人才培养作为学校工作的首要任务，并重点关注教育工作的开展及师资队伍的建设，而师资队伍的建设已经取得了明显的成效，其积累的宝贵经验也在之后的新时代大学生思想政治教育工作中发挥了重要的作用。在长时间的建设之后，负责高校思想政治教育工作的师资队伍逐渐庞大起来，其中主要包含学校内部党政部门干部、共青团干部、专业教师等。从宏观的角度看，这个师资队伍完全有能力担负起自己的职责，也能够牢牢掌控社会主义教育这一发展方向，并重视大学生的综合素质培养。正如习近平总书记所强调的："长期以来，高校思想政治工作队伍兢兢业业、甘于奉献、奋发有为，为高等教育事业发展作出了重要贡

献"[①]。与此同时，我们也必须明确认识到，当前大学生思想政治教育师资队伍的状况与中国特色社会主义的新标准存在明显差异，还未能很好地适应学生身心特性的变化。基于此，以思想政治教育为主要目的的师资队伍建设还有着一些迫切需要修改完善的地方。

现阶段，面向大学生开展思想政治教育工作的师资队伍建设遭遇了若干挑战，例如师资队伍的结构不够合理，以及其教育背景、知识体系和理论修养与高校教育的改革和发展需求存在不匹配的情况。简单来说，在高校的思想政治教育师资队伍建设中，明显的问题主要集中在师资队伍的数量、结构、稳定性等关键领域。

（一）新时代大学生思想政治教育师资队伍建设存在的主要问题

1. 师资队伍的总体数量不足

大学生思想政治教育师资队伍是进行大学生思想政治教育的关键，他们是大学生思想政治教育活动的策划者、执行者和指导者，而且，大学生思想政治教育的最终效果将会直接受到思想政治教育师资队伍的数量与质量的影响。

我国已经出台了多份文件，专门对高校的思想政治教育师资队伍数量作了明确规定。2015年9月，教育部发布了《高等学校思想政治理论课建设标准》，该标准规定，本科院校思想政治理论课专职教师按师生比1∶350—400配备，而专科院校思想政治理论课专职教师则应按照师生比1∶550—600进行配置。2017年9月，教育部发布了《普通高等学校辅导员队伍建设规定》，该规定明确指出，高校在设置辅导员职位的时候，应确保这些职位始终遵循"专兼结合、以专为主"的原则，并确保各班级得到充足配置。2018年4月，教育部发布了《新时代高校思想政治理论课教学工作基本要求》，其中明确指出，高校在配置专职思政课教师时应保证师生比不低于1∶350。2020年1月，教育部发布了《新时代高等学校思想政治理论课教师队伍建设规定》，该规定强调高等教育机构需要建立思想政治理论课的全职教师队伍，并明确规定专职思想政治理论课教师岗位应按照师生比至少为1∶350来确定。教育部等十部门在2022年的时候，印发了《全面推进"大思政课"建设的工作方案》，"高校要建立校领导、教学督导、

---

① 习近平在全国高校思想政治工作会议上强调：把思想政治工作贯穿教育教学全过程 开创我国高等教育事业发展新局面[EB/OL].（2016-12-09）[2024-01-23]. http://dangjian.people.com.cn/gb/n1/2016/1209/c117092-28936962.html.

马克思主义学院班子成员、思政课教师和学生参加的多维度综合教学评价工作体系，重视教学过程评价，增加教学研究和教学成果在评价体系中的权重。用好思政课教学评价结果，作为马克思主义学院和班子成员考核的重要指标，作为思政课教师绩效考核、职称晋升、评奖评优等的基本依据。充分发挥教学指导委员会等专家组织作用，开展教学调研指导。鼓励有条件的高校聘请思政课退休教师担任教学督导员、青年教师的成长导师。"①

伴随着大学生思想政治教育师资队伍建设的不断推进，这支师资队伍的规模也在不断扩大，但是仍远远跟不上高校学生规模的扩大，无法有效处理高校在思想政治教育方面面临的问题。对于高校的辅导员队伍来说，这一职位并不能展现出足够的吸引力，再加上许多高校政工职位的编制相当紧张，最终直接导致辅导员的数量极为稀缺。就高校思想政治理论课教师队伍而言，由于思想政治理论课教育教学工作对教师的吸引力不够，专职教师一般不愿从事思想政治理论课教学工作，引进的优秀人才大部分不愿意从事思想政治理论课教学工作，思想政治理论课教师队伍缺编严重。

随着现代网络技术的不断进步和广泛应用，网络发展成了一种新兴的信息传播手段，甚至逐渐成为高校教师和学生认识外界、丰富知识储备的重要途径，甚至能够对他们的学习生活以及思维方式产生深远的影响，进而对高校思想政治教育工作提出了新要求。为了促进网络时代的高校思想政治教育工作，也为了确保思想政治教育在网络上顺利进行，我们需要培育出既拥有深厚的政治理论基础、熟知思想政治工作基本规律，又能有效掌握网络技术且极为了解网络文化特色的师资队伍。这支师资队伍应包括专职工作人员、共产党员等，从而确保思想政治教育可以在网络上顺利开展。高校应为思想政治教育的网络化工作提供必要的人员、经费和设备支持。现阶段，从事网络思想政治教育的高校专职人员数量相对较少。在大学生网络思想政治教育的兼职师资队伍方面，大多数高校已经建立了以学院党委书记、思政课教师和辅导员为核心的兼职队伍，然而，由于学生人数较多，这些兼职队伍很难完全满足学生们的实际需求。

---

① 教育部等十部门关于印发《全面推进"大思政课"建设的工作方案》的通知[EB/OL].（2022-07-25）[2024-02-12]. https://www.gov.cn/zhengce/zhengceku/2022-08/24/content_5706623.htm.

2.师资队伍的结构不够合理

思想政治教育师资队伍不仅要数量足、质量高，而且还要结构合理。没有充足的人才，思想政治教育的效果就没有保障；没有高质量的人才，思想政治教育的质量难以保证；没有结构合理的人才队伍，容易造成人才过度消费或者大材小用。随着高等教育事业的发展，高校思想政治教育师资队伍建设取得了显著成绩，但是也面临师资队伍的年龄结构、学历结构、学缘结构、职称结构不合理等问题。进一步优化师资队伍结构，打造一支结构合理的思想政治教育师资队伍，是新时代高校思想政治教育事业稳步发展的关键。

第一，年龄结构不平衡。现代生理学和心理学研究表明，年龄与智力有着一种定量的关系，不同年龄的人具备各自的优势，但要进行合理搭配。遵循思想政治教育的规律，结合工作对象的身心发展特点，思想政治教育师资队伍的合理年龄构成应该是老中青结合，是一种两头小、中间大的"橄榄球形"结构。在年龄结构方面，高校思想政治教育师资队伍存在的主要问题是过度年轻化，中坚力量明显不足。高校思想政治教育师资队伍明显地呈现出"金字塔"结构，年轻的、资历浅的多，年富力强的少，40岁以下的年轻人员构成了高校思想政治教育师资队伍的主力军。他们年龄偏低，工作经验、科研能力和知识结构还有一定欠缺。为此，如何迅速地将他们培养成合格的思想政治教育工作者，是未来一段时间高校思想政治教育师资队伍建设面临的一个突出问题。

第二，学历结构不合理。高校的思想政治教育师资队伍成员都需要拥有本科或更高的学历，从而保证可以有效地完成思想政治教育任务。然而，相比于高校思想政治教育的特性、本质和任务，现如今的思想政治教育师资队伍在学历结构上显然存在较大问题，主要表现为以下几点。首先，持有高学历（硕士及以上）的人员所占的比例相对较低。其次，不同的高校思想政治教育师资队伍存在明显的学历层次差异。通常来说，本科院校的水平高于专科院校，而综合性大学的水平也高于理工科大学。最后，师资队伍内部学历层次不平衡。目前，思想政治理论课教师和哲学社会科学课教师的准入门槛较高，本科院校基本都是要求有相关专业的博士学历，高职院校一般也要求有相关专业的硕士以上学历，但是辅导员队伍的学历差别比较大，本科学历占比较大。

第三，学缘结构不科学。学缘结构是指一个学校全体教师最终学历的毕业学校的构成。来源广泛的学缘结构，不仅是科学技术发展的需要，也是学科建设的需要，更是现代化大生产对高校师资队伍的客观要求。高校师资队伍来源广泛、学缘结构合理，对于活跃思想、优化知识能力结构、防止思想封闭保守具有极大的作用。反之，来源单一的师资队伍，则缺乏多种思想的交流、碰撞，容易造成思想僵化、方法单调、能力退化和工作氛围沉闷的情况。在高校的思想政治教育师资队伍中，一个显著的问题是，专职师资队伍中的本校毕业生比例较高，特别是在层次更高的学院中，从本校本学科毕业的学生所占的比例也更大。这种现象严重影响着高校思想政治教育的质量，要采取切实有效的措施逐步加以解决。

第四，职称结构不合理。职称结构是指一个单位人才队伍内部各级职称的组合比例及其相互关系，是衡量人才队伍业务水平和工作能力、体现人才队伍整体素质的一项重要指标。一定的职称不仅能够反映教育工作者的专业理论水平和实际工作能力，而且可以促使教育工作者提高工作能力。在高校的思想政治教育师资队伍中，中高级职称的成员比较少，特别是正高级职称的成员占比相对较低。同时，拥有高级职称的工作人员往往年纪偏大，老龄化的问题也比较突出，这种现象在高校辅导员队伍中尤为严重。

第五，知识结构显得不太合理。知识结构可以定义为为满足特定目标的需求，根据特定的组合策略和比例关系构建的，由多种知识类型组成的，具备开放性、动态性和多层次特质的知识框架。知识结构本身就是发展变化的，它是动态的，而不是静止的，是会随着社会的发展而发展变化的。随着社会的进步、科学技术的日新月异，人们应根据社会的需要，经常对知识结构进行调整、充实、提高。如不更新知识，就难以适应现代社会的要求。在网络时代，高校思想政治教育工作者应该掌握思想政治教育相关学科的基本原理和基础知识，深入了解思想政治教育专业的核心理论、知识和方法，熟悉马克思主义在中国的本土化理论知识，熟悉大学生思想政治教育的实际操作和法律方面的知识，掌握网络技术知识。高校思想政治教育师资队伍既存在没有接受过思想政治教育专业教育的现象，也存在思想政治教育工作者缺乏计算机网络等方面知识、信息素质不高的现象，导致很难把握思想政治教育的主动权，不能有效地开展高校思想政治教育工作。

3. 师资队伍的稳定性低、发展动力弱

唯物辩证法告诉我们，事物的稳定状态是事物发展的前提和基础。目前，高校内部存在的一些不合理因素，造成了高校思想政治教育师资队伍的不稳定，严重地影响了高校思想政治教育工作的正常开展。

高校思想政治教育工作人员任务重、压力大，待遇偏低。如在一些高校由于人数配备不达标，辅导员除了承担大学生日常的思想政治教育外，还承担了大量的具体事务。辅导员事务繁忙，其中包括课堂纪律的维持、学生作息情况的检查、学生宿舍卫生情况的检查、奖学金与助学金的评定、各类实践活动的组织、与学校其他部门进行交涉、对食堂伙食质量的反馈，以及学生补考、重修、留级等工作的安排。除此之外，辅导员还要负责准毕业生的实习安排、职业规划等诸多工作。思想政治教育工作人员工作量大，待遇却没有与之相对等。他们在待遇上与专业教师存在较大的差距。由于考核机制存在较大的优化空间，我们无法对思想政治教育工作人员进行有效评估，严重削弱了他们的工作热情。一些人甚至觉得在这一职位上实现个人成长是相当困难的，产生了"看透了""没意思"的想法，想另谋出路。

由于对思想政治教育的重要性的认识不足，高校内部存在着"重智育、轻德育"的倾向和"一手硬、一手软"的现象。一些高校领导认为，专业教师是"顶梁柱"，越多越好；思想政治教育工作人员是"边角料"，可有可无，能少尽量少。还有一些高校领导认为，业务工作不抓不行，思想政治工作不行再抓。在实际工作中，部分高校领导只关心教学和科研，重视专业教师队伍建设，而不重视和关心思想政治工作，忽视思想政治教育师资队伍建设。在这种情况下，一些思想政治教育工作者感到从事思想政治教育工作既无奔头，也无想头，觉得干这一行前途渺茫，极不安心于从事思想政治教育教师这个岗位。

上述问题的存在，严重地影响了高校思想政治教育师资队伍的稳定，如不采取切实措施尽快加以解决，不仅会造成思想政治教育师资队伍的发展潜力和动力不足，而且更重要的是难以适应新时代高校思想政治教育的新要求，进而直接影响高校的办学方向与人才培养质量。

4. 师资队伍间的沟通交流不足

尽管现阶段有许多高校已经充分认识到思想政治教育师资队伍之间合作的作

用，并提倡"共同管理"的理念，但各个部门之间的职责划分并不明晰，相互之间的协同合作也存在不足。负责思想政治教育工作的师资队伍并没有做到真正的协同合作，未能形成强大的合力。在思想政治教育工作的组织、协调和管理方面，党政干部所发挥的作用并不显著，没有对整个师资队伍的力量做到完美整合。党政干部是第一批负责领导、协调、组织和执行学生思想政治教育工作的师资队伍。很多高校中的党政干部并没有给予思想政治教育工作足够的重视，这使得他们难以发挥有效的领导与组织协调作用。

思政课教师在课程结束后与辅导员和班主任的互动较少，这导致他们难以深入了解学生各个方面的表现。在学生面临难以解决的思想政治问题时，思政课教师往往无法及时识别并找到解决方案。正是因为教师与学生之间的关系并不融洽，思政课的教学不再具有较强的针对性，也就很难达到预期的教学效果。部分负责专业课程教学的教师在授课时并未将教育与培养学生的任务相结合。部分教师持有这样的观点：他们的主要工作就是引导学生掌握专业知识，而开展学生的思想政治教育工作只是思政课教师的责任，这就使得各种专业课程并未与思想政治理论课有机结合，全体教师的全员育人意识还没有完全建立。

5. 师资队伍的素质不完全适应新时代的新要求

思想政治教育是一项专业性很强的工作，从业者应具备坚实的马克思主义理论功底、扎实的专业知识。在网络时代，思想政治教育工作者还应该具备良好的信息素质并且掌握网络应用技术，并具有敏锐的网络洞察力、判断力和接受新鲜事物的能力。

《普通高等学校马克思主义学院建设标准》要求高校专兼职思想政治理论课教师应具有马克思主义理论学科或相关学科背景。《普通高等学校辅导员队伍建设规定》强调，高校辅导员不仅需要拥有较高的政治觉悟，还应具备出色的政治敏锐性和政治判断力；也需要拥有丰富的知识储备，以便更好地从事与思想政治教育相关的工作。随着互联网日益成为大学师生丰富自身知识储备的主要途径，它对大学师生的学习生活等方面造成了深远影响。教育部发布的《关于加强高等学校思想政治教育进网络工作的若干意见》强调了高校思想政治教育网络化的重要性，并为思政课教师提出了新的要求，即他们需要熟练使用网络技术、了解网络文化的特性，并能在网络上开展有效的思想政治教育工作。

从目前的情况来看，就高校思想政治教育师资队伍整体而言，思想政治教育工作者的综合素质尤其是专业素质与国家的要求相比还有较大的差距。一些高校对思想政治教育的专业性认识不足，把思想政治教育工作看作"万金油"，认为谁都可以搞思想政治教育。这就造成了高校思想政治教育师资队伍的素质总体不高。

部分负责思政课教学的教师在素质方面主要有以下两个方面的问题。首先，在教学模式方面，教师被视为教学的核心，他们主导着课堂教学，而学生则只能被动地吸收教材中的知识。思政课教师的教学方法过于单调，不够灵活生动，导致学生失去了学习的热情。这种以教师为主导者的教学模式使得教师与学生被割裂开，过分强调结果却并未关注对学生的学习过程进行引导。在课堂教学中，这种模式也未能充分调动学生的学习主动性，同时也没有有效地培养学生的自主思考和个性化发展能力。所以说，为了提升课堂教学的品质，我们需要持续推进教学改革并创新教学方法。另外，教授思想政治理论课的教师经常面临较多的教学任务，需要在多个校区、学院、专业和班级之间往返，这将会阻碍教学质量的提高。其次，在政治素养方面，教师仍有较大的优化空间。对于马克思主义和社会主义的坚定信仰，不仅构成了中国共产党人的政治精神核心，而且也是思政课教师的精神支撑。对于思政课教师而言，为了建立起坚定的马克思主义信仰，就需要先系统地学习马克思主义理论，并积极学习和研究马克思主义中国化的理论成果。只有当思政课教师深入认识并彻底了解了马克思主义理论之后，才可以基于自己的实际体验向学生传递知识，并积极引导学生对马克思主义理论产生学习兴趣，进而不断强化学生对马克思主义中国化的理论成果的认可，并形成思想共识。

（二）新时代大学生思想政治教育师资队伍建设存在问题的原因

1. 不同师资队伍的职能定位不清晰

在新时代背景下，明晰思想政治教育师资队伍的职能定位，是确保大学生思想政治教育工作得以顺利进行的关键。现阶段，各个师资队伍中都有一部分成员的职能定位尚未明确，这导致了他们对于高校的思想政治教育缺乏足够的了解。

（1）党政干部和共青团干部角色定位不清

现如今，我国的高校主要采用党委统一领导的模式，以确保对学校实施全面的管理，其中党委不仅负责学校的管理和教育工作，还肩负着思想政治教育职责。现阶段，部分高校的党组织角色尚未明确，未能充分体现其在政治领导中的地位，缺乏创新意识，并在工作中表现出不够主动、不具针对性等特点。同时，由于缺乏明确的角色定位，一些党组织只做一般性的动员，并未和其他的思想政治工作者队伍进行深入交流，因此并不能有效地引导这些工作队伍参与思想政治教育工作。共青团干部的核心职责包括管理学生会的成员、培养团员、组织团代会与各种社会实践活动等，然而，在实际操作中仍然需要处理大量难题。就比如，关于团员的发展问题，大部分学生已经在高中阶段成为共青团的一员，这导致共青团员发展工作的需求被大幅度削减，也导致共青团干部的工作职责难以得到落实。在进行社会实践的过程中，不同的学院会独立选拔学生会成员，开展具有学院特色的活动，并且，这些活动也获得了积极的反馈，进而逐渐取代了共青团干部的某些职能。对于共青团干部来说，有些工作早已经被完成，而有些工作却和其他部门的工作有较大重合，由此我们就能发现其工作职责并没有明确的界限。总的来说，党政干部以及共青团干部由于自身工作职责范围不明晰，其育人效果表现较差。

（2）思想政治理论课教师职责认识不明

随着时代的发展，党中央不断对马克思主义中国化的理论进行创新，并借此充分推动了我国社会主义建设工作的发展，有效推进了社会主义现代化。对于思政课教师而言，他们有责任将各项优秀的理论创新成果与思想政治教育内容相结合，并将之传授给学生。但是，现阶段的很多思政课教师只重视课堂教学，很少与学生进行深度的交流互动，这导致他们对大学生的真实生活状况了解得不足。如果教师不能及时了解学生面临的思想政治问题，就不能开展有针对性的教学，也就难以取得良好的教学效果。有一部分思政课教师更倾向于深入研究课堂教学方法，过分强调显性教育，而忽略了隐性教育的重要性，这可能会妨碍隐性育人功能效果的展现。

（3）辅导员角色定位不清

在进行大学生思想政治教育的过程当中，发挥主要作用的是辅导员，其本身扮演着教学中的核心角色，是高校思想政治教育的主要执行者。对于高校辅导员而言，他们不仅要作为学生的人生导师存在，还需要成为学生健康成长过程中的知心朋友。然而，无论是"人生导师"还是"知心朋友"，这些词汇的含义本身就很容易被大学生误解，进而导致其与教师之间因认知不同而产生代沟，并且，上述词汇本身在精确性方面较差，使得教师很难对这些概念做深入理解，很难在实际教学当中对其加以准确应用。值得注意的是，只要涉及学生的日常事务，就比如实践工作的组织、学费的支付、工作的选择等，都需要辅导员参与，但是辅导员本身也需要负责学校其他部门的部分职能工作，这就使得辅导员往往将大量的时间投入烦琐的工作当中，进而直接导致自身精力与时间被浪费。在这一过程当中，辅导员很难对学生进行全面细致的思想政治教育，最终很容易造成一定程度上的不良后果。另外，尽管政府的规划当中强调了对高校辅导员地位的提高，以及对其个人发展的重视，但在实际工作中，以上诸多强调内容都未得到全面落实。关于大学辅导员的角色定位，我们能够在大量的政府教育文件中对其做初步认识。然而，学术界对于辅导员这一角色的关注与研究并不多，忽视了辅导员与大学生之间的紧密联系，也没有深入探讨辅导员在大学生思想政治教育工作中所发挥的指导作用，由此就直接导致辅导员的工作仅仅局限于简单且繁复的工作，其只能够成为大学生日常生活的管理者。正是因为上述种种疏忽，辅导员难以对自身工作产生较高的认同感，也并不能够正确认识辅导员工作的真正价值。最终，辅导员将因为自身对该工作缺乏认同感而难以对自己的职业角色定位和价值做出正确的判断。

2. 不同师资队伍体制运行分轨

不同的大学生思想政治教育师资队伍在执行工作任务的过程中都表现出了孤立、分散的特点，其中，不同师资队伍体制运行分轨，未能实现协同合作、同向发展。这主要体现为以下两个方面的内容：首先，未做整体规划，也没有对思想政治工作加以重视；其次，在落实思想政治教育工作的过程中，各师资队伍之间缺乏一个有效交流的平台。

（1）缺少统筹规划

所有的师资队伍都不够重视思想政治教育工作，而且在开展工作的过程当中，也未构建起一个推动和监督机制。之所以各师资队伍并未对思政工作加以重视，主要存在以下两个方面的原因。首先是因为各师资队伍并未正确认识思政工作，也没有与学生建立紧密的联系，更没有与其进行深入沟通。这主要表现为，在思政教育工作过程中，各师资队伍的具体工作主要依赖于会议内容的传达和文件的转发，只重视形式，而未能对学生群体做深入的研究分析。这就导致学生在日常思政教育活动中的参与度不足。其次，需要组建一个专门针对政治工作改革的工作组来开展统筹工作。现阶段，不同的师资队伍隶属于不同的部门，为了确保不同的队伍都能负责一定量的思想政治教育工作，就需要通过强大的执行者与监督管理者对不同师资队伍的工作职责进行分配，进而有效地促进其工作效率的提升。没有一个强有力的部门对不同的队伍所负责的工作加以明确，直接导致了这些师资队伍在思想政治教育工作中不具备工作积极性。为此，上级部门应探索合适的策略，以进一步增强各师资队伍的工作热情，利用推动与监督机制，及时发现新的问题并加以解决。同时，以立德树人为根本目的，促使各师资队伍有效推动思想政治教育工作的落实与完善。

（2）缺少对话平台

在进行思想政治教育工作的过程中，各个思想政治教育师资队伍并未实现有效交流。各个思想政治教育师资队伍隶属于不同的部门，必须通过合作才能够有效推进工作，但是在各方合作的过程中并未对各自的职责做明确的划分，进而导致资源浪费。之所以出现这一问题，主要是因为党政干部、共青团干部、辅导员、专职教师等人未进行有效沟通。更明确地说，学校的日常运作主要由党政干部负责，而他们与学生之间缺少直接互动；思政课教师只负责理论知识教学；辅导员通过组织各种实践活动来为学生提供服务。就是因为他们各自所负责的工作之间的联系不紧密，且大多数工作仅限于书面报告，最终导致工作的随意性增强。在难以进行有效沟通的情况下，各方也比较容易产生误解与冲突。这些问题之所以存在，就是因为各方没有进行有效的沟通，而这也凸显出了建立对话平台以促进不同师资队伍协作的必要性与迫切性。

3. 师资队伍的主观因素

（1）职业倦怠的心理

由于职业倦怠，部分思想政治教育工作者在思想政治教育方面不再具备能取得较大成就的坚定信念，也不能正确地认识思想政治教育工作的重要性。这甚至会导致他们在进行党的理论学习时不能与时俱进、改进自身的学习方法、丰富自身的知识储备、优化自身的知识结构。在个人修养的层面上，缺乏无私奉献的精神，过分重视工作环境和薪资待遇。当遭遇困境和打击时，他们往往会对坚持完成工作失去信心。

（2）路径依赖的心理

"路径依赖"这一理论是指一旦进入特定的路径，就可能对该路径产生依赖性。这种对路径的过度依赖直接导致思想政治教育师资队伍对优秀教师、专业研究人员提出的策略和方法盲目崇拜，最终形成经验主义和跟风主义的倾向，进而导致思想政治教育师资队伍的成长面临较大阻碍。

在高校思政课教学中，我国通过教育改革为教师提供了教学参考，教师只要针对性地应用，就能够不断提高自身的教学能力，也可以不断改进其教学方法，进而获得良好的教学效果。若是思政课教师只对教学参考内容盲目应用、简单复制，就会严重影响其教学效果，也对其长远发展不利。有些教师为完成繁重的教学任务，只对教材照本宣科，不做科学性分析，不根据时代发展对教学内容、教学方法做创新、优化与完善，也不重视培养学生的分析问题的能力。随着时间的推移，在这种思维模式的驱使下，教师的教学能力将不得寸进，甚至会出现退化。事实上，因为思政课程的特殊性，将教学内容与时事政治结合极为简单，另外，教师通过强化自身与学生的互动，重视学生的学习体验，并为其提供适当指导，就能够进一步提高学生的自主学习能力，并促使其实现自我发展。

总的来说，教师如果缺乏对某一策略的独立辩证思考能力，过分依赖并盲目尊崇他人经验，可能会导致教学的内在复杂性被忽视，甚至会扭曲教学研究者的初衷。

二、新时代大学生思想政治教育师资队伍建设的理论指导

（一）坚持教书和育人相统一

教书和育人构成了"四个相统一"的核心，也是高校教师的根本职责，其中，教书是育人存在的根本，而育人则是实现教书目标的关键；教书强调知识的传递，育人强调思维的塑造，这两者在整个教育过程中是相互补充和统一的。

对于高校教师而言，教书是为了使学生掌握书本中的知识，对其深入理解并加以熟练应用。因为真正的知识是不断发展和变化的，作为教师要对驳杂的知识信息进行筛选，使用先进的教学技术传播新颖的教学内容。而育人的核心目标则是促使学生实现全方位的成长，确保他们最终成为能够满足社会需求的身心健康的优秀人才。育人的方法具有多样性、多维性和多层次性。通过课堂开展教学是

育人的主要途径，教师在教学与日常生活中的各项行为也会在潜移默化中对学生产生深远影响。总的来说，教书只是向学生传授知识，而育人则是使学生掌握独立思考的方法，激发他们的创新思维，培养他们的创新能力，并教会他们为人处世的道理。

知识的记忆是暂时的、阶段性的，而创造知识的方法是永久的、可再生的，教书所传递的信息是可以被遗忘的，而引导学生养成的品格却是和其一生相随的。由此来看，育人的效果更长远，也更深刻。

（二）坚持言传和身教相统一

言传和身教是教书育人的重要形式，坚持言传和身教相统一是育人手段的具体要求。言传和身教相统一，既是实践论也是方法论，体现着知行合一的认知规律。言传和身教是相互独立又相互联系的统一体，共同构成了教师育人方式的两个主体。言传和身教还是一种互为补充的关系，言传回答应该怎么样、不能够怎么样，而身教则用实际行动表达自己言传的观点。言传是身教的一个重要方面，是直接用语言表达自己的喜怒、哀乐、好恶、赞同什么、抵制什么。身教是言传的起点和落脚点，通过其可以判断一个人所持的观念。

言传是显性表达。教师应该立场鲜明地明确告诉学生哪些是对的，哪些是错的，要坚定自己的道德认知，决不能模棱两可、似是而非。假如一个教师连自己的立场和观点都不坚定、不鲜明，那他就不可能有理、有据、有节地表达自己的观点，更无法让学生心悦诚服、心服口服。言传是一种将外部的知识转化为个人的理解，并进一步将这种理解转化为对问题的深入分析进而将其传达给受教育者的活动。内化过程依赖于正确三观的支持，而外化过程则要求教师拥有出色的语言表达能力和生动的叙事能力，因此，言传需要教师不断提升自身的综合能力，用学生认可的语言和方式教育学生。

身教是一种悄无声息的影响。"其身不正，虽令不行；以身教者从，以言教者讼"[1]。所以，最好的教育就是"率先垂范"。习近平总书记指出，广大教师"必须率先垂范、以身作则，引导和帮助学生把握好人生方向"[2]，担当起立德树人的

---

[1] 赵师渊. 资治通鉴纲目（第3册）[M]. 北京：中国书店，2020.
[2] 做好高校思想政治工作的着力点[EB/OL]. （2016-01-25）[2024-01-22]. https://www.gov.cn/xinwen/2016-01/25/content_5035841.htm.

历史使命。教师应具备较高的道德修养，有正确的善恶观，能够做出合理的政治选择，并可以借助实际行动对学生施加影响，引导学生向教师学习，从而坚定正确立场，做出明智选择。在日常生活中也是这样，如果教师在课堂上教育学生遵守规则，而在现实生活中排队加塞、过马路闯红灯；在课堂上教育学生见义勇为、尊老爱幼，而在现实生活中容忍偷盗行为，公交车上不给老人、儿童让座，这样言行不一致的教师，教育学生的效果就会大打折扣，甚至会培养出说一套、做一套的"双面人"。

教师要具备"自育"的能力，想把学生培养成什么样的人，就先把自己培养成什么样的人，以先进的言论引导学生，以高尚的人格感染学生，以真、善、美的作风教导学生。

（三）坚持潜心问道和关注社会相统一

"潜心问道"和"关注社会"是教师职业发展中密切相关的联系体。教师要"潜心问道"，也要"关注社会"，"潜心问道"是为了服务社会，而其基础是关注社会，因此，"社会"是潜心问道的起点和终点。潜心问道是服务社会的手段，通过全面、系统的研究，解决人们普遍关注的社会问题，实现服务社会的功能。潜心问道与关注社会是一种明确而具体的言传身教，教师潜心从事学术研究，也会带动学生向着相同的方向发展。

教师应该充分利用高校优越的科研环境，做好科学研究工作。但是学术研究是一份清苦的工作，要忍得住诱惑、耐得住寂寞、受得了清苦。经济改革的浪潮冲击到了高校，在追求"钱途"和"前途"的道路上，有的人下海经商一夜暴富，有的人为了评定职称开展"素食式"和"快餐式"研究，如此种种必将对潜心问道的高校教师带来一定的冲击。宝剑锋从磨砺出，梅花香自苦寒来，高校教师必须沉下心、俯下身，以"打铁还需自身硬"的精神激励自身，潜心问道，修好内功，不断提升自身的学术能力和业务水平。

所谓"纸上得来终觉浅，绝知此事要躬行"。高校教师不能将自己禁锢于象牙塔内，而应在深入社会中丰富阅历，在实践中汲取养分。科学研究不应该是和社会相脱离的，而应该不断地关注社会问题、融入社会之中、服务社会发展。"实践是检验真理的唯一标准"，科学研究更要以社会实践作为检验成果的唯一标准。

"意识来源于实践，服务于实践"，用丰富的社会实践为先进思想的产生奠定基础。

（四）坚持学术自由和学术规范相统一

学术自由和学术规范是对教师教学科研工作提出的具体要求。学术自由和学术规范两者是对立统一的矛盾体，学术自由只有在学术规范的大环境下才能产生，而学术规范也只有在学术自由的基础上才能建立。没有自由的学术是没有规范可言的，而脱离了规范的学术也是没有办法长长久久地保持自由自在的。高校教师从事学术研究是自由的和开放的，可以设定假设、论证结果，也可以自由畅想某一学术理论的发展方向，提出自己独到的见解。而这一切的前提都必须建立在遵守学术规范的基础之上。

自由和不自由是一个问题的两面，没有绝对的自由，也没有绝对的不自由，任何事物都应该受到一定规范的限制，这样才能保持长久的自由。学术研究需要有宽松自由的环境，教师有选择做什么研究、如何开展研究的自由，对学术成果具有知识产权，在法律允许的范围内有权力决定成果应用的自由。社会最好也要为学术发展提供一种百花齐发、百家争鸣的氛围。学术问题的解决是探索性的过程，是允许有争议、有不同声音存在的，只有在众多思想上交织、碰撞才能产出真知。但是对于立场问题、价值取向问题，对于事关国家安定和社会团结的原则问题，是不能够存在杂音的。在这一点上高校教师必须有清醒的认识。

"四个相统一"是两点论和重点论的结合。"四个相统一"八个要素两两之间形成了对立统一的关系，"教书"与"育人""言传"与"身教""潜心问道"与"关注社会""学术自由"和"学术规范"是互相促进、互为条件、互相依存、互为目的的，共同构成了教师育人育才的有机统一体。同时，"四个相统一"的四个统一之间存在着相互贯通、相互渗透的关系，在一定条件下会相互转化。正是因为"四个统一"是运动的、斗争的，并在斗争中得以转化，才得以在实践中实现新的升华。教育行政主管部门和高校应紧紧围绕"育人""身教""关注社会""学术规范"四个方面有重点地制定政策、选择方法、解决问题。在抓住矛盾的主要方面的同时，也必须关注矛盾的次要方面。在"四个相统一"中，如果书教不好，必然影响育人的效果；言传做不好，身教的效用就会打折；不能潜心问道，就没办法好好服务社会；不能享受学术自由，学术规范就会出现偏差。因此，在高校思想政治教育工作中，我们既要抓住主要矛盾和矛盾的主要方面，又不能忽略次要矛盾和主要矛盾的次要方面。坚持重点论和两点论相结合的方法，是做好新时代大学生思想政治教育工作的关键所在。

第二节　新时代大学生思想政治教育师资队伍的素质要求与能力构成

一、新时代大学生思想政治教育师资队伍的素质要求

（一）现代教育观念

1. 新型人才观

培养人是思想政治教育与大学生社会主义核心价值观培育的核心，其根本任务是"育人"，所以，新时代的新型人才观是思想政治教育工作者所必备的。基于传统人才观，新时代的新型人才观有一些新的内容，它对大学生具备的自律自觉和扬善避恶的个性品德、自主学习与自我建构的能力以及个体精神的开放性与包容性十分重视。

新时代大学生思想政治教育工作者应该基于新型人才观，在教育环境中对新问题进行探索，从而挖掘出当下的教育规律，不断更新自己的人才观念。

2. 新型教学观

教育者是传统教育模式的中心，而受教育者只能被动接受知识的灌输。新时代，高校思想政治教育工作者需要对自己的教学观进行更新，同时改变传统的教学模式。教师要避免单纯地向学生灌输知识，可以借助新媒体技术，向学生提供更优质、生动的学习内容。在新媒体时代，教师应该鼓励学生自主参与教学过程，并积极与教师和其他同学互动，以更好地掌握学习内容。

现代学习观强调学生应该对信息进行主动的寻求与接受。相较于其他课程，思想政治教育与大学生社会主义核心价值观培育主要关注的是学生的思想政治素质，"育人"是它的根本任务，通过这门课学生应该在思想层面上发生改变，所以学生上课时只有认真、主动学习，才能领悟课堂内容。新时代，人们选择与利

用信息具有更强的自主性、自由性。新时代，大学生需要转变自己的学习观，因此思想政治教育工作者就要带领大学生学会自主学习，独立思考自己遇到的各种问题，同时培育他们正确的是非观，让他们不断进行自我教育，以完善自我。

目前，大课堂观也是思想政治教育工作者需要学习以及内化的概念。思想政治教育借助新媒体技术改变了原有的教育局面、拓展了教育空间、增强了教育的影响力、扩大了教育的影响范围。网络等新兴技术对于思想政治教育的发展具有重要作用，思想政治教育工作者应该顺应时代潮流，学习与应用现代教育技术，从而构建新的教育模式，让学生在教师的引导下，即使在课外也能进行自主学习。如此，大学生将在更大的空间中领悟与学习思想政治教育的内容，从而实现思想政治教育大课堂的构建。

3. 新型师生观

新时代，新型师生观也应该是大学生思想政治教育与大学生社会主义核心价值观培育的必备内容，因此教育者与被教育者应该有新的、更平等的互动关系，需要营造出更加民主和谐的氛围，以实现教育者与被教育者的互相尊重、互相学习与共同发展。思想政治教育工作者在教学过程中，应该尊重大学生的个体差异，同时对学生的个性化需求进行满足，同时，主动融入大学生的学习生活中，与他们建立平等的关系，引导大学生自觉学习思想政治教育的内容，同时帮助他们对遇到的思想难题进行解决。在新型师生观下，教育者与受教育者处于平等的地位，他们既是信息的传播者也是信息的接受者，他们可以就观点、体悟、思考进行分享与交流。因此，互相学习、互相促进的新型教育模式已经取代了传统的单向教育模式，同时平等与民主是基于新型教学模式发展起来的新型师生关系的核心。

需要注意的是，虽然在教育实践中应该构建民主平等的师生关系，但思想政治教育与大学生社会主义核心价值观培育具有其自身的特殊性，思想政治教育工作者是党的理论、路线、方针、政策的宣讲者，担负着引导大学生树立正确"三观"的艰巨任务，因此必须保证思想政治教育工作者在教育中的主导地位。

（二）思想政治素质

1. 正确的政治立场

政治立场、党的立场、人民的立场即思想政治教育师资队伍的立场。中国共产党代表的是最广大的人民群众的根本利益，是中国工人和中华民族的领头者，具有和人民群众一致的立场。因此,思想政治教育工作者要站在党和人民的立场上对事物的发展进行观察,以及对问题进行分析,从而把握客观的规律,宣传正确的教育内容,对大学生进行思想政治教育。

只有稳定地站在正确的政治立场上,大学生思想政治教育工作者才能对人民群众的利益和要求进行时刻的关注,始终维护人民群众的真正利益;才能将马克思主义和中国特色社会主义理论体系作为自己的指导思想,从而得以正确理解党的路线、方针、政策,并进行积极、主动的宣传;才能自觉抵制各种反马克思主义的错误思想,从而维护社会主义核心价值观在思想文化阵地中的核心地位。

思想政治教育工作者一定要具备正确的政治立场、政治观念,要积极利用马克思主义的观点对群众的思想矛盾和问题进行分析和解决,从而带领群众适应新时代以及为新时代做贡献。同时,思想政治教育工作者也要端正自己的行为、态度,对党的政治纪律进行严格的遵守;要积极学习与研究党的思想,要紧随党的步伐,同时要增强思想政治教育的预见性,从而以更加主动的姿态参与到工作中去。

2. 坚定的理想信念

理想信念也就是对共产主义远大理想和中国特色社会主义共同理想的确信。在新的历史条件下,所谓具有坚定的理想信念,就是坚信中国特色社会主义道路、理论和制度的正确性,坚信中国特色社会主义的共同理想和中华民族伟大复兴的中国梦一定能实现,始终做到坚定不移地高举和维护中国特色社会主义旗帜,并为之贡献自己的力量。

思想政治教育与大学生社会主义核心价值观培育的核心为理想信念教育。思想政治教育的重要任务为,对大学生进行教育,引导其树立远大的理想和坚定的信念。思想政治教育是教育人的工作,所以思想政治教育工作者只有具备坚定的理想信念,才能完成这一任务。

(三)良好的师德修养

师德也就是教师的职业道德,即教师通过长期的教育实践活动所形成的较为稳定的道德行为、规范、观念、品质的总和,也是社会对教师这一职业的基本道德要求。师德集中体现了教师的精神面貌、道德品质和思想觉悟。新时代大学生思想政治教育师资队伍的师德修养应该包括爱岗敬业、诲人不倦、爱护学生、以学生为本、品行端正、为人师表、积极进取、与时俱进等内容。

1. 爱岗敬业、诲人不倦

爱岗敬业是任何一个从事社会工作的人都应该具备的职业道德。大学生思想政治教育师资队伍在进行大学生思想政治教育的过程中，更应该注重爱岗敬业。爱岗敬业就是要对党、对社会主义祖国、对党和人民的教育事业保持忠诚与热爱，教育工作者要为了中华民族的伟大复兴而献身于教育事业，在自己的教育实践中对"四有"新人进行积极的塑造；把向学生传授马克思列宁主义、毛泽东思想、邓小平理论、"三个代表"重要思想、科学发展观、习近平新时代中国特色社会主义思想作为自己义不容辞的责任；就是要遵守《中华人民共和国教师法》的要求，跟随党的脚步，做一个负责任的教师，勤勤恳恳地工作。

2. 爱护学生、以学生为本

以人为本是我们构建社会主义和谐社会的出发点和落脚点。具体到学校，在教育过程中，就要处处体现爱护学生、以学生为本的教学理念。爱护学生、以学生为本，就是教师要自觉地站在与学生平等的地位，尊重学生，与学生共同发展，把学生当作自己的朋友、子女，在教学、科研和其他活动之中把学生放在首位。

爱是教育的前提条件，大学生作为受教育者是活生生的、个性化的、有感情的个体，因此大学生思想政治教育师资队伍要想实现教学目标，就需要以学生为本，以真挚的感情打动学生，用正确的理念引领学生，努力创造出和谐的学习氛围，与学生建立良好的关系，引导其自觉主动地学习。

教师只有真正爱自己的学生，才能自觉肩负起教育的重责，才能十年如一日地坚守在自己的岗位上，并不断地进行学习与探索，从而真正实现教育学生的目标。教师要基于以学生为本、关爱学生的准则处理与学生之间的关系，同时要特别关注家庭贫困以及来自边远地区的有心理障碍的学生，要平等地与他们交流，给予他们支持与照顾，帮助他们变得更加自信。学生是能够感受到老师的用心的，所以他们会更加认真学习，同时满心欢喜地接受老师的教育和指导。

当然，爱护学生、以学生为本，并不是毫无原则地溺爱、迁就和纵容学生，而是以爱学生、有利于学生成才为出发点，既能细心敏锐地发现学生的优点，又能明智而严肃地指出学生的缺点和错误，做到防微杜渐，尤其是对待违纪学生更应该坚持原则，做到刚柔并济。

3. 品行端正、为人师表

教师应以自身的道德风范、仁人气度、高尚人格为学生树立良好的学习榜样。品行端正、为人师表，是教师必须具备的品质，作为教育工作者无论在任何时代、任何国家都需要满足以上要求。孔子曰："其身正，不令而行；其身不正，虽令而不从。"[①] 这表明，教师只有自己首先具备了师德，才能教育学生。在学生面前，大学生思想政治教育师资队伍的思想言行就像一本立体教材，无时无刻不在影响着学生，对学生的精神世界起着润物细无声的作用。如果大学生思想政治教育师资队伍能使自己的修养真正达到学为人师、行为世范的境界，那学生就会"不令而行"。动人以言者，其感不深；动人以行者，其应必速。要做到这一点，教师就必须铭记职责，不辱使命，爱岗敬业，修身正己，自觉做学术道德和良好学风的维护者、践行者和弘扬者。

在学生心里，教师不仅具备深厚的科学文化知识，还是品行端正、有较高道德修养的楷模。学生世界观、人生观、价值观的形成和发展会受到教师日常言行的直接影响。因此，教师要严格要求自己，努力升华自己，如此才能在学识才能、举止风度、生活方式、思想品德、语言谈吐等方面成为学生的表率。只有自己时刻关注党和国家的命运、关注社会问题、关注学生的成长，才能唤起学生的社会责任感，才能最终落实好立德树人的根本任务。

4. 积极进取、与时俱进

当今社会快速发展，科学技术突飞猛进，新理论、新知识、新技术、新信息不断涌现，知识的更新速度不断加快。向国家输送创新型人才，是在建设创新型国家过程中高校义不容辞的责任。这就要求大学生思想政治教育师资队伍必须有积极进取、与时俱进的精神风貌，时刻站在时代的前沿对学术理论进行创新，力争使自己的文化知识能够代表先进文化的发展方向。

创新是社会的发展动力，培养创新型人才，是新时代大学生思想政治教育师资队伍的崇高使命和责任。首先大学生思想政治教育师资队伍应该处处散发着积极进取、与时俱进的活力，及时改进教学方法和手段，更新教学内容和信息，进而感染学生，激发起他们学习和探究的热情。大学生思想政治教育是一个富有创造性的工作，它不仅要面对新问题，也要关注理论前沿，关注社会主义实践的发

---

① 孙立权. 论语注译 [M]. 长春：吉林文史出版社，2010.

展。大学生思想政治教育师资队伍要积极投身教学改革，不断更新教育教学观念，改革教学内容、方法和手段，积极探索现代大学教育教学规律，不断提高教育教学水平，着力加强对学生的社会责任感、创新精神和实践能力的培养。

（四）文化知识素质

文化知识素质是指人们在文化方面所具有的较为稳定的、内在的基本品质。

对于思想政治教育师资队伍来说，必须具有较高的科学知识水平和文化素养。新时代，思想政治教育师资队伍所需要的文化知识素质包括以下三个方面。

1. 基础理论知识

基础理论知识，也就是马克思主义基本理论。思想政治教育工作的理论基础、行动指南和思想武器，即马克思主义基本理论。教育者想要实现教学目标，就需要对马克思主义基本理论进行合理、正确的掌握。教育者通过对马克思主义基本理论的学习，可以树立起科学的世界观、人生观和价值观，同时可以利用马克思主义的观点和方法对思想政治领域出现的各种问题进行分析与研究，然后利用科学的理论知识改正错误思想、解决问题，从而实现思想上的升华。教育者只有自己真正掌握了马克思主义基本理论知识，才能将马克思主义基本原理和方法传达给教育对象，才能帮助他们形成正确的世界观、人生观以及价值观，并对他们自主解决问题的能力进行培养。

2. 专业知识

专业知识主要指思想政治教育师资队伍基本原理与业务方面的专业基础知识和专业知识。只有具备扎实的专业基础知识和专业知识，才能在新的时代背景下，更深入地分析与理解受教育者的情感认知、个性等心理特征。教育者要了解受教育者所处的社会关系和环境，同时对他们的思想行为、活动规律进行适当的分析。在新时代，思想政治教育师资队伍要培养自己的针对性以及预见性，掌握主动权。

3. 辅助知识

辅助知识主要是指与教育者工作有直接或间接关系的知识，比如与教育工作关系密切的心理学、伦理学、社会学等方面的知识。

学习和掌握这些相关学科的辅助知识，可以使思想政治教育师资队伍扩大知识领域，进而使自己的文化知识素质在一定程度上得到提高，并增强思想政治教育工作的实效性。

（五）信息素质

信息素质指的是在信息时代背景下，人们针对信息的处理、筛选、鉴别和使用所应具备的一种能力。在新时代，信息意识、信息道德和信息能力等是大学生思想政治教育师资队伍信息素质的主要构成内容。

1. 信息意识

教育者的信息意识，即获取、分析、判断和消化吸收相关信息的自觉程度。师资队伍在教育中的工作水平和创造型人才的培养水平体现了师资队伍信息意识的高低。如果在新时代，师资队伍不具备较高的信息意识，那么就不能很好地认识信息以及利用信息，同时由于分散性和交叉渗透性是信息的特点，因此也就无法很好地对信息进行吸收。

所以，师资队伍要善于将思想政治教育工作的知识和信息与网络上的新知识、新信息进行有机结合，从而提供给受教育者更加开阔的知识信息视野。所以，信息意识是师资队伍必须增强的一项信息素质，如此才可以适应新媒体时代，才能更好地开展教育活动。

2. 信息道德

信息道德指的是对信息创造者、信息服务者、信息使用者三者进行协调的行为规范的总和。其主要内容：要在符合社会整体目标的前提下，制订大学生思想政治教育师资队伍的信息交流和传递目标；师资队伍应该对相应的社会责任进行自觉的承担；要知法、守法，自觉对各种违法的错误信息进行抵制；不侵犯他人隐私；对知识产权以及网络信息技术予以尊重，让人们的信息交流可以突破时空的限制，让人们可以随时随地传递各种形式的信息内容。

所以，为了受教育者能够接触更加积极向上、正面的信息内容，大学生思想政治教育师资队伍就必须具备较高的信息素质，同时对各种违法行为和错误的信息进行自觉的抵制。

3. 信息能力

信息的获取能力、处理能力以及传递能力是信息能力的主要内容。在字面意义上，信息的获取能力，即搜集信息的能力，这其中也包括，详细了解网络环境，通过网络中的数据库对思想政治教育所需信息进行搜集与获取的能力。信息的处理能力，即在互联网终端阅读信息，并在其中对所需信息进行提取、吸收与存储的能力。信息的传递能力，即有选择地对信息进行消化与吸收，然后再将其通过恰当的方式传递给学生的能力。信息能力是未来评判师资队伍质量是否合格的必要标准。

在未来，由于高校中每个人都具备相似的智力水平，所以信息能力将决定大学生思想政治教育师资队伍的科研能力、教学效果，具备更强的信息能力，那么就能获得更多的新知识、科研成果，也会取得更好的教学效果。

（六）身体心理素质

身体心理素质是指教育者在从事大学生思想政治教育工作的过程中，各种生理因素和心理因素的总和。思想政治教育师资队伍只有自己首先具备健康的体魄、稳定的情绪、坚强的意志、高尚的情操，才能对受教育者进行正确、合理的引导。

1. 健康的身体素质

教育者的身体心理素质应该达到较高的健康标准，教育者应该通过加强营养摄入、积极参与体育锻炼等方式提高自己的大脑和各种感觉器官、运动器官的机能。

2. 广泛的兴趣

教育者应培养广泛的兴趣，这样一来，才能在一定的程度上，对受教育者有更深入的理解，同时也能在更广阔的范围内采取更灵活的方式教育学生。

3. 积极向上的精神状态

通常情况下，工作效率会受到积极乐观的精神状态的影响，其不但能够适当提高工作效率，同时还能感染他人；相反，消极的状态会给人压抑的感觉，甚至招人厌烦。

教育者对自己的心态应该做到适当把控，学会合理地调整自己，使自己时刻保持积极向上的精神状态，并带动受教育者也变得更加积极向上，从而让他们更加热爱学习。

4. 良好的性格

基于思想政治教育师资队伍的职业性质，教育者一定要重视塑造自己良好的性格，努力做到勤勤恳恳、踏实负责地工作，同时自身也要自信、自尊、自强、谦虚且积极向上。

二、新时代大学生思想政治教育师资队伍的能力构成

（一）学习能力

1. 学习和运用政治理论的能力

社会主义事业接班人主要由高校进行培育，高校的大学生思想政治教育师资队伍则具有培养和造就接班人的神圣使命，因此教育者要努力将学生培养成合格的社会主义建设者，使他们能够自觉对各种错误思想进行抵制。大学生思想政治教育师资队伍自身必须具有学习政治理论的能力，要有坚定正确的政治方向，坚持四项基本原则，用马克思主义来武装自己的头脑，自觉树立马克思主义的世界观、人生观和价值观，提高理论修养，认真学习党的路线、方针、政策，关心国内外形势与政策，提高政治敏锐性和洞察力。

2. 不断进行自我更新的能力

终身学习的理念是大学生思想政治教育师资队伍应该具备的理念，同时也要具备不断进行自我更新的能力。除专业知识外，大学生思想政治教育师资队伍还必须对管理学、社会学、政治学、史学、文学、美学、法学等方面的知识有一定的了解，从而具备更加全面、完整的知识结构。21世纪以来，"终身学习""终身教育"理念深入人心。当今正处于知识大爆发的时代，不断出现的新知识一直在对人们提出新的挑战。

大学生思想政治教育师资队伍只有具备终身学习的理念，才能更好地应对这一挑战，因此要努力掌握更多的文化知识，让自己变成一个全能型人才。大学生思想政治教育师资队伍还要懂得如何学习，要会学习。如此持续不断地进行学习，大学生思想政治教育师资队伍才会培养出终身学习的习惯，才能成为大学生的榜样。

（二）交往能力

交往能力是人们在社会交往中表现出来的能力，是人们参加社会集体活动、与周围人保持协调的最为重要的心理条件。大学生思想政治教育工作，具有一定的社会性质，大学生思想政治教育师资队伍要走进大学生的日常学习生活，从而更好地对学生进行观察与了解，需要在学生与学校之间进行沟通与协调。于是，交往能力就成为大学生思想政治教育师资队伍所必备的能力。交往能力主要包括观察和辨别能力、表达能力和沟通能力三方面。

1. 观察和辨别能力

大学生思想政治教育师资队伍的教学、指导、服务等工作只有基于对大学生具体情况的充分了解才能更好地展开，所以，大学生思想政治教育师资队伍开展工作的前提，即对学生进行了解。大学生思想政治教育师资队伍可以通过观察来了解学生，同时通过辨别能力快速地找到问题，并精准地对问题存在的主要原因进行判断。具有较强的观察和辨别能力有助于大学生思想政治教育师资队伍准确了解、掌握大学生的基本情况，从而更好地推动工作的展开。

2. 表达能力

职业指导、心理咨询、理论讲解、通知文件的起草和各种计划总结都需要一定的语言和文字表达能力，教育效果也直接受教育者表达能力强弱的影响。口头语言、书面语言和体态语言表达能力是表达能力的主要内容。大学生思想政治教育师资队伍的表达能力必须符合教育的要求以及学生身心发展的特点，同时还要体现出教育者自身的素质，用词要文雅，表达要有逻辑。因此，规范语言是大学生思想政治教育师资队伍必须掌握的语言，要保证语法正确，使用规范的语音、语调；所使用的语言也要有感染力且精简恰当，让学生在教师的引导与鼓励下，可以更加自信地对关键信息进行准确、快速的把握。大学生思想政治教育师资队伍在实践中可以利用精准、合适的语言表达，将实践经验总结、归纳为规律，并将其发展为可以对实践活动进行指导的理论，如此就可以真正以适合学生的方式讲好道理，从而实现以理服人的教育效果。

3. 沟通能力

只有通过沟通，才能形成较好的人际关系，大学生思想政治教育师资队伍所采取的沟通方式，会对其教育成效和工作成效造成一定的影响。因此，大学生思想政治教育师资队伍想要有效开展工作，就需要借助良好的沟通能力。口语技巧、聆听技巧等是大学生思想政治教育师资队伍需要具备的沟通技巧，如此才能实现与交往对象的和谐互动。

（三）组织管理能力

较强的组织管理能力是大学生思想政治教育师资队伍的必备能力，如此才可以更好地对各种突发事件进行处理以及对全局进行把控。

1. 领导管理能力

大学生思想政治教育师资队伍应该具备较强的领导管理能力。大学生思想政治教育师资队伍要对学生的积极性进行调动，增强他们的凝聚力和团体意识，使他们自觉形成一个团结向上的有机整体，如此才能保障各项活动的有序开展。首先，要任人唯贤，每一个大学生都有其自身的个性与特点，要充分调动他们的积极性、主动性，在德才兼备的前提下，扬长避短，使大学生骨干成为大学生思想政治教育师资队伍的左膀右臂。其次，要建章立制，要对高校学生管理制度进行认真的贯彻和执行，基于实际，制订科学的管理工作计划，灵活地对各种具体问题进行处理，同时可以通过集中培训、检查评比、办学习班、不定期抽查等方式，来及时发现与处理问题以及倡导正确的价值观，从而使规范和制度得到真正的执行，真正制约高校学生的行为。

2. 统筹规划能力

大学生是大学生思想政治教育师资队伍的工作对象，他们来自不同的地区，有着不同的生活习惯、学习能力、思想基础以及人生观，同时当代大学生具有鲜明的主体意识，追求个性化表达。所以，大学生思想政治教育师资队伍要着眼于全局，并且要有长远的眼光，着力解决工作中的主要矛盾，同时要基于学生的特点与需求，来进行合适的工作安排。

3. 科学决策能力

新媒体时代，大学生思想政治教育师资队伍在日常管理工作中面对的大学生群体有着较强的信息搜集能力以及思考能力，他们对世界有着自己的理解，但同时他们的世界观也是不稳定的。因此，大学生思想政治教育师资队伍在处理大学生群体的问题时，要基于对工作对象和工作任务的充分分析来决定行动的目标和方案，然后再去实施。

4. 归纳总结能力

大学生思想政治教育师资队伍工作量大、工作面广，有时会给人繁杂无序的印象，因此大学生思想政治教育师资队伍要重视提高归纳总结能力。它直接影响到工作效果、决策水平及今后工作的有效开展。大学生思想政治教育工作者要养成记工作日记的良好习惯；要勤学多问；要围绕得失，认真总结；要勤于动脑，善于思考。

（四）教育教学能力

大学生思想政治教育师资队伍需要在形势政策课程上给大学生提供当下有用的时政知识，从而帮助他们形成正确的世界观、人生观、价值观，所以为了实现此教学目标，教育教学能力是大学生思想政治教育师资队伍必须培养的能力。教育教学能力包括发现问题和解决问题的能力、有效的课堂教学和管理能力、信息获取及处理能力、个别化教学能力、认识和发展学校教育和课程的能力、有效解决学科教学以外的教育问题的能力、认识学生个性和差异的能力等。

（五）应对突发事件和复杂局面的能力

相较于其他教育者，大学生思想政治教育师资队伍在高校中会与学生有更多的接触，在管理学生时很可能会遇到各种没有预案的突发事件，这时需要冷静地对形势进行分析，然后采取合适的措施，使事态得到控制。因此，大学生思想政治教育师资队伍要在教学实践中勇敢应对各种突发事件，从而提高自己灵活判断、分析、解决问题的能力。当治安案件、重大灾害性事故等突发事件发生时，大学生思想政治教育师资队伍一定要沉着冷静、当机立断，在稳住大学生心态的同时，控制住整体的局面。因此，在日常生活中，大学生思想政治教育师资队伍要处处留心，同时敢于面对与处理各种复杂局面，从而积累自己的处世经验，以及增强自己的应变能力；要有灵活的思维以及敏感的观察能力，当现实的新情况与原有的决策、方案和意见发生冲突时，要及时对其进行修改，从而在顺应现实情况的前提下，使工作更顺利地展开。

（六）进行网上教育引导的能力

随着网络时代的到来，大学生已成为中国网上用户中占比最大的一个群体，网络也就成了开展思想政治教育的一个新的、重要的阵地。因此，大学生思想政治教育师资队伍应该具有比较敏锐的信息意识，做网络时代的有心人。网络的发展带来了一系列问题，如何引导学生树立正确的伦理道德和价值取向，如何使学生的免疫力和鉴别力得到增强，是思想政治教育者目前需要认真解决的问题。

（七）促进学生全面协调发展的能力

学生学习主体地位的突显是21世纪教育的一个根本性特点，与在传统教育模式下只能被动地从教师那里获取知识不同，目前的学生具有学习的自主性和选择性。现如今，师生处于平等的地位，共同进步、共同发展。因此大学生思想政治教育师资队伍要转变自己的角色，成为学生学习的帮助者、指导者和服务者。大学生思想政治教育师资队伍要对原来的师生观进行革新，同时要对"专业教师专管大学生的学习，大学生思想政治教育师资队伍专管大学生的思想"这种传统观念和做法进行改变，应该同专业教师一起，对学生学习的主动性进行培养，同时鼓励学生积极参与团体合作，跟老师、同学共同进行专题性研究，引导学生找到适合自己的学习方法。在 21 世纪，大学生思想政治教育师资队伍要时刻关注学生的发展状况，发现问题后，要积极解决问题，从而保证大学生能够顺利地完成学业。个人的能力是可以不断提高的，因此要努力提高各方面的能力。新时代，社会需要更高水平的复合型人才，要求大学生具备更完善的知识结构以及全新的精神面貌，所以大学生思想政治教育师资队伍作为教育者也要通过学习，不断提高自己的能力水平，让自己符合时代的要求，以更好地迎接时代的挑战。

（八）科学研究和创新的能力

新时代大学生思想政治教育师资队伍的工作对象、工作内容、工作方式、工作环境都发生了巨大的变化，这就要求大学生思想政治教育师资队伍要具备更高的研究和创新能力。

大学生思想政治教育工作具有很强的专业性和应用性特点，所以，大学生思想政治教育师资队伍如果仅依靠积累的经验和思考问题的能力是无法真正做好这项工作的，只有将自身的工作当作一门科学进行深入的研究，才能真正做好这项工作。大学生思想政治教育师资队伍的研究能力，即在高校学生工作及大学生思想政治教育师资队伍建设等相关领域通过对专门的专业理论知识的利用，来进行研究的能力。具体表现为大学生思想政治教育师资队伍将学生工作的热点、难点、重点问题有组织、有计划地确立为研究课题，通过对学生工作过程的各个方面及其运行机制进行分析，来对学生工作的规律及其原则进行揭示；基于学生工作对象的特点和发展变化规律对学生工作的科学途径和方法进行探求，从而使学生工作的理论层次以及大学生思想政治教育师资队伍的理性品质得到提升，最终形成更加科学的工作方式。

人类自身以及生存环境的改变离不开人类的创造性劳动，因此，一个民族、一个国家想要取得进步，就需要不断地进行创新。目前，经济全球化背景下需要创新型人才，同时基于科学技术的不断进步以及大学生工作的性质，大学生思想政治教育师资队伍想要开创工作新局面就需要敢于对旧理念进行革新，如此才能推动大学生思想政治教育工作的有效开展。大学生思想政治教育师资队伍的创新能力，即面对环境的变化对自己的工作方法、工作思路和理念进行不断创新的能力。大学生思想政治教育师资队伍的创新能力具体表现为：对新道路、新途径进行积极探索，对新经验不断进行总结，及时针对新时代大学生工作及其未来发展趋势提出新方法、新对策、新思路，使学生工作的机制、方法、手段、内容、思想观念实现科学化、现代化；用"开放式"管理逐步取代"封闭式"管理、用"动态"管理逐步取代"静态"管理，用"服务型"逐步取代"管理型"；在教育过程中，努力培养学生的创新精神，努力发掘、训练、强化学生的创造力，促使学生更加积极主动地进行学习；对学生的竞争能力、实际操作能力、学习能力进行培养，从而提升其综合素质，使其成长为新时代社会需要的创新型人才。因此，培养创新素质也是新时代大学生思想政治教育师资队伍的重要课题，要树立起超前意识、竞争意识、创造意识，同时提高自己独立思考的能力，从而激发自己的创造性思维，在创新中寻求学生工作的新突破与新发展，形成独具特色的工作方法，为学生工作注入新的活力。

第三节　新时代大学生思想政治教育师资队伍的专业能力提升

新时代思想政治教育与大学生社会主义核心价值观培育的实效性，会受到师资队伍素质能力的影响。师资队伍的专业能力可以基于以下几个方向进行提升。

一、构建理论与实践相互衔接的教学团队

提升师资队伍的专业能力，需要在高校内部对新型的教学团队进行构建。在高校，每一个教师都有其独特的研究重点和兴趣点，有的在应用转化研究上取得了不错的成果，有的在纯理论的研究上很有建树；有的对企业行业的新动态很了

解，有的对学术前沿的新成果很熟悉。因此，将这些具备各自优势的教师结合起来，促进他们之间的合作，就有可能实现"1+1>2"的效果。

其一，团队成员之间需要对相关课程加强衔接研究，以实现各门课程之间的对话与启发，促进各种相关知识的互相融合与印证，同时每位成员也要加强学习，增加自己的知识储备，在团队其他成员的帮助下将自己的理论视域进行拓宽，从而构建起更加全面与完整的知识结构。如此，在进行课堂教学时，将提供给学生更加丰富的知识和信息，开拓学生的视野，帮助学生形成融会贯通的知识体系，并有利于促进学生实践能力的提高。

其二，在教学团队互相研讨、集体备课的过程中，每一位教师都可以对自己的专长进行分享，借此来补足其他成员的短板，如帮助精通理论的教师对实践方面的情况有更多的了解，同时反过来，帮助实践经验丰富的教师加深对理论的理解。

学校领导和院系负责人担负突破传统的教研室设置惯例的责任，在认真分析各课程之间的关联性和各教师之间的专业互补性的基础上，出台相关的政策措施，引导和激励教师自行组建科学合理的新型教学团队，并为教学团队提供必要的场地、资金和设施支持。

二、搭建教学与实践能力双提升的平台

（一）搭建好培训交流平台

定期举办相关论坛，以求共同探讨并合力解决所关心的问题；鼓励各院系发挥专业优势，同时根据培训要求，鼓励相关教师对专业理论、现实问题以及当前热点问题进行深入的研究，从而促使教师提高自己的理论水平，同时针对实际问题提出更具有建设性的观点。

（二）搭建好进修深造平台

如果想要教师群体提供质量更高的服务，那么教师群体就要具备较高的理论研究和实践能力。因此，学校可以与国内外著名的学府展开合作，然后根据学校的学科和专业建设以及人才培养目标，来选派教师去进修与深造，从而使他们的理论造诣和专业技能水平得到提升。

三、组建专职与兼职教师相促进的互通机制

一方面，许多学校通过聘请兼职教师的方式来解决实践课教师不足的问题，这些兼职教师多来自机关、企事业单位，他们具有丰富的实践经验。基于此，教师队伍的专业和能力结构得到了整体上的改善。另一方面，这些兼职教师也将一线的工作情况、工作难题以及市场信息带给了学校的教师与学生，这在很大程度上扩大了学校教师和学生的视野。

高校需要对兼职教师的价值进行充分的挖掘，当他们上课时，可安排相关教师进行听课评课，从而提高学校教师的教学能力；也可以邀请兼职教师以座谈会的方式，对外界信息进行分享，同时与学校教师共同对行业走向以及人才培养规律进行探讨，从而实现专兼职教师的互补与共同发展。有一些兼职教师具备非常强的教学能力，这时学校可以突破待遇和职称的限制，将其引入学校，使其成为一名专职教师。同时，学校教师也可以走出校门在社会上进行锻炼，比如高校为了提高年轻教师的能力，可以让其去企事业单位进行挂职锻炼。科技特派员的方式是很多地方本科院校所积极实施的举措，即让教师走出校门去服务企业和农村，相关人员都非常支持这一举措，而且教师经过这一锻炼，明显提高了自身的综合能力。

四、筹建教学与科研相循环的促动机制

经常可以在某些高校中发现教学与科研相脱节的现象，如有的教师只专注于搞课题、发文章，并不重视自己的教学工作，同时其课堂教学质量也不高；而有些教师有很强的教学能力，学生也都喜欢上他们讲的专业课，但他们并不热衷于学术研究与课题申报，甚至很多年都没有发表过科研论文。研究学术的教师，很少会根据在教学过程中碰到的问题进行课题的申报与立项，同时，在教学中也很少见教师引入科研成果。因此，高校教师想要对自己的教学能力进行提升，就需要推动科研与教学的互相促进，从而形成教学与科研的良性互动机制。

（一）鼓励教师围绕教学教法生成和申报课题

教师可以对当前大学生的兴趣爱好和个性特点进行深入研究，也可以对如何运用新媒体丰富教学手段进行研究，也可以对教学方法与新时代人才培养目标的

适配性进行研究，以上这些围绕教学的研究都可以成为教师申报的课题，因此为了鼓励教师，高校可以提高这类课题经费的配套比例。

（二）引导和促使教师教学与科研协调发展

可以利用督导等手段，使那些对教学不感兴趣的教师重新重视教学，让他们将用于搞科研的精力用在对教学方法的改进上；同时，鼓励不重视科研的教师，适当做一些课题研究，也可以设定教师每年需要完成的课题研究标准，以实现教师教学能力和科研能力的共同发展。这两类教师可以互相组队，互相帮助，共同进步。

（三）保证年轻教师有适当的学习研究时间

一些高校中青年教师承担了大量的教学工作，加之他们的家庭负担较重，上有老下有小，用于科研的时间和精力则很少，既没有时间补充新的知识、优化知识结构，也没有时间静下心来研究一些学术问题，以升华教学方法。长此以往，不仅其教学及科研能力无法提升，而且其教学热情和职业幸福感也会逐年下滑。这对高校的持续发展是十分不利的。

五、兴建名师与后学相促进的成长模式

高校的教师队伍群体中，不同年龄阶段的教师有着各自的优势与长处。例如，年轻教师紧跟时代热点，思想活跃，很有精力进行课题研究；而老教师的教学经验更丰富、知识结构更全面，对各种理论的理解也更加深入，同时老教师还有着丰硕的科研成果。因此，这两类教师可以在日常的教学及科研工作中通过合作互相帮助。但是，一般情况下，这两类教师的合作具有偶然性，他们经常因为年龄差距大而有所顾虑，所以很少会主动进行接触。所以，学校应该在制度层面，将这种互补与合作固定下来，从而促进年轻教师各方面能力的提升。

（一）建立高校名师工作室

高校可以在各个学科和专业中组建名师工作室，名师可以选择那些在其学术领域德高望重的教授及专家来担当，这些名师可以来自本校也可以从校外进行聘请。师徒制模式是每个名师工作室的主要模式，即一定数量的年轻教师由名师

带领，学习各种技艺。这种模式相较于一般的行政或学术上的隶属模式，具有更加浓厚的传承意味，因此工作室内的教师会有更加亲近的关系，也能实现更好的发展。

（二）明确名师的责任和权利

名师有权利要求工作室内的年轻教师帮助他搞科研，提供各种必需的帮助，由此在共同努力中，增强团队的实力。同时，名师也有权利开除不符合要求、无责任心、不努力的成员。名师除了有以上权利外，也要承担起提高成员教学、科研能力的责任，所以要用心以及尽力将自己的经验与心得传授给他们。为了发挥名师工作室培养后学的积极作用，学校需要在制度层面对其进行规范，每年要对其成员进行考核，其成员如果教学、科研能力达标并且有明显的提升可以以物质奖励的方式来激励相应的名师。如果在考核过程中，发现名师只是把成员当作助手，根本不帮助他们，学校就要取消他的名师资格同时撤销其工作室。

（三）为名师培养后学提供良好条件

用心提升年轻教师的各项能力是名师工作室最主要的任务，学校对此也要大力支持，以促进工作室的良好运行。在物质层面，要保证名师工作室的经费充足，也要为名师提供一定数量的工作津贴，同时也要为在考核中取得优异成绩的名师工作室给予奖励。

第四节 新时代大学生思想政治教育师资队伍的建设路径

应该通过对师资队伍的整体优化来解决高校思想政治教育师资队伍存在的问题，因此为了更好地建设大学生思想政治教育师资队伍，可以从以下四个方面予以提升：树立合力育人理念、拓展选拔视野、抓好教育培训以及完善建设机制等。

一、树立合力育人理念，明确师资队伍的职责

为了实现学生的全面发展，需要建立全员育人、全程育人与全方位育人的格局，这一格局对新时代思想政治教育工作的落脚点进行了多维、全面的阐述。对政治思想与育人理念进行培育和发掘是全员育人的重点；对政治教育和世界观改

造进行完善和坚持是全程育人的重点；对现阶段高校学生的思想动态进行捕捉，将浸入式教育纳入各个领域，是全方位育人的重点；全员育人、全程育人、全方位育人三者互相作用、共同发力，分别在主体队伍建设以及时空角度实现了高校思想政治教育工作的大闭环体系建设。

（一）坚持全员育人

育人是高校大学生思想政治教育工作的核心，高校不仅要承担起这一重任，同时也要起到先锋模范作用，要从课堂、组织领导、科学研究等多角度出发对学生思想政治教育的工作体系进行探讨。

"全员育人"的教育主体从广义上来说，包括高校、社会生活、家庭环境、个人等要素，由此形成的育人教育体系，即"四位一体"；从狭义上来说，高校党政干部和共青团分管干部、辅导员和班主任，尤其是思想政治理论课任课教师以及哲学社会科学课任课教师要负好主责。

全员育人目标的实现，需要做到以下几点。

第一，坚持党委统一领导。党政干部要从全局对总体工作进行指挥与领导，以实现工作的整体推进，提高工作效率。学校分管党政领导必须要对党的教育方针进行贯彻执行，在思想上对大学生思想政治教育工作进行高度重视，基于此，平常要参与进课堂，寒暑假期间要以集中培训的方式培养思政课教师和辅导员，使其成为思想政治教育师资队伍的骨干。一方面，要通过教育的形式提高思想政治教育主管人员的思想水平，同时使其有更强的责任感和使命感。另一方面，要建立上述人员与思政课教师相互联系与沟通的有力平台，以实现理论指导实践以及实践反哺理论的良好循环。

第二，有机结合起教师的日常授课与班主任、辅导员的行政管理，从而促进其优势互补，实现课上思想政治教育与课下理论研究、管理实践、日常管理的辩证统一。系统的理论知识体系是思政课教师的优势，但他们只是擅于在课堂上对学生进行思想政治教育工作，课下则一般不会接触学生，因此他们对学生没有全方位的了解。与学生可以进行直接接触的是辅导员，他们非常了解学生的思想动态以及心理问题，但是思想政治教育理论是大部分辅导员的短板。因此，只有将课堂与科研结合起来才能保证思想政治教育工作有序开展。首先，可以通过思想政治教育研讨会的方式，促进二者的交流与学习；其次，鼓励思政课教师和辅导员共同进行教学工作以及参与科研项目。岗位轮换是教学过程中的主要方式，有利于使思政课教师的实践指导能力以及辅导员的思想政治理论水平得到提升。思政课教师可以兼做辅导员，同时辅导员也可以在思政课教师的指导下讲授部分理论课，在此过程中，学校还可以对辅导员的教学技能和成果进行展示，让辅导员在和谐、互助的氛围中，提高自己的教学能力。在科研方面，学校需要激励思政课教师对辅导员的科学研究进行指导，从而使辅导员具备更强的科研能力，以此提高思想政治教育师资队伍的整体水平。

第三，高校教职工要将思想政治教育工作作为其工作的核心。各教职工要提升自己的综合素质，追求更高的道德水平，以成为学生的好榜样。各科教师要对课程中的思想政治教育部分进行挖掘与讲授，从而实现教书和育人的统一，使学生的道德修养在日常学习中也能得到提高。

全程和全方位育人的基础是全员育人，全员育人可以保障思想政治教育工作的人员支持。除了马克思主义学院、团委、宣传部要参与进育人工作，其他部门也都要参与进去。思想政治教育工作需要学校全体教职工的参与，从而形成党委领导、宣传部门牵头协调、相关部门多方参与的大思政格局。

（二）坚持全程育人

全程育人是指在大学生学习生活的全过程中都要包含育人内容，学校要对思想政治教育工作给予高度的重视，并对学生各个年龄段的身心特点和心理发展水平进行认真研究，从而针对不同年级采取不同的工作方法，同时从不同层次出发逐步深化对学生的认识。新生入学教育、专业基础教育和就业创业教育是高校全程育人的三个阶段。

第一阶段即新生入学教育，这是全程育人以及大学阶段的开端，在此就要帮助学生树立起正确的目标。新生想要完成高中生到大学生的转变，首先需要对大学的日常学习生活进行深入了解，在提高自我管理能力的基础上，以全新的精神面貌开始自己的大学生活。其次，新生要借助他人的帮助对所学专业进行深入的了解，然后确定自己在该专业领域的目标，以此来激励自己。

第二阶段即专业基础教育，是全程育人的中心。在此阶段，学生除了要上专业必修课之外，还要上公共必修课——思政课，高校要在专业教育中融入思想政治教育，将思想政治教育渗透进学生学习生活的各个方面，将学生培养为具有高尚品德的专业人才。

第三阶段即就业创业教育，是全程育人的终点。大学生可以通过就业指导，对自己的个人职业规划进行不断的改进，例如可以通过做志愿者的方式来支援我国西部，也可以去农村担任"村官"。学生毕业后，学校不仅要对毕业生进行跟踪调查，并将反馈内容提供给就业指导中心，助力其调整工作，同时也要对学生就业时出现的新问题进行记录，从而对职业生涯教育进行进一步的完善。

全程育人在上述三个阶段的教育之外，还包括从个体教育到群体教育的全程，在大学阶段教育活动中知、情、意、信、行形成的全程，从理论学习到社会实践的全程。学校在高校育人的全过程中都要重视实施思想政治教育工作，要对思想政治教育工作的生命线地位予以高度重视。

（三）坚持全方位育人

全方位育人是指思想政治教育工作要在育人的各个方面进行覆盖，思想政治教育工作不仅要融入高校的内部环境，也要通过对德育资源的整合融入大环境。所以，为了实现学生的全面发展，高校要将理论学习与社会实践结合起来，对多种多样的校内或校外活动进行组织。教育内容的全面性和教育主体的联系性是全方位育人的主要内容。

首先，教育内容的全面性即对全面发展的人进行培养，学校在提高智育的同时还要加强思想政治教育。因此，学校要将德、智、体、美等内容进行连接融合，鼓励各科教师对各学科领域蕴含的思想政治教育资源进行挖掘，使思政课成为各类课程的风向标。例如，将职业道德教育加入物流专业课程中，以更好地对快递员的角色进行分析；通过参观博物馆的方式让学生体会改革开放40多年来发生的变化，使社会主义核心价值观成为互联网中多元言论的价值导向。所以，思想政治教育蕴含在每位教师的工作中，教师要将专业教育和思想政治教育更好地结合起来，努力实现隐性教育与显性教育的统一，同时要加强自我道德建设，从而让学生在潜移默化中提高自己的道德水平。学校以及教师要挖掘思想政治教育与其他课程相融合的具体措施和内容，以此来更好地实现教育内容的全面性。

其次，教育主体的联系性即家庭、社会和高校紧密联合，以形成协调统一的立体教育。硬件环境教育和软件环境教育组成了高校的教育环境，设备、绿化、道路等是硬件环境教育的主要内容，管理手段、思想政治教育系统、师资力量等是软件环境教育的主要内容。要加强学校教育环境对不良信息的抵抗力，以为学生提供安全、和谐的生活和学习环境，使学生在潜移默化中提高自己的道德水平。每个人最初的启蒙教育来自家庭教育，在我国传统的认知中，家是教的起点。家庭教育贯穿每个人人生的始终，不管是在学校还是在社会，家庭教育都在影响着一个人的认知和行为。社会教育，即对个人身心发展有影响的社会教育活动，它无论何时都在影响着人们的认知和行为。地方政府应该担当起对环境氛围进行优化的责任，高校应该在突显自身优势的基础上对文明成果进行大力传播，同时提高思想政治教育水平。想要真正推进思想政治教育工作的开展，就需要三者共同合作、协调统一。

二、拓展选拔视野，保证师资队伍的活力

教育效果受思想政治教育师资队伍素质情况的直接影响，所以，要提高选拔与聘用思想政治教育工作者的标准。一方面选拔的人才不仅工作能力要突出，同时也要有高尚的道德品质，学校还要对专职和兼职人才进行选拔。党政干部队伍要积极吸收具有较高政治觉悟、学术水平和管理能力的人才；另一方面，教师和辅导员队伍要积极吸收灵活性强、能很好地与学生进行沟通且作风正、业务精的优秀毕业生和人才。同时，为了稳定高校思想政治教育师资队伍，要鼓励优秀教师兼任辅导员。可以从选拔方式、选拔对象和选拔标准三个方面拓展选拔视野。

（一）选拔方式多样

要基于对岗位数量和职责的明确来对高校思想政治教育师资队伍进行选聘，可以采取公开招聘和遴选等方式，同时设定思想品德的鉴定、笔试、面试等过程，基于此对学生思想政治教育工作的结构进行不断的改善，从而保证思想政治教育师资队伍的高质量与高水平。

由于一些高校在对人员进行选拔时以票数为准，因此出现了拉票以及选用老好人等现象，针对这些问题，要坚持选举和推荐相结合，推荐票不能成为用人的唯一标准，除了投票方式还有背景调查、个别谈话、听取群众意见等多种方式。

党的领导和民主的统一是党在选人用人方面的独特优势，要对民主集中制进行贯彻落实，将民主形式中的选举与推荐相结合。要对民主推荐提名机制进行不断的改进，在重视推荐票的同时，也要重视群众公认票。要对竞争上岗与公开选拔方式进行规范，但是在选用干部时也要适当采取竞争性选拔之外的其他方式，避免出现"凡提必竞"这种极端情况。同时，也要不断改进竞争性选拔方式，实现多维度的选拔标准，避免只论分数。要保证干部具有实际的工作能力，而不仅仅是考得好。要对组织关口进行严格管控，规定只有在单位同意的情况下，才能参加公选。同时，要对考察关口进行严格管控，要选拔人民认可、能力突出、品德高尚的人员。

（二）选拔对象多元

首先，可以从本校应届毕业生中选拔优秀的本科生和研究生，同时优先选择具有学生干部背景的毕业生。这些学生，多年来一直参与学校的各项事务，非常了解学校的风气以及各项规章制度，同时他们与其他学生是同龄人，具有相似的思想背景、思维模式与行为习惯，因此容易与其他学生展开沟通。同时他们思维灵活，走在时代的前沿，有能力对工作的方法与手段进行创新，基于此可以促进思想政治教育的新发展。但是，他们缺少相应的工作经验，同时价值观还不稳定。所以，要从政治面貌、思想品德、学生工作经验、专业素养等多个方面对他们进行考察。其次，招聘其他高校的毕业生。要明确岗位要求，专门选拔具有思想政治教育专业背景的人员。再次，可以在党政干部队伍中吸收有能力的专业教师。这些教师经过多年的教学实践，对学校和学生的发展有深刻的理解，其工作经验也非常丰富，同时价值观各方面也很稳定，学生通过他们既可以学到专业知识，也能培养正确的人生观。在选拔时，要认真考察这些专业教师的信仰是否坚定以及价值观是否正确，要选拔能实现教书和育人相统一的教师。最后，对具有留学背景和博士及以上学历的人才进行引进，同时也可以通过引进或者外聘的方式，吸收掌握高科技以及企业工作经验丰富的人才，以此拓展思想政治教育工作的领域范围。

（三）选拔标准严格

新时代，在对大学生思想政治教育工作者的选拔标准进行规范时，不仅要对年龄、政治面貌、工作经验等进行考虑，所选拔的人才还要有突出的思想政治教育工作才能和坚定的马克思主义信仰。要明确各个工作岗位的角色定位，要对入口关进行严格把控，思想政治教育师资队伍只能吸收合格人员，同时要避免出现泛专业和泛职业现象。

"忠诚、干净、担当"是习近平总书记提出的选拔好干部的三个标准，这也是选拔德才兼备的高素质干部队伍的核心标准，可以看出，在选拔时干部的品德是重中之重。"四个全面"体现了，党政干部不仅要有"德"，也要有工作能力，同时政绩也要达到要求。干部队伍要德才兼备，既要符合政治标准，也要有相应的专业能力，如此才能实现干部队伍的高素质与专业化，从而推动新时代思想政治教育工作的开展。

具备职业资格和专业背景、具有丰富的思想政治理论知识、对学生的身心发展规律和年龄特点有深刻的认知，是选拔教师和辅导员队伍的标准。教师和辅导员除了要对学生的特点有所了解之外，也要基于教育规律引导学生形成正确的价值观，同时学校要鼓励教学名师讲思政课。年龄和学历层次也是选拔的标准，要保证师资队伍中具备老、中、青三个阶段的教师，以此完善师资队伍结构。在师资队伍中占有较大比例的应该是青年工作者，因为他们与学生的年龄相仿，容易且乐意与学生进行沟通，这有利于思想政治教育工作的开展。深厚的理论功底以及丰富的经验是老年和中年教师的优势，他们可以在一定程度上指导青年工作者的工作，但是他们精力不足，无法与学生进行更多的互动，所以他们所占的比例可以稍小一点。

另外，也要对思想政治教育师资队伍进行实时的调整，允许不符合标准的人员进行合理的流动，使其流向其他岗位以更好地发挥他们的价值和特长，助其实现新的发展，同时这也有利于提升大学生思想政治教育师资队伍的整体水平。

三、抓好教育培训，实现师资队伍的专业化

（一）培训方式多样化

大学生思想政治教育师资队伍培训具有一定的特殊性，其特殊性主要表现在两个方面。首先，它要求提升受训者的专业知识素养；其次，相较于其他培训，

理论与实践的统一是该培训的终极追求，因此该培训除了要求对专业知识技能进行熟练掌握之外，也要求实现理论与实践的高转换率。因此，灵活机变的形式以及大量的实践锻炼是这种培训方式的主要特点。在该培训中既要有一对多的讲座与会议形式，也要有多对多的讨论模式，同时也可以引入分析典型事例式培训、诊所式培训等形式。

（二）培训内容专业化

思想、作风和管理能力是党政干部培训的主要内容。引导党政干部在开展实践工作时，对先进的理论精神实质进行把握，坚定马克思主义信仰。只有在各方面对求真务实的精神进行渗透，同时督促党政干部自觉转变作风，才能加强作风建设。党政干部在思想作风上，要基于客观规律，实事求是地办事，要真诚与踏实，解决问题时要从实际出发；在工作作风上，要积极维护人民群众的利益，努力工作，艰苦奋斗；在领导作风上，要对群众所思所想进行及时的了解，要对政绩持正确的态度，要发挥好模范带头作用，一切从实际出发，对学生和职工群体的利益进行积极维护。

专业素养提升和职业能力培养是辅导员培训的主要内容。辅导员要走在时代前沿，对新挑战和新任务要有清晰且正确的认知，及时发现各种问题并努力提高自己的创新能力，同时要积极指导意识形态工作的展开。

（三）培训安排常规化

岗前培训、日常培训和骨干培训是培训的主要内容，可以采取以下方式使培训安排实现常规化。健全高校学生思想政治教育师资队伍的培训保障体系，将岗位聘任、职务晋升与培训相联结，没有参加培训活动以及培训不合格的教师，不能被聘任为专业技术教师。通过设立专项经费或者增加培训支出，来为师资队伍的培训进修提供充足的资金保障，由此促进高校学生思想政治教育师资队伍培训的常规化。另外，还要对参与培训教师的成长情况进行持续的关注与记录，基于此对受训教师的数据库进行建立。同时，要遵循教育发展的基本规律，基于人的最终发展目标来对师资交流制度进行建立，要维护受训教师的平等地位，不对职称、岗位、年龄等门槛进行单独设置，在进行专项培训时可以采用综合素质评价和成绩评价相结合的评价模式对在职教师进行评价。

四、完善师资队伍建设的长效机制，促进师资队伍可持续发展

新时代，一些基本机制在各个高校的思想政治教育师资队伍建设过程中被建立起来，但这些机制并不是很完善，有的甚至没有被切实推进。为了促进师资队伍的建设和发展，需要对协同育人机制、监督考核机制、激励机制和保障体系进行切实的建立和健全。

（一）构建协同育人机制

服务、教学、管理是高校工作的主要内容，教书育人理念受到了大部分学校的重视，但是很多学校常常会忽视管理育人和服务育人。所以，高校要优化资源配置，寻求与挖掘各项育人要素，从而树立起协同育人理念，建立教书育人、管理育人和服务育人相结合的协同育人机制。

第一，创新教书育人方式。首先，改进教学内容和教学方法。教育效果受学生主观能动性发挥程度的直接影响，想要达到较好的教学效果，就要保证学生在课堂中能主动进行实践。所以，教育者要对新时代的发展变化进行认真研究，同时根据学生的身心发展特点，改进教学方式，研制出一套与时代要求相符的思政课教学论，从而利用具有鲜明时代特色的教学方式来指导学生的学习，促进其思想认知水平的提高。在课堂教学中，可以鼓励学生积极讨论时代热点问题，借此扩大学生的视野。其次，要深化教师之间的合作，积极推进思政课教师与非思政课教师展开协同育人，同时对非思政课教师的思想政治理论素养进行提升。当专业课教师在教学实践过程中遇到思想困惑时，要及时向思政课教师寻求帮助，促进高校专业课程与思政课的互相促进与同向发展。最后，通过开展师风师德专题宣传活动，促进教师职业道德水平的提高。

第二，健全管理育人机制。首先，建立健全思想政治教育工作的领导机制和组织机构。学生的思想政治教育工作应该是党政干部的首要工作，对此要发挥出师资队伍的合力作用。党政干部要对学校重大思想政治问题进行积极的管理和决策，促使学校加强民主建设，同时促进学校对党的教育路线进行贯彻执行，还要对联动工作机制进行建立，以此推动各个部门之间加强沟通与协作。要完善党政共同议事制度，思想政治教育工作主体责任由校党委书记和校长共同承担，同时积极推进院系党组织、就业处、团委、教务处的思想政治教育工作联动机制。其

次，为了促进党政班子成员之间的合作，可以实施互相兼职制度。再次，改进和完善思想政治教育工作的管理制度，从而提高高校教育事业的发展水平。建立健全各类规章制度是学校的职责所在，同时也要对其进行贯彻执行。最后，要设立网络管理部门，以更好地监督与管理网络舆论，从而促进校园文化的建设。当校园中出现违法信息时，要对其源头进行及时的追踪，明确其产生的机制，同时要惩戒不法分子。基于此来建设美好、和谐、安全的网络环境，助力学生的健康成长。

第三，完善服务育人机制。思想政治教育工作要实现与保障性服务的结合。要在食堂、寝室、图书馆等场所嵌入思想政治教育内容，让大学生在享受校园服务的同时也能实现精神的升华，从而促进学生的全面发展。同时，要对学生的一言一行进行仔细观察，从一点一滴做起，使自身的服务水平得到不断提升。从学生出发，认真关注学生的各项诉求，对学生的困难进行积极的解决。要基于不同学生的个性化特点，为学生提供及时与恰当的服务，将思想政治教育融入服务的全过程中，以此促进大学生思想道德修养的提高。

（二）完善监督考核机制

建立和完善考核评估机制，首先要关注的是岗位职责和素质标准等方面的内容。例如，要通过静态考察和动态考评相结合以及横向分析比较与纵向分析比较相结合的方式来考评党政干部。每年结束时对党政干部打出的综合分数，即静态考察，这里面不包括对党政干部具体任务完成情况的分析；通过积分制的形式，在关键时刻对党政干部发挥的作用进行打分是动态考评，这需要对党政干部的思想动态进行全程跟踪，在党政干部处理工作时实施考评，同时及时、客观地对党政干部进行评价。要在制度层面对考评工作进行固定，同时实行随机考评与定期考评。要基于工作需要，通过民主座谈、走访调查、实地考察等形式对党政干部进行随机的不定期考评，从而对党政干部的表现进行多角度、多层次的了解。另外，要在党政干部的整个工作过程中展开不定期的考核，除了要对党政干部工作时的情况进行了解与掌握，也要对党政干部工作之余的生活和社会交往等情况进行一定的了解。教师的考核，主要是对教师的思想品德状况进行认真的鉴定。为考核教师的道德水平要定期开展调研，对分类评价指标进行完善；对辅导员进行考核时，应该对其工作的完成情况以及思想政治教育工作的实际成果进行重点考察。要发挥竞争机制的积极作用，以此增强每位教师的竞争意识，奖励表现优异者，淘汰不合格者，由此激发每位教师的潜力，促使其积极主动地开展工作和学习，这也有利于提高师资队伍的整体工作水平。完善考核制度，实现考核常态化，积极促进师资队伍素质和核心竞争力的整体提高。表彰优秀个人，发挥其模范带头作用，逐步实施按劳分配的工资制度，使每个人的工作能力与业绩相匹配。同时，要以诫勉谈话以及调离岗位的方式，合理安排考核不合格的人员，以此完善师资队伍的结构。要加大问责制度在党政干部考核中的实施力度，要根据有关法规以及党内规定，对重大事故的责任者进行严肃处理，调离其岗位、改任非领导职务或免职等。

（三）健全激励机制

以下四个部分是高校思想政治教育师资队伍激励机制的主要内容。

1. 角色激励

高校每位思想政治教育工作者都要增强自己的责任感和使命感，同时要对自己所扮演角色的职责进行明确的定位，认真工作，对各项责任进行积极承担。学校要按照不同的责任，对思想政治教育师资队伍不同岗位的工作量计算标准进行研究，将津贴列入工资中，加大对思想政治教育工作者的表彰力度，以此促进思想政治教育工作者更加积极地投入工作中去。在党政干部的激励方面，教育部针对高校具有较多"双肩挑"干部的情况，强调要加强人文关怀，使用管理人员时要坚持公平公正的原则，同时针对工作、待遇、心理等方面提出了各种激励办法，以此对领导者依法履行职责予以支持。同时，也强调了领导者尽量不要做本职工作之外的兼职，应该尽力做好学校的管理工作。

2. 目标激励

按照长期和短期目标来划分所制订的思想政治教育工作目标，分阶段进行目标完成情况的绩效考核以及公开评判，奖励表现突出且工作效率高的教师，以此激励教师积极完成工作。

3. 典型激励

在高校中发挥榜样的模范带头作用，在思想政治教育师资队伍中营造崇尚先进、学习先进、争当先进的氛围。高校应该加强对教师日常工作的关注，善于发现其优异表现，在校报上积极宣扬有培养潜质的先进典型。

4. 物质激励与精神激励相结合

除了以物质奖励的方式来激励在思想政治教育工作上有突出贡献的先进工作者外，也要发挥精神激励的作用，可以通过表彰大会的形式对其进行表彰。第一，高校要对职称评聘、津贴制度等与思想政治教育师资队伍有密切关系的工作机制进行完善。第二，为了促进工作者争先创优，也要在媒体、校报、表彰大会上对表现优异者的先进事迹进行大力宣传。

（四）健全保障体系

健全保障体系是对思想政治教育工作者正常发展权益的尊重与保障，是增强工作者的工作动力，促使其认真、专心工作的重要手段。薪酬保障、职称晋级和职务晋升等是保障体系的主要内容。

首先，薪酬保障方面，加大专项经费投入以支持和促进党政干部、思政课教师与辅导员队伍的深度融合，同时为了确保更好地开展协同育人工作，要设立专项资金，基于以上措施可以促进高校思想政治教育工作良好运行，使思想政治教育师资队伍有更强的成就感、安全感以及归属感。

其次，职称晋级和职务晋升方面，相较于其他专业任课教师和行政人员，要关注到思想政治教育师资队伍的特殊性。例如，在课时安排上，其他专业任课教师的课时要比思政课教师少得多，这使得思政课教师没有充足的时间来进行科研工作，所以要在综合考虑课时负担和科研能力的情况下制订评定标准。高校应该按照专业和岗位的不同，分别进行职称评定，同时也要单独划分序列、指标，这有利于在职称评审方面保障思政课教师的权益。许多高校的党政干部都曾是研究学术的学者，但成为学校管理者后，由于将学校的各项工作摆在首位，一般很少有时间进行科研工作，对此学校要采取一定的措施，使其管理工作成为职称晋级和职务晋升方面的主要参考标准，让其安心工作。

第四章 新时代大学生思想政治教育的具体实践

本章主要探析新时代大学生思想政治教育的具体实践,依次介绍了元认知策略、云课堂、慕课在大学生思想政治教育中的应用等三个方面的内容。

第一节 元认知策略在大学生思想政治教育中的应用

一、元认知

(一)元认知概念

简单来说,元认知即反思思想(思想之思想)。元认知是一种独特的思维手段,有利于帮助学生更好地进行学习。通过元认知,学生可以获取知识和技能,从而实现自主学习,这有利于教学目标的实现。

在利用元认知时,学生逐渐会对自己的思维过程有所觉察,然后他们会对自己的学习进行监督,同时对自己取得的成果进行评估。以上的行为,有利于学生自我意识的增强以及自我调节能力的提高。因此在这个过程中,学生将具备终身学习和自主学习的能力。认知在字典中的定义:①从广义上来说,它是一种认识的行为或过程;②它是一种智力过程,通过这个智力过程获得知识。

在任何学科中都可以利用元认知进行知识和技能的获取。这是由于,学生所发展的自我意识和自我控制思维是对学习领域的一种超越,它们可以在任何学科领域进行应用。

(二)元认知技能

元认知是一个对自我进行监测和控制的思维过程,实现元认知需要较强的自我意识和元认知思维技能。元认知技能包括以下三个方面。

①对学习任务进行计划。

②对学习任务完成过程中的思维过程进行监督。

③对已完成的学习任务进行评估。

总的来说，元认知作为一种特定活动，需要学生在整个学习过程中对自己的思想进行有序的展示。专家认为，在最初学生就要规划自己的学习任务，并且设定学习目标，在学习过程中也要对自我进行监控。当学生对元认知进行实践时，他们将对自己的知识掌控水平有清晰地了解。这种情况被专家称为"知识监控"，他们认为学生的知识监控能力越高，其学术能力也就越高。现实中，有较强学习监控能力的学员，也确实取得了较高水平的学术成就。

"学习的过程是学会思考的过程"，这一点是当前思政课教师应当把握的重中之重。元认知的这些技能和组成部分恰恰就是优秀的普通高等院校学生在任何教育环境中所具有的常用思维习惯。教育工作者确认的优秀普通高等院校学生经常会有这些行为。同时，教育工作者也认识到，不是所有普通高等院校学生都能自然而然地使用元认知技能。元认知技能是可以被教授的。教育工作者设计了许多有效的教学策略和课堂活动来促进学生的元认知学习。

二、元认知策略

（一）元认知策略的概念

元认知策略即基于元认知理论来解决问题的一种方法，是指学习者通过规划、跟踪与衡量的方式来调整和完善自己的认知，其包括事前规划、监督和衡量自己等。借助元认知策略有利于学习者对学习活动进行有效的规划、监督和调节，有利于其取得更好的学习效果。将元认知策略用于思想政治教育中，即用元认知策略对思政课程构建的学习活动进行干预。元认知策略主要作用于学生的内部心理活动及自主学习。所以，将元认知策略用于思想政治教育中，有利于对学生学习思政课程的效果进行衡量，也有利于对学生的学习兴趣和能力进行培养。

（二）元认知策略的内涵

元认知策略是学习策略之一，元认知策略概念的界定须以学习策略概念的澄清为基础，学习策略内涵与外延的界定也有助于对元认知策略的理解、把握和运用。学习策略是学习者以特定学习目标为出发点，在学习过程中根据不同的学习情境进行有效学习的方法、技巧、规则及其整个学习活动的心理调节和控制的过程。因而，学习策略基于一定的学习目标的实现，既包括学习者外在使用的学习方法、规则，也包含学习者内在的自我调节和控制的动态生成过程。

三、元认知策略对大学生思想政治教育的作用

（一）教师方面

在思想政治教育中，教师作为主导者同样可以在教学过程中对元认知策略进行运用。教师将元认知策略用于整个课堂教学活动，有利于教师更好地对教学过程进行自主认知、体验、调节和监控，其中主要涉及明确教学目标、科学分析教材、把握教学重难点、规划教学流程、选择教学方法等方面。教师通过运用元认知策略，也能更好地对学生的思维活动和规律进行深入的了解。同时基于学生元认知的客观规律，教师能够选择更合适的教学方法以及更好地对教学模式和方法进行创新。

（二）学生方面

大量心理学领域的理论研究和实验结果表明：从认知角度看，通过对学生进行元认知的训练，可以改进和提高学生的学习能力并促进其智力的发展。学习能力是较为宏观的概念，学生在课堂中运用元认知策略、提升元认知能力，首先巩固了学生的主体地位，这是学生提高学习能力的首要前提。其次，学生在学习思政课知识时，对于不同的知识体系自主选择并合理运用不同的学习方法和策略，在此基础上加以自我评价和监控，能够坦然面对并正确引导情感、态度及价值观的转变和升华，以此提升其学习能力。

四、元认知策略在大学生思想政治教育中应用的特点

（一）思想性

元认知策略运用的特点突出表现为思想性，元认知为价值认知、价值判断服

务，具有鲜明的德智共生性，这是由思想政治教育的特征决定的。新的历史条件和形势对思想政治教育的实施提出了更高的要求，须积极推进思想政治教育由外生型向内生型的转变。在思想政治教育中的元认知不仅要关注思想道德的指引，还应侧重人文社会科学常识内容。

（二）培养性

元认知策略的运用力图引导学生通过反思来进行价值澄清。这一特点体现了思想政治教育中的元认知过程是为学生提供正确的价值取向，继而通过实践运用和反思、调整，达到价值学习和社会学习的统一，是一个价值引导—价值判断—价值选择—价值反思—价值澄清的过程。

五、元认知策略在大学生思想政治教育中的应用策略

（一）教学情境符合元认知策略

情境教学法的运用已经相当普遍和成熟，众多思政课教师积极实践情境教学法，营造生动活泼的课堂气氛，力图避免僵化、死板的课堂，但此类情境教学法的运用在引发学生元认知方面效果不好，质量不高。这类教学情境之所以引发学生元认知的效果低下，关键在于忽视和缺失了元认知的本质和要素，将已有各类教学情境作为宝贵的课程资源，而在元认知策略理论的指导下，科学开发利用，是改善思想政治教育运用元认知策略效果的首要措施。

（二）课堂学习场的营造

学习场是指所有事件交织在一起的、具有内在统整性的整体，将学习场这一概念引入课堂教学中，则包含了参与教学的人——学生、教师；教学流程涉及的所有事件、信息、要素及其相互关系——教学目标、教学方法、教学情境、课程资源等。在学习场中，任何人与事件都不是孤立的，教师与学生互相配合，教学事件、要素之间相互联系，师生与教学事件、要素互相制约。科学有效地营造学习场，有助于帮助学生在教师的指导下创造全新的元认知环境，吸纳客观环境中的有益因子，主动地建构与调整学习活动的系统与脉络，生成新知，不断发展。营造课堂学习场，有以下值得关注的特性。

①课堂中的学习场须以思想性为根本指导，这是区别于其他学科的根本点。思政课的思想性和政治性是建构学习场、创造全新的元认知环境的根本指导。思政课中的学习场必然是在思想性和政治性的指导下形成的，便于学生对马克思主义基本立场、观点进行元认知，产生相应的情感体验。

②思政课堂中的学习场须以必修和选修各模块为内容，与社会主义市场经济生活、民主政治生活、先进文化生活相结合。新课程理念倡导课程向学生的日常实际生活回归，将科学世界与生活世界有机统一。简言之，若该学习场由纯粹的科学知识体系构成，以知识的灌输为唯一目的，只会导致创设出的元认知环境单一而残缺，进而异化原有生动活泼的学习环境，遏制学生的思维活力，也就曲解了新课程理念的本意。

③思政课中的学习场的规模可大可小。但必须强调的是应注重不同学习场之间的内在逻辑性，较为宏观的学习场由若干微观的学习场组成，须保持二者间的联系性；同时，各微观学习场之间并不是孤立存在的，注重微观学习场之间的内在顺序性、逻辑统一性是确保学生元认知环境系统性、完整性的基本要求。

④思政课中的学习场应坚持学生的主体性与教师的主导性相结合。教师与学生任何一方都是不可或缺的要素，在营造学习场的过程中，如果忽视学生的主体地位，则不利于培养学生的自主意识和主观能动性，违背了元认知策略运用的主旨；如果缺乏教师的指导和辅助，则会导致整个过程缺乏方向性，过度强调"学生中心论"必然导致无效的元认知环境。

（三）思政学科元认知特色的发掘

思政学科类属于人文社会科学学科，其学习有别于理工科类的学习，思政课教学受该学科学习规律和学生思想品德形成规律的双重制约，因而元认知策略在思政学科中的运用应以融汇学科特色为核心和根本。就知识习得而言，思政学科以帮助学生学习马克思主义基本观点、经济常识、政治常识、哲学常识以及文化常识为目标。学生习得知识有一定的过程和环节，学生通过课堂了解和掌握思政学科的基本知识，形成一定的知识基础和储备。随后学生在课后对已有知识进行反思、审度和更新，弥补不足和疏漏，形成更为全面系统的知识结构，如此形成关于知识的元认知循环和上升的过程。

第二节 云课堂在大学生思想政治教育中的应用

一、云课堂教学的内涵

云课堂教学平台是信息化教学的重要形式。研发者以云计算技术和IPv6网络技术为基础开发出了云课堂教学平台。移动终端成为云课堂教学平台的载体，广泛存在于学生日常的学习生活中。云计算技术和IPv6网络技术使云课堂教学平台的功能和服务都更加灵活多样，建立了一个不受时间和地点限制的课堂。传统课堂与线上的云课堂联系起来，形成了线上线下相结合的新的教学模式。云课堂教学平台的技术开发让翻转课堂也开始广泛普及起来，翻转课堂让学生充分利用课余时间在云课堂教学平台上对教师安排的教学内容进行学习。如此一来，教师在课上的教学时间可以充分帮助学生深度理解知识，在课下教师也可以根据学生的个性和需求来为学生提供针对性的辅导教学。有了信息技术的支持，云课堂教学变得更加丰富多彩，有效促进了信息时代教育的发展。

二、云课堂教学的特征

（一）教师角色多元化

从整体上来说，教师的多元角色包含了教师的实际角色和期待角色。随着信息技术的发展和教育的发展，信息时代的云课堂教学逐步成为课堂教学不可分割的一部分，成为学生学习、教师备课、师生交流的一个必不可少的工具。云课堂教学个性化的学习方式得到了普遍好评，也让教师的角色发生了改变，这主要表现在以下几个方面。

首先，人们开始注重教师学习指导者和促进者的角色身份。学生在利用云课堂教学平台的教学视频进行自学的过程中，可能会遇到很多的问题，需要及时与教师沟通，这就要求教师要扮演好学习指导者的角色，利用课下时间对学生进行耐心的指导，促使学生养成自主学习的习惯。云课堂教学具有很强的互动性，教师需要充分运用云课堂教学的这一特性开展合作与探究学习，不断激发学生的学习热情，促进学生进行个性化学习。

其次，更强调教师作为线上学习心理辅导者的角色定位。学生课前的预习、课中的练习以及课后的个性化学习都需要教师的指导。要想让学生融入这样的虚拟课堂，就必须从心理上让学生接受。

最后，云课堂教学让教师也获得了另一种角色，那就是校外声音的倾听者。云课堂教学让教师不仅能够听到校内学生的反馈，也能听到一些校外学生的反馈。所以，教师就获得了这样的新角色——校外声音的倾听者。教师听到这些校外学生的反馈时，需要及时进行回应，帮助他们有效解决相关问题。这样的交流方式，也为学术交流和教育发展提供了良好的土壤。

（二）有利于学生的个性化学习

随着社会的发展，教育者越来越认识到素质教育的重要性，也意识到了每个学生都有不同的认知方式，只有进行差异化教学才能让学生获得更好的发展，同时也能够增强他们的创新能力。所以一直以来，教育者都在为实现学生的个性化学习而努力，云课堂教学的出现，则改变了以往教育者在这方面探寻上的艰难困境。云课堂教学真正从尊重学生的个性化学习出发，其多元的服务模式满足了学生的个性化学习需求。比如，云课堂教学在知识呈现方式上灵活多变，充分适应了不同学生的信息加工习惯。

三、云课堂教学的现实困境

学生对于网络并不陌生，对于网络媒体也能很好地适应，但关键问题在于学生的自制力较差。所以教师必须进行适当的指导和监督才能让云课堂真正发挥作用。在走访调查后笔者发现，学生虽然很容易接受云课堂这样的教学形式，但事实上在没有教师指导和监督的情况下，学生并不能够很好地进行自主学习。甚至有的学生在没有教师监督的情况下，会通过手机或者 iPad 进行其他娱乐活动。再者就是云课堂学习环境的虚拟性强，长期使用，学生易沉溺于网络交流，导致实际交流能力变差，影响学生之间的关系。还有就是云课堂的广泛应用和大力实施，让很多作业和调查都通过网络进行，学生书写的机会减少，很多学生常常提笔忘字。

四、云课堂在大学生思想政治教育中发挥的作用

云课堂的出现改变了传统的教育方式，使得上课方式更加多样化，课堂氛围更加轻松，学生和教师可以深入互动，为大学生思想政治教育的发展做出了很大的贡献。

（一）丰富了教学内容

在我国云课堂实行的现阶段中，云课堂的数字教材成了目前传统教学课堂中的宠儿。在思想政治教育课堂改革当中，如何将云课堂与传统课堂相结合，以满足学生的"需求"是教师一直探索的问题。首先对纸质教材和数字教材的性质和优势，教师就展开了充分的论证。最终得出的结论是，纸质教材是数字教材发展的基础，数字教材则可以在发挥纸质教材作用的基础上促使纸质教材的内容得到更多学生的认可。数字教材信息量大，丰富了教学内容，可以供学生根据自己的喜好进行个性化学习。

（二）提高了课堂的教学效果

在用云课堂进行思想政治教育的过程中，教师可以在课后或者课中给每位学生发送习题，让学生来作答。每位学生的完成结果都会在教师的客户端显现，这样实时地对学生进行考查，方便了教师针对学生的困难点进行解答。这种方式具备超高的实时性，规避了之前在课堂中学生的反馈都很好，但在实践操作时会出很多问题的情况，非常有利于教师及时调整教学策略，进而提高课堂的教学效果。

五、大学生思想政治教育引入云课堂的路径

（一）完善监督机制，关注学生的心理健康状况

目前很多普通高等院校的云课堂平台的效果之所以不尽如人意，是因为缺乏相应的监督机制。学生的自制力不提高，云课堂的作用就不能充分发挥出来，当然也就没有学习效果可言。所以，教师要建立起一个严格而又人性化的监督管理机制。在保证学生进行学习的同时，也能够让学生感受到云课堂平台带来的欢乐，让学生真正喜欢加入云课堂平台的自主学习当中。在长期的自主学习当中，学生

的自制力会显著提高。在具体的建立方法上，可以采取为学生建立电子档案考核的方式，对学生的实时学习动态和数据做详细统计，基于此对学生进行考核，督促增强学生自律意识。

除建立完善的监督机制外，对学生进行心理健康教育也非常重要。可针对学生的心理问题进行在线辅导，帮助学生从心理上对云课堂平台产生认同，并且关注学生的心理健康状况，保证学生有良好的心理状态。

（二）开展云课堂教学培训

考虑到教师对云课堂的接受程度和接受能力不同，为了使其都能在短时间内熟悉云课堂教学，对整个教师队伍进行云课堂教学培训是最可行的办法。一方面，在培训当中，可以通过专业人员的讲解丰富教师的网络技术知识；另一方面，现在的培训大多有专业的技术手册，所以教师在培训之后也可以通过该手册来持续学习。教师在掌握了基本的云课堂操作方法后，可以根据学科特点和教学目标来进行教学设计。

（三）及时反馈和评价

反馈和评价无论是在思政课堂中还是在其他专业课程中，都是十分重要的一环。这是教师教学成果的关键体现，也是对教师工作成绩的一种肯定。要想将教学工作做得更好就需要教师多注意观察学生的态度，并且在云课堂平台收集到的反馈信息要仔细查看，仔细钻研自己哪里做得比较好，而哪里又需要改进，做到心中有数。教师只有不断改进自己的短处，发扬自己的优点，才能把教学工作做得更好。教师既要培养学生正确的思政观念，又要在教学中不断探索、不断提升自己，为大学生思想政治教育的发展贡献出自己的力量。

云课堂平台中有很多强大的功能，也许有时候会被教师所忽视。比如云课堂的广播、资源推送、分组讨论、在线测试、反馈评价这五大功能相互作用，刚好有效解决了在传统思想政治教育当中存在的师生之间缺乏交流、互动的问题。同时凭借线上的便利，教师可以随时随地对学生的反馈进行回复，也可以随时随地对学生的作业或者习题和作品进行评价。教师的评价能够促进学生的发展，学生的反馈也能让教师明确教学改革的方向。教师了解了学生心中的难点问题，在讲课时就会更具有针对性。而因为教师讲的都是学生想要了解的难点，也就吸引了学生的注意力，二者之间得到了充分互动，进而也充分促进了二者的双向发展，有效促进了思政课堂的实效性建设。

比如以往在期末的复习课上，学生都会很匆忙地记录考点和重点。一般来说，课堂的人数都非常多，一些学生可能听不清教师讲解的内容。云课堂就改变了这样的情形。教师可以在复习课开始之前就将所有考点和重点都发布出来，让学生提前了解，在课堂上主要对学生不容易理解的一些重点和难点进行再次的讲解，加深学生的印象。在课下或考前，如果仍有学生对难点不理解，还可以及时与教师沟通。

云课堂的加入，不仅改变了大学生思想政治教育的教学方法，也促进了大学生思想政治教育的发展，为大学生思想政治教育的发展指明了方向。云课堂优化了教学手段，提高了学生的学习热情，为思想政治教育提供了一个良好的平台。

（四）绘制思维导图

思维导图对所有教师来说并不陌生。思维导图可以很清楚地展示各个层级之间的逻辑关系，因此很多教师都热衷使用。而思想政治教育本身知识点繁杂，在每个章节讲完之后，教师都会为学生列出一个清晰的思维导图来帮助学生将知识点捋顺。在传统课堂中，很多学生虽然记下了思维导图，但事实上还是会在一些难点上存在不理解的情况。云课堂则帮助这些学生有效解决了这个难题。学生可以通过云课堂，在手机上查看思维导图的详细讲解和说明，必要的时候还可以查看详细的语音讲解和视频讲解，这样能够更直观地帮助学生来理解这些问题，也在很大程度上提升了学生对知识结构的构建能力。比如在为学生讲解中国特色社会主义理论体系框架时，教师可以在云课堂中提前推送一张自己设计好的思维导图，然后将讲解思维导图的具体视频上传，供学生之后查看用。尤其在期末考试时，思维导图对学生复习起到了关键的作用。每一章节的思维导图，会帮助学生总结以往的知识点，对成绩提升有很大的帮助，同时也锻炼了学生的逻辑思维能力。

当教学内容具有较强的探究性特点时，在预习阶段教师就会将学生划分为几个小组，上课之前小组成员通过合作，一起在手机上构建思维导图，然后上课时在云课堂平台上展示出来，学生先对其进行评判，最终再由教师进行总结。如此，不仅可以增强学生的自主学习能力以及课堂的生动性，而且，借助这种训练方式，学生也能对课堂的重点知识以及框架脉络进行更好的把握。

（五）整合教学资源

云课堂促进了课程改革，也让思想政治教育资源不足的情况得到了缓解。云课堂海量的授课资源和学习资源让师生受益匪浅，也让全国的思政教学资源得到了平衡。同时在云课堂上的每个人都是资料的拥有者和贡献者，这样更能让学生感受到自身的价值。通过云课堂激活学生的思维、调动学生的积极性，让思政课堂动起来是教师需要做的工作。能否做到让课堂动起来，主要看教师能不能将这些丰富的资源有效整合起来，将云课堂的作用发挥到最大。良好的整合能让学生提高学习效率，也能让教师更好地达到教学目标。

第三节 慕课在大学生思想政治教育中的应用

一、"思政慕课"与传统思政课的比较

新时代大学生思想政治教育工作要想真正打动学生，就要使思政课展现出更强的实效性以及时代特色；就要利用新技术、新方法对思政课的教学手段、教学媒介进行创新。可以基于慕课的教学形式，通过对融媒体和移动互联网的使用，来提高学生的学习兴趣，从而使思政课的育人功能得到更好的发挥。

（一）时空不同

传统思政课的时间安排为每周一节课，空间上为学校的教室，即教师每周在教室给学生上一节课。碎片化的学习方式是"思政慕课"的主要特点，学生可以在手机和电脑上进行课程学习，不需要像传统上课那样端坐在教室中，学生可以更自由、更舒适地在自己喜欢的环境中进行学习，如卧室中、公交地铁上、咖啡厅里、宿舍里。

（二）载体不同

传统思政课中想要获取知识只能现场听教师在教室中的讲授，不存在可以实

时记录课堂内容的载体，学生无法在课后进行全面的复习。所以，当学生请假缺勤或者对一个问题仍然不理解时，学生是无法再重新学习的，只能去寻求教师的帮助。

课堂中经常会发生这样的情况，即学生对一个问题不太明白，想让教师再讲一遍，但由于他们不好意思开口，结果到课程结束时也没有弄清楚这个问题。在"思政慕课"中，学生可以在网络上对每一节课进行回放。因此，学生不用再担心自己因为缺勤或者听不懂而无法补课与复习的问题。同时，教师也可以对自己的课程进行回放，然后据此对自己的教学进行反思，从而不断提高自己的教学能力。

（三）教学主体不同

传统思政课中的教学大纲和教案有非常明确的前提和要求，即认为学生未掌握课堂所要讲解的知识，教师需要在课堂中将相应的理论知识传授以及灌输给学生。教师在传统教学过程中，主要是根据教案来传授知识，以此实现预定的教学目标，教师并未对学生的提问与反馈进行重点考虑。所以只要学生不提问，教师也就默认学生已经掌握了课堂上的理论知识。在慕课中，通过高科技的应用，学生可以将自己的疑问在教师讲课的过程中实时反馈给教师，教师也能据此对整个教学过程进行及时的调整。有的问题学生可能特别感兴趣，希望多听，教师就可以在后面的教学中多讲一些；有的问题学生可能手里有更好的佐证资料，此时可以在慕课系统上共享，这使学生的主体作用得到了更好的发挥，使思政课教学实现了"供给侧"改革，从而将更多有用、有趣的内容提供给学生。这种教学主体的转换也改善了师生的人际互动。

（四）教学核心不同

由于思政课的公共课特性和严肃的政治性，教师通常是传统思政课堂的核心以及主导者，学生知识的获取主要源自教师的传授与灌输。即使也存在一些小组活动，但其核心还是在于阐述理论知识。不仅如此，由于课程本身的严肃性，学生上思政课也往往表现得很严肃，也许是因为大班教学人员比较多或者出于对理论的敬畏，学生参与课堂讨论远不及专业课那么积极。通过先进的技术，慕课使学生可以更自由、更勇敢地通过弹幕或者留言等方式参与课堂讨论，这也有利于提高学生学习的主动性，使学生成为课堂的核心。

（五）培养目标不同

传统的思政课认为，要将教书与育人相统一，教师不仅要让学生通过思政课获得各种理论知识、树立起正确的三观，也要用自己高尚的品德感染学生，让学生在潜移默化中提高自己的道德素养。在言传身教中，"思政慕课"很好地实现了理论传授等言传方面的教育功能，但是由于学生通过"思政慕课"无法真正地同教师进行面对面的接触，所以"思政慕课"的身教功能处于缺失状态。

（六）评教体系不同

与专业课以及外语、体育等其他公共课不同，传统思政课有其独特的一套教师评价体系（"评教"体系）。其指标既包含通行的普通高等院校课程评教标准，如教学态度、内容、方法、效果等，也包含其独有的标准，如帮助学生树立正确的三观、帮助学生树立正确的思想等。相较于传统思政课，"思政慕课"的评教标准也有其独特性，其既包括教学态度、内容、方法、效果等，也包括慕课的界面是否友好、互动及交互效果、制作效果等。

二、"思政慕课"的作用

慕课与常规教学手段存在差异且各具特色，中国慕课的快速发展以及其总量占据全球领先地位，无疑有其深刻的实际需求与动因。在应对师生比例失衡、大班授课等难题上，"思政慕课"展现出了其独特的效能。

（一）提高了思政教育的公平性

想要亲身体验一节顶尖高校的思政课，对于普通学生而言是个挑战。除非他们以旁听生的身份参与，否则必须成为这些名校的正式学生。然而，若学生希望聆听一节来自这些名校的"思政慕课"，则显得轻而易举。这一转变极大地消除了教育资源的隔阂，有助于进一步缩小城乡及地区间的教育差距，推动教育公平的实现。思政教育关乎培养何种人才的问题，全国各地、各层次高校的学生都应接受高品质的思政教育，为肩负起民族复兴的伟大使命奠定坚实的思想基石。

（二）弥补了传统思政课的不足

放眼全国，多数普通高等院校在思政课教学上依然沿用传统的大班授课模式。

通常是四至六个班级合并上课，每堂课汇聚了一两百甚至更多的学生。这类课程常在宽敞的阶梯教室进行，讲台上，思政课教师竭尽全力传授知识，而台下坐着上百名学子聆听教诲。由于人数众多，教师需要依赖扬声器来确保每个学生都能听清讲解的内容。然而，对于坐在后排或角落的学生来说，想要清晰地看到大屏幕上的课件或教师的板书则相当困难。特别是当大教室侧面未配备屏幕时，仅依赖前方的大屏幕往往会导致视觉模糊。这种依赖扩音设备来听讲，同时难以清晰观看黑板和大屏幕的教学方式，无形中拉远了师生之间的距离。

慕课则解决了传统教学模式中存在的问题。以年级内的一两千名学生为例，传统的思政课通常需要至少四名教师来承担。显然，一位教师面对较少数量的学生进行教学，其效果会远超过同时面对一两百甚至更多学生的情况。一方面，当将小班面授与慕课相结合时，部分学生在小教室中能够享受教师面对面的授课。在这种更合理的师生配比下，教师可以更细致地观察每个学生的课堂反应，顺畅地与学生进行交流、提问等教学活动。同时，诸如角色扮演、问题研讨、翻转课堂等互动性强的教学活动也能得到更好的实施。另一方面，其余的学生则可以通过机房、宿舍的电脑或手机，以慕课的形式参与远程同步在线学习。他们不仅能清晰地看到屏幕中教师的动作和表情，还能体验慕课所带来的新颖的师生互动。例如，学生可以使用他们喜爱的"弹幕"方式提问，并得到教师或其他学生的实时解答。为了提升慕课的吸引力，还可以设计各种小挑战，如中途弹出的测试题目、点击积分框增加积分或课程结束后的积分抽奖等。此外，通过设立参与度排名榜等机制，还能进一步激励学生积极参与。总的来说，融媒体与慕课的结合，不仅弥补了传统思政课课堂教学的不足，还使讲解、互动、交流、反馈、答疑等教学环节更加流畅和高效。

（三）实现了思政课的过程考核

课程考核是一门课重要的一个环节，也是一门课教与学状况的一个反馈。课程考核可以提高学生对一门课的重视程度，备考的过程也是对一个学科的知识进行集中梳理的过程。当前的思政课改革强调对过程的重视，致力于将教材体系转化为更加贴近实际的教学体系。在这一背景下，慕课展现出独特的优势，它能够详细记录学生学习的每一个环节，实现学习过程的"留痕"。例如，学生的登录和出勤情况都会被精确记录，包括学生在何时何地进行在线学习，以及在学习过程中的各种互动细节。此外，慕课还能追踪学生一个学期内提交的作业和测验次数。这种全面的数据记录方式，使得平时成绩的考核比传统的课堂点名抽查更加科学和精确。点名只是看学生出勤与否，而慕课的过程痕迹化管理不仅使教师了解到学生有没有在线出勤，还了解到了整个学习环节。在"慕课"系统中提交课后作业和测试不仅方便快捷，而且该系统能够自动批阅并及时将成绩计入平时成绩，从而确保了过程考核的客观性和公正性。批阅后的作业可以很迅速地反馈给学生，不像传统思政课一个教师一学期教几百人，即使交了作业也很难返回到学生手中。毕竟思政课理论知识传授和育人才是最终目的，在这个过程中作业的订正其实是至关重要的。

这种过程考核的方式会使学生更加注重学习思政课的整个过程而不仅仅是期末考试成绩这个最终结果，只有注重过程才会沉浸其中，只有沉浸其中才有可能真心喜爱、终身受益乃至毕生难忘。

三、"思政慕课"的新要求

（一）教师方面

随着教学环境由传统课堂向慕课教学逐步转变，教学场景也自然而然地由原先的百人大教室迁移到了互联网或移动互联网的线上平台。这种由线下到线上的时空转换，对于长期习惯于传统课堂授课的思政课教师而言，无疑是一场深刻的变革。

首先，在推进慕课教学的背景下，思政课教师肩负双重任务：既要精心准备课程内容，又要熟练掌握融媒体技术，还需具备在线与学生互动的能力，包括解答疑问、参与讨论、上传相关视频资源等。这要求教师在镜头前保持自信，同时熟练掌握慕课软件，并能灵活运用一系列辅助工具，如视频编辑软件等，以提升教学效果。对于中青年教师而言，这些新要求或许并不难，但对于部分年长教师来说，掌握新技术确实是一项挑战。

其次，思政课教师需要妥善平衡"线上"教学与"线下"教学的关系。尽管慕课教学在很大程度上弥补了传统思政课课堂教学的缺陷，但高校必须始终牢记思政课程的育人本质。教师应避免过度沉迷于技术的多样性而忽视课程内容和思政课的育人属性。无论技术多么新颖，视频多么精彩有趣，都无法替代对理论的准确、深入讲解。优秀的课堂讲解能力、恰当的教学风格和态度，以及扎实的理论讲解基本功，始终是思政课教师稳固教学地位的基石。

（二）学生方面

在普通高等院校中，四门思政理论课主要面向大一、大二学生。这些学生刚从高中步入大学，其中不少人仍然受到我国中小学长期以来的政治课应试教学模式的影响。许多学生对思政课本身兴趣有限，主要是出于考试和学分的压力而不得不学习。他们习惯于中学政治老师的紧密监督，如定时检查、反复背诵和不断督促等学习模式。然而，如果在普通高等院校的思政课程中采用"思政慕课"的教学模式，就要求学生必须具备较强的自主学习能力，至少要能够自觉按时登录并完整观看课程视频，以及完成课后作业等环节。这对于一部分普通高等院校的大学生来说，并不是一件容易的事情。

（三）课程方面

若学生因对思政课缺乏兴趣而仅因教师催促或签到要求被迫参与，那么慕课形式可能成为他们逃避课堂的途径。因此，在实施慕课教学之前，首要任务是增强思政课的吸引力，让学生真正感受到学习的价值和意义，从而自愿参与学习。为了达到这一目标，需要对思政课进行深入的改革和创新，优化课程的"配方"，确保内容的前沿性和实用性；提升课程的"包装"，使其形式更具特色和吸引力；打磨课程的"工艺"，使其呈现得更加精湛和生动。课程应当更加贴近学生的实际需求，关注他们的成长和发展，同时，课程应更具时代感，引入最新的理论成果和实践经验，让学生感受到"思政慕课"的活力和魅力。

四、"思政慕课"需要摆脱的困境

（一）应对"马太效应"

在以往的思政课中，学生只能在自己所在的普通高等院校接受思政公共必修课的教育，他们没有选择的余地，通常也不会刻意去与其他学校的思政课进行比较。学生每周在固定的时间内去固定的教室见固定的老师，并完成作业。引入"思政慕课"后，学生可以通过连接网络的电脑或移动互联网设备观看慕课，并完成与课程相关的一系列作业或互动环节。近年来，随着融媒体技术的迅猛发展，网络上涌现出海量的资源，大数据以我们想象不到的方式自然而然地作用于每一个"触网"的人。当前，国内众多知名高校已为普通高等院校的四门思政课程提供了丰富的在线资源。当学生沉浸于本校的"思政慕课"学习时，大数据技术会智能地在电脑屏幕上推送一系列顶尖高校制作的优质慕课资源。慕课环境下学生可以打破学校学籍的界限，实行全网环境自由对比选择，毕竟我们不可能也不应该阻止学生选择对他们有帮助的课程。这就会形成"马太效应"，名校的"思政慕课"会越来越受欢迎，而普通高等院校的思政课教师将原本的课堂教学延伸至线上进行就可能不被学生所青睐。

（二）在新教材中体现"思政慕课"

"思政慕课"虽然形式新颖，操作起来学生喜欢，符合年轻人的阅读、观看习惯，在极大程度上体现了时代性，但究其本质仍然是思政课而非某个娱乐节目。因此，形式可以大胆创新，但是思政课的育人功能不能改变。必须结合思政课课程改革和教材改革的趋势，做好新教材进"思政慕课"，继而进学生头脑的工作，而不能让学生热热闹闹看了慕课之后，头脑却没有受到习近平新时代中国特色社会主义思想的武装和洗礼，如何做到既新颖有趣、有技术含量，而又使思想政治教育效果满满，是思政课教师需要解决的问题。

（三）解决"言传"与"身教"相结合

"思政慕课"具有一定的优势，但是存在一个明显的短板，就是由于师生通常是不见面的，尚未解决思政课教师的"身教"问题。"思政慕课"纵然千好万好，但是在当前情境下，学生们无法与教师面对面接触，因此难以直接领略到教师"行为示范"的深刻影响。衡量一位思政课教师好坏的标准，并不仅仅在于他们能否将理论知识阐释得透彻，更在于他们是否能以身作则，传播健康正确的世界观、人生观和价值观。同时，优秀的教师还应关注每一个学生，引导他们的心理、情感和思想的成长。例如，天津师范大学退休干部王辅成，即便在退休后，仍坚持为学生宣讲马克思主义科学理论，累计达1320场。听过他宣讲的年轻人纷纷表示，他讲述的"三观"深入人心，甚至让人潸然泪下。他拥有一批忠实的追随者，无论他走到哪里，他们便跟到哪里。这种情感的共鸣和追随，不仅仅源于知识的共鸣，更源于王老师的人格魅力与感染力。然而，这种通过教师人格魅力进行教育的"身教"效果，在隔着电脑屏幕或手机屏幕的"思政慕课"中，往往难以达到同等的深度与广度。

五、"思政慕课"的发展路径

（一）充分发挥公共图书馆的作用

慕课作为互联网与思政课相结合的一种创新模式，是"互联网+"理念在教育领域内的有益探索。"互联网+"指的是将互联网技术与传统行业或事物进行深度融合，推动其创新发展。"思政慕课"正是这种融合思维在思政教育领域的体现，它结合了融媒体时代的便利与思政课的核心价值。图书馆作为信息资源的集散地，在融媒体时代扮演着至关重要的角色，应当与"思政慕课"紧密对接，将其丰富的馆藏资源应用于在线思政教育中。具体而言，图书馆可以将传统文化、诸子百家的珍贵馆藏资料作为"思政慕课"中讲授中华民族传统美德的素材；同时，在"思政慕课"的在线资料中嵌入电子图书馆的资源链接，可以方便学生深入学习和研究。普通高等院校的图书馆侧重于为高校学子提供高质量的思政教育资源；而社会公共图书馆则致力于向社会广大公众普及思政教育知识，推动全民思政教育的深入开展。

图书馆在推广和普及"思政慕课"的过程中，还可以搭建一个专门的"思政慕课"在线检索平台。考虑到当前慕课资源的丰富性和多样性，如何帮助学生或热爱学习的公众在众多"思政慕课"中选择最适合自己的课程，成了一个亟待解决的问题。为此，图书馆应当发挥其独特的资源优势和服务功能，构建一个易于操作、功能完善的检索平台。

随着科技的进步，数字阅读盛行，碎片化阅读成为主流。图书馆应顺应这一趋势，确保慕课检索平台符合公众特别是年轻人的阅读习惯，确保内容"易检索到"，为其参与"思政慕课"提供便捷的前提条件。

（二）创建独具特色的"思政慕课"

近年来，高等教育领域兴起了"慕课热"的潮流。鉴于慕课的便捷性及其在教育公平推进中的积极作用，我们有理由相信，慕课将在未来很长一段时间内持续保持其热度。但正如多媒体幻灯片逐步取代传统板书，技术革新虽能弥补传统教学的某些不足，却不能完全替代教师面对面的讲授。同样，"思政慕课"作为新时代思政课的一种创新形式，它能为思政课注入新的活力，但绝不应被视为对思政课教师直接指导的替代。那么，在这股热潮中，如何避免盲目跟风，真正发挥"思政慕课"的效能，并打造出其独特的价值呢？

首先，应将"思政慕课"与传统的思政课堂教学相融合，而非让其替代后者。"思政慕课"无疑是大学思政课教学手段的一种与时俱进的有益尝试，但它并不能完全代表思政课的全部内容。普通高等院校的思政课不仅具备理论传播的"教书"属性，更承载着思想教育的"育人"使命，这是思政课与其他专业课或公共课的最大区别。思想教育功能的发挥，尤其依赖于师生之间的面对面交流，这种直接的互动方式对于提高教育效果具有不可替代的作用。尽管技术的优势显而易见，但传统课堂的价值亦不可忽视。每所院校都应结合自身的实际情况，充分利用"思政慕课"的便捷性和丰富性，同时保留和发挥传统课堂的优势。

其次，可以借鉴"翻转课堂"的理念来优化"思政慕课"，构建"思政慕课+翻转课堂"的教学模式。传统课堂往往遵循"先教后学"的逻辑顺序，即先进行知识传授，再让学生进行实践。而翻转课堂则采用"先学后教"的模式，鼓励学生在课下自主完成学习并提出问题，然后在课堂上与教师一起探讨并解决这些问题。一所普通高等院校的一个学生，通过"思政慕课"的方式完成某门思政课的学习。学生每周在线观看"思政慕课"视频并完成相关的学习任务。在期中和期末或每个月的固定时间，本校的思政课教师会组织一次面对面的课堂教学，集中解答学生在"思政慕课"学习过程中遇到的问题。这种模式类似于"翻转课堂"，它充分利用了"思政慕课"的技术优势，弥补了线上学习缺乏面对面交流和"言传身教"的不足。通过这种方式，既能发挥"思政慕课"的便捷性和丰富性，又能保持传统课堂教学的互动性和深度，从而更好地实现思政教育的目标。

第五章　新时代大学生思想政治教育路径的拓展

本章为新时代大学生思想政治教育路径的拓展探究，主要介绍了五个方面的内容，分别是新时代大学生思想政治教育的教学路径、组织路径、社会实践路径、校园文化路径和网络路径。

第一节　新时代大学生思想政治教育的教学路径

大学生思想政治教育理论课课堂教学是大学生思想政治教育的主要路径，它居于主导地位，是中国特色社会主义教育事业的重要组成部分，是对大学生进行系统的马克思主义理论教育的主渠道和主阵地，在培养中国特色社会主义事业的合格建设者和可靠接班人方面发挥着积极的作用。

一、大学生思想政治教育教学中存在的问题

（一）教学主体方面的问题

一般认为，教师是思想政治理论课的主体，学生是思想政治理论课的客体。事实上，教师与学生都应该被当作思想政治理论课的主体，即"双主体论"者认为的，无论是教育者还是受教育者都是实践、认识、学习活动的主体，而不是客体。

1. 学生

从学生方面来看，大学生获取知识的目的存在功利因素。受升学竞争激烈和就业压力的影响，学生在学习知识和选择专业上往往以知识、专业的实用性为出发点。这样就导致学生会对思想政治理论课产生莫名的抵触情绪，认为思想政治理论课与毕业找工作和他们自身的发展之间没有什么联系，认为思想政治理论课

就是一种空洞的说教。因此，一些学生学习思想政治理论课只是为了应付考试，对教师的授课内容不关注，更不会在平时读一些马克思主义的理论书。

2. 教师

第一，舍本逐末。"本"既指思想政治理论课的主要内容，也指思想政治理论课所采用的教材；"末"是指教材中没有而又必不可少的内容。在思想政治理论课的教学过程中，教师往往会增加一些教材中没有的东西来调动学生的积极性。但有的教师过于侧重"末"，而逐渐忽视了"本"，或是任由"本"被"末"掩盖。

第二，自导自演。尽管近年来高校强调互动式教学并鼓励学生积极参与思想政理论课，但教学实践中师生互动仍显不足。在课堂上，教师常陷入"唱独角戏"的困境，尽管教师讲得激情四溢，但学生往往缺乏反应，课堂氛围冷淡。部分教师对师生互动的理解过于简单，仅停留在"提问—回答"的层面，未能深入考虑学生的知识背景和兴趣点，导致互动流于形式，教学效果不佳。

第三，重言传轻身教。在思想政治理论课中，人们往往认为教师只需要口头宣传党的理论、方针和政策。其实，教师的"身教"，即以道德楷模的方式来对学生进行引导，比口头宣传更具有说服力，也即更容易让学生接受。

（二）教学过程方面的问题

1. 教学方法简单

在传统的思想政治理论课上，教师往往仅依赖口头语言进行灌输式教学，缺乏创新。在现代课堂中，虽然引入了多媒体课件等现代教学手段，但往往只是将教材内容简单复制至多媒体课件，制作质量不高，难以有效激发学生的学习兴趣。更为关键的是，现有的思想政治理论课普遍忽视了实践教学，导致教学内容缺乏说服力。

2. 教材的适用性不强

教材的适用性不强主要表现为以下两点。首先，思想政治理论课是一门实效性极强的学科，它的教材内容必须紧跟时代的发展。但是多年来由于人力、财力、物力等多方面的因素，教材没有及时修订，无法跟上时代发展的步伐。其次，针对不同专业、不同基础、不同地域的学生，采用统一教材，忽视了学生个性的差异，造成培养出来的人才缺乏创新性。

（三）教学管理方面的问题

近几年，随着各高校的普遍扩招，各个专业的在校生人数明显增多。思想政治理论课的班容量也明显扩大，但思想政治理论课教师没有进行同步的补充。再者，思想政治理论课一般属于公共必修课，往往是诸多专业的人同时上课，这样的大班授课学生人数往往上百。如此庞大的班容量影响了讨论式教学方式的开展，也影响了师生的互动。

二、大学生思想政治教育教学问题根源探析

（一）社会背景的变化

从国际上来看，政治多极化、经济全球化、文化多元化、科学技术的日益进步，都对我国思想政治理论课的发展产生了影响。从国内来看，国内市场进一步开放，以及由此带来的社会利益主体多元化、生活方式多样化，都引发了传统价值观念的变迁。大学生作为接受力强的青年群体，不由自主地吸收了自主、创新等新时代的元素。但同时，物质化、功利化等也影响了大学生群体，造成他们对思想政治理论课的忽视与不认同。

（二）思想观念的多元化

经济全球化和政治多极化使人们的意识形态领域出现了巨大的变化，一些非主流的意识开始对人们的思想观念产生影响，人们的思想观念变得多元化。社会中的负面因素对思想政治理论课的教学产生了不良影响。

（三）信息传播渠道的多样化

随着科学技术的发展，信息技术逐渐进入人们的生活，信息传播速度加快，学生接收信息的渠道也变得多样化。这使得大学生不再单纯依赖课堂上的教师讲授获取知识，教师的权威地位受到了威胁。网络上的一些不良信息在青少年的判断力不成熟的条件下对他们产生了消极的影响，也给思想政治理论课带来了挑战。

三、新时代大学生思想政治教育的教学路径创新

（一）构建新时代大学生思想政治教育教学模式

教学模式是基于特定教学思想或理论构建的，为教师教学活动提供操作指南的完整且精简的框架。它集中体现了教学活动从设计、实施、调控到评价的全方位方法论体系，是连接教学理论与教学实践的桥梁。

1. 启发式教学模式

启发式教学模式的核心是在教学过程中激发学生学习的主动性和积极性，各教学环节紧密配合，引导学生掌握获取知识的技能，并培养其独立处理各种信息的能力。在启发式教学模式下，注重激发学生的学习热情和主动性，教师引导学生自主学习，其教学效果直接取决于学生主动性和积极性的调动情况。

启发式教学模式的精髓不仅在于让学生找到答案，更重要的是培养学生运用所学知识和方法解决新问题的能力，即实现知识的迁移和应用。有经验的教师会巧妙运用迁移规律，将新问题与已知问题相联系，揭示它们之间的共同规律，从而引导学生以已知驾驭未知，达到触类旁通、事半功倍的学习效果。

2. 讨论式教学模式

讨论式教学模式是指师生之间以及学生之间通过讨论、辩论等形式相互启发，达成思想共识并提高思想政治理论水平的一种教学模式。

这种教学模式包括三个方面的内涵。

第一，它是以系列问题为线索展开教学的一种教学模式。所谓系列问题，是指具有逻辑联系的一系列问题。从纵向上看，先行问题的未知，是后继问题的已知。依此类推，一步步把思维和逻辑向前推进。从横向上看，不同问题是从教学内容的不同维度上提出来的，不同问题间相互补充，从而全方位地指向教学内容。

第二，它是以师生、学生之间的相互讨论为主要教学方法、手段的教学模式。

第三，其实质是一种相互启发的教学模式。通过钻研问题、发言讨论，师生能从他人的发言中得到有益的启示，进而完善自己的认知体系。

3. 研究性学习教学模式

研究性学习教学模式侧重于教师在教学过程中引导学生从理论学习和社会实践出发，自主选择并确定研究性课题。此模式下，学生需发挥主观能动性，积极

搜集资料、整合理论观点，并运用理性逻辑及非理性方法进行分析、比较、归纳和演绎，旨在通过研究过程获取知识、应用知识、解决问题，并全面提升思维能力。该模式以科学原理的形成过程为核心，注重教学内容的过程导向，向学生展示理论观念产生的背景和研究过程，旨在激发学生的发散思维，进而提高学生参与知识建构的积极性和自觉性。

首先，研究性学习教学是一种以"问题"为中心的生成性、创生性教学。其次，研究性学习教学作为师生共同去寻找、发现、研究、解决问题的教学方式，是一种师生合作性的教学。

4. 案例教学模式

案例教学是教师基于教学目标选取典型的案例材料，引导学生进入特定的情境或事件中，通过组织学生对事件进行主动探索和研究来提升学生解决实际问题的能力的一种教学模式。

当前，案例教学主要分为两大类型：一种是"从例到理型"，即教师指导学生通过分析、讨论和研究具体案例，发现其中的规律，并应用这些规律去解决实际问题；另一种是"从理到例型"，在这一模式中，学生在教师的引导下，借助案例来阐释和验证基本原理，进而提升解决实际问题的能力。这两种类型的案例教学虽然各有不同，但是都体现了认知发展的一般规律，都可以运用到思想政治理论课的教学中来。

5. 网络教学模式

对网络教学目前有广义和狭义两种理解。从广义上讲，网络教学是指运用了网络技术的教学活动；从狭义上讲，网络教学是只将网络技术作为构成新型教学环境的有机因素，充分体现学生的主体地位，通过网络课件、双向视频教学系统等现代化的通信手段向学生传递教学信息，并以电子邮件、微信和语音通信等方式对学生的学习进行多方面的反馈，从而建立起的一种不受地域和空间限制的新型教学组织形式。这是一种将探究学习作为主要学习方式的教学活动。这种教学方式通过将网络系统与计算机紧密结合，同时综合考虑教师的教学设计思想、多媒体技术的运用以及人机交互等要素，成功打破了传统课堂教学的限制，为教师和学生提供了一个全新的在线教学交流平台，使得教学互动具有多样化、开放性的特点。

网络教学模式是将思想政治理论课课堂教学与网络环境下学生的自主学习的教育模式融于一体的新型教学模式。其理论基础是建构主义教学思想，因此，非常强调学生在整个教学过程中的主体地位，同时又鉴于思想政治理论课的特殊性，对教师在教学过程中的导向性、主导性也很重视，是一种以学生为主体、以教师为主导的"双主"模式。这种模式把课堂教学和网络教学结合起来，不仅保留了传统课堂教学重视知识结构整体性、严谨性和系统性的优点，确保了思想政治理论课教学的政治方向性、科学性和目的性，还极大地提升了学生学习思想政治理论的热情，显著增强了课程的实效性和感染力，改变了传统思想政治理论课教学中学生厌学的被动局面，真正实现了思想政治理论课教书育人的教学目的。

（二）新时代大学生思想政治理论课教学话语转换创新

1. 优化大学生思想政治理论课教学话语的内容转换

①实现理论话语向生活话语的转化。要从学生的日常生活出发，通过举例子、讲故事等生动方式，将抽象的理论知识深入浅出地传达给学生。传统的思想政治理论课由于过强的政治性和文本话语教学范式，有时会让教学内容与受教育者的实际需求相脱节，导致理论讲授成为空洞的言辞，难以被充分理解和接受，甚至可能引发排斥或反感情绪。这不仅削弱了教育的"化人"效果，也限制了教育话语应有的影响力，无法实现预期的教育目标。因此，需要不断创新教学方法，使思想政治理论教育更加贴近实际、贴近生活。

②社会实践是一部丰富且生动的教科书，其中蕴藏着大量具有强大理论解释力和说服力的真实素材。在思想政治理论课的教学中，应紧密结合当前的社会实践和学生的实际情况，引导他们以辩证理性的视角审视问题；为话语表达注入生活元素，使教育教学话语更具表现力和感染力，促使他们更深入地理解和应用所学知识。

③实现教材话语向教学话语的转化。大学生思想政治理论课的教材话语是根据思想政治教育课程编撰的，旨在对理论知识进行概括和总结，其中不少内容直接来源于政策文件，呈现出一种文件式的表述风格，因此可能会显得枯燥乏味、不易理解。在传统的思想政治理论课教学中，部分教育者错误地将教材话语直接等同于教学话语，导致课堂变成了政策文件的宣读或政策文本的简单重译。这种

教学方式不仅无法有效传达理论知识的深层含义，更难以引起学生的兴趣和共鸣。

④在新时代的环境下，思想政治理论课教学应以教材话语为基石，既要尊重教材，又需超越其局限性。教育者应深入领会理论知识的核心与精髓，以富有创意和多样性的教学话语，阐释教材与现实生活之间的紧密联系与相互作用。教育者应增强教学话语的丰富性，使学生在获得知识的同时，也能感受到理论的魅力和力量。

2. 优化大学生思想政治理论课教学话语的方式转换

①话语发出者与大学生群体之间要实现双向交流。当前，高校思政课的大中班授课模式在一定程度上限制了教师与学生之间的实时互动和深入交流。部分思政课教师在开展教学时，倾向于从教育者的视角出发，而对学生的实际需求与兴趣点缺乏足够的关注。在这种教学环境下，教师往往成为课堂的主导者，掌控着话语权，而学生则相对被动，其课堂主体地位被忽视。这种单向的教学模式不仅限制了学生主动思考和探索的空间，也影响了他们主观能动性的发挥，从而阻碍了他们的全面发展。

在教育实践中，教育者的角色远非仅限于知识传递者，更是学生深入思考与自主探索的引路人。为了实现这一目标，教育者与受教育者之间必须建立平等的对话意识，共同参与话语的论证与构建。因此，需要从"单边话语"转向"交互话语"，构建一种平等、开放的对话机制，并搭建多样化的对话平台，通过交流讨论、探究教学等互动方式，实现真正的双向交流。

②话语发出者与大学生群体之间要实现多维沟通。多维沟通意味着基于当代大学生的学习和生活实际，通过精心设计的沟通内容和形式，确保话语在多个维度上形成协同效应，进而强化话语的引导作用。教师在教育教学过程中应更加关注学生的发展需求，深入了解学生的话语需求，确保教学内容和形式能够与学生的实际生活和兴趣点相契合。

3. 优化大学生思想政治理论课教育话语的资源转换

①灵活运用马克思主义经典话语。马克思主义在当代中国意识形态领域占据着不可动摇的主导地位，它是大学生思想政治理论课的核心和基石。在优化思想政治理论课的话语表达时，绝不能忽视其理论来源，必须坚定不移地维护马克思主义的领导地位，并与马克思主义理论深度融合。首先，思政课的话语表达应兼

具学理性和思想性，从马克思主义理论中汲取智慧和力量。思政课教师应将马克思主义理论与新时代的具体实践紧密结合，并将其转化为生动、鲜活的教育教学话语。其次，要将马克思主义理论的教育教学规律与受教育者的身心发展、认知思维规律相结合。思政课教师应在充分了解受教育者的现有能力和水平的基础上，紧密结合现实生活，关注他们的痛点和关注点，通过循循善诱的方式，运用马克思主义的观点和方法引导学生思考问题和解决问题，帮助他们树立正确的世界观、人生观和价值观。

②灵活运用中国传统文化资源中的优秀话语。中华优秀传统文化历史悠久，中国共产党在革命、建设和改革的历程中，不断提炼和发展出革命文化和社会主义先进文化，这些均为大学生思想政治理论课提供了宝贵的资源。以儒家思想为例，孔子提出："君子道者三，我无能焉：仁者不忧，知者不惑，勇者不惧。""见贤思齐焉，见不贤而内省也。"这些传统道德准则对于提升大学生的道德品格和文化素质具有不可替代的重要作用，它们正是高校思想政治理论课致力于达到的核心目标之一，并在当代思想政治教育中发挥着导向作用。这些深刻的话语不仅精准传达了思想政治教育的核心理念，还能灵活应对现实生活中的复杂问题，为大学生提供了坚实的道德支撑和行动指南。

③灵活运用网络文化中的优秀话语。当前，"00后"群体已成为大学生的主体，他们成长在数字化浪潮中，网络媒介成为他们日常生活中不可或缺的一部分。这一代大学生接收信息的习惯深受网络文化和网络流行语的影响，形成了独特的沟通方式和思维模式。教育者应敏锐地捕捉到这一特点，紧跟"00后"大学生的话语动态，灵活运用他们喜爱的表达形式，将富有深度的教育内容巧妙地融入其中。

网络语言，作为一股新兴的话语力量，为高校思想政治理论课的话语体系带来了扩展与充实的契机。然而，在引入网络语言时，并非盲目地将其中的流行语全盘接收，而是需要进行审慎的甄别和筛选。教育者应当对网络语言保持一种审慎的态度，善于从中汲取那些真正具有价值和时代意义的新鲜元素，同时摒弃那些仅供娱乐的词汇。

在优化高校思想政治理论课教学话语时，需精准把控继承与创新的平衡。首要任务是坚守并深化传统思政教育的精髓，以此为话语创新奠定坚实的基础。在创新的道路上，高校应不忘初心，坚守马克思主义的指导地位，深刻洞察思政课的教学规律，确保话语创新既合理又有限度，又与课程的政治性、科学性和严谨性紧密契合。同时，避免盲目迎合学生，而是追求教学话语既展现价值理性，又蕴含生活智慧；既具有理论深度，又关注实践意义。这样，思政课便能在继承中焕发新的活力，在求真务实中提升实效，为大学生提供更加丰富和愉悦的学习体验。

第二节　新时代大学生思想政治教育的组织路径

组织路径是指通过建立组织把教育对象有效地组织起来，对他们实施教育，或引导他们进行自我教育。它不仅是实施新时代大学生思想政治教育的有效组织形式，而且本身能够通过规范、约束等实现思想政治教育的功能，具有严密性、综合性、群众性等特点。

一、大学班级建设

在新时代背景下，班级是大学生思想政治教育组织路径的基本单元，是学生们进行自我教育、自我管理和自我服务的主要组织形式。其显著特征体现在集中性、统一性和规范性上，拥有凝聚学生、有序组织及深入教育的核心职能。

（一）当前大学班级建设存在的问题

新时代，高校所处的环境发生了深刻变化，大学生班级群体也遇到了一些新的问题，具体表现如下。

1. 学分制弱化了班集体组织学习的功能

在当前的学校教育中，绝大多数学校都推行了学分制改革。学分制的优点在于能够充分调动学生的学习积极性，激发学生的主动性，发挥学生的个性，最大限度地尊重学生学习的主体性。但对于学生工作来说，学分制弱化了大学生班集体组织学习的功能，对大学生班级群体教育产生了不小的冲击。在学分制教学模式下，学校提供各种便利条件，准许学生自主选择专业课、任课教师、上课时间、修业年限。班级中的同学可以根据自己的偏好自主安排个人的学习，班集体集中统一组织同学学习的可能性变得越来越小。学生依托班集体进行学习的观念越来越淡化，班级和年级概念也越来越淡化了。而从我国高校现有的教育分层集中管理模式来看，学生管理的一切措施力求标准化、规范化，这给大学生班级群体教育带来了不少的挑战。

2. 班级组织体系受到削弱，淡化了学生的班集体概念

大学生刚刚入校时，由于对新环境比较陌生，而具有明显的谨慎性。他们急于寻求归属感，也乐于遵守学校的规章制度，再经过入学教育、军训等强化性集体活动，这时的集体观念是最强的，班级也能够很好地把同学组织起来，班委会和团支部的威望也是比较高的。但随着对环境的熟悉、强化性集体活动的结束，这种浓厚的凝聚力和较强的组织体系很快便弱化了。尤其是毕业班的同学，他们赶招聘会、参加面试、实习等，这些大都属于个人行为，最多也只是三两个同学一起，班级群体在这方面发挥的作用微乎其微，而辅导员也只能起到督促和指导的作用，班级群体教育几乎名存实亡了。

3. 辅导员工作的事务性特征影响了班级群体教育的连续性

在当前高校辅导员的工作中，对班级群体教育的实施还存在诸多不尽如人意之处，最主要的问题就是辅导员的事务庞杂繁多，从而在很大程度上影响了班级群体教育的连续性。

（二）大学班级建设途径

立足新的历史起点，着力加强班级建设，充分发挥班级的思想政治教育功能，成为推动大学生思想政治教育发展的重要任务。

1. 注重班级建设的自我设计

要着力加强班集体建设，组织开展丰富多彩的主题班会等活动，发挥团结学生、组织学生、教育学生的作用。这可以从以下两个方面入手。第一，关注学生个性，将学生的个体发展纳入班级整体格局之中。学生的发展存在差异：就学业表现来说，有成绩优秀者、成绩居中者和暂时落后者；就行为表现来说，有班级活动的骨干分子、积极参加者和暂时忽略者。这些差异都可以成为班级管理的教育资源。第二，做好学生的心理辅导。大学生思想政治教育工作者应当成为学生信任的人，以平等的眼光看待学生，期盼每位学生茁壮成长，以尊重、关怀和信

任为基石，真诚地挖掘学生的闪光点。在平等交流中，努力构建师生间的信任桥梁，促进双向沟通，化解学生的疑虑与隔阂。缩短师生间的心理距离，营造温馨的教育氛围，让学生感受到教师的关爱与尊重。

2. 优化班级建设的运行机制

在弹性学分制等因素的影响下，班级成员在时间和空间上的离散程度高，因此建立通畅的沟通渠道是非常有必要的。可以从以下四个方面入手。第一，重视班会的开展。只要辅导员和学生们对班会善加利用，就可以在学生之间、师生之间创造更有效的沟通机会。第二，组建学生合作小组。组建小组的方式可以多样化，并根据实际需要灵活调整：既可以将不同发展水平的学生放在一个小组，也可以在另一阶段、另一领域根据学生的成绩组建学习小组。第三，健全班级制度。为强化大学生班级群体教育，构建积极向上的班级风貌，必须依靠健全的制度规范来约束与引导班级及其成员，确保班级群体教育始终不偏离既定的目标。这其中的制度规范至少应该包含两个方面。首先，学生的个人行为规范，主要由学校制订颁布的学生纪律规范和班级自我约定的行为规范组成。其次，班集体的行为规范，同样可以分为学校制订的规范和班级规范。第四，搭建虚拟化班级平台。可以通过申请网络空间建立班级论坛，论坛中设有管理员等，根据班级成员的偏好在论坛内部设置专业学习区、情感交流区、影视区、灌水区等板块，在这些板块中，班级成员进行信息发布、班务管理、专业学习探讨、情感交流等。

3. 加强班级文化建设

班级文化对于大学生品质的塑造和综合能力的培养起着潜移默化的作用。营造和谐的班级文化，能为学生创造良好的教育环境，有助于学生的可持续发展。

构建优秀的班级文化，可以从以下几个方面着手。一是创建优秀的班级文化氛围，努力营造浓厚的学习氛围，同时还要努力构建愉悦的文体活动氛围。二是制订系统的日常行为规范。"没有规矩，不成方圆。"大学生班级群体教育应该注重运用各种行为规范来约束成员的日常行为，有奖有罚，奖罚分明。三是树立班级目标，结合专业特色科学合理地界定本班级的目标，并使班级成员明确要实现目标自身需要做哪些努力。四是培育班级精神。班级精神是班级活动的指导思想与行动准则，是对班级目标的高度凝练。班级精神要根据专业的特点进行浓缩和提炼，并要以诚实守信、公平友爱、团结协作、顽强拼搏为核心。

4. 举办班级活动，增强班级凝聚力

各种班级活动不仅可以使大学生收获知识，愉悦身心，更重要的是，它是班级成员之间互相沟通交流的主要形式，对于增强班集体的凝聚力有着至关重要的作用。这就要求我们要十分重视大学生的班级活动，在每次活动前都要精心地策划、认真地准备，进行广泛动员，宣传参加活动的意义，并带领学生进行必要的培训和练习，尤其是要在活动中使学生感受到实现自身价值的快乐，感受到集体的温暖。这样，他们才会倍加珍惜同学之间的友情，对班级活动产生强烈的共鸣，对班集体产生更强烈的认同感和归属感，集体主义精神才会悄然深入每个人的心中。

二、大学生党团组织建设

党团组织是新时代大学生思想政治教育组织路径中的骨干力量，是高校开展大学生思想政治教育的组织基础。

（一）大学生党建工作

1. 当前大学生党建工作面临的问题

在新的历史条件下，大学生党建工作面临许多难得的发展机遇，同时也面临许多挑战。大学生党建工作主要存在如下五大矛盾。

第一，多元价值观念与主流价值导向之间的矛盾。在当前社会，多元价值观念与主流价值导向之间存在显著的矛盾。经济全球化趋势不仅在经济领域产生了深远影响，对社会生活的其他领域也产生了深远的影响，引发了各种思想文化的激烈碰撞。作为文化交流的前沿阵地，高校不可避免地受到这股潮流的波及，其中高校学生党员亦难以置身事外。在此背景下，一些封建迷信和愚昧落后的思想观念悄然浮现，它们对大学生党员的世界观、人生观和价值观构成了潜在的威胁，产生了消极的影响。特别是市场经济法则的不当运用以及非主流意识形态对主流意识形态的冲击等因素，对大学生党建工作的影响尤为显著。因此，需要保持高度的警觉，采取切实有效的措施，确保大学生党建工作在复杂多变的环境中稳健前行。

第二，实际绩效的提高与制度建设不足之间的矛盾。近年来，经过持续的努

力，大部分高校已普遍实现了"班级有党员，年级有支部"的党建目标。随着高校招生规模的扩大以及对发展学生党员的重视，学生党员队伍显著壮大。然而，由于国家在学生党组织设置方面的规定尚不够明确，学生党组织在设置和管理上遇到了一些问题。问题主要集中在两个方面：一是学生党员数量的大幅增加与从事学生党建工作的党务工作者的数量增长不匹配，这种数量上的矛盾要求党务工作者投入更多的时间与精力，对他们的工作能力也提出了更高的要求；二是大型的大学生基层党支部缺乏进一步的细化分工，加之学分制下学生党员的流动性大，使得组织生活难以有效开展，从而增加了对新老党员教育和培养的难度。这些问题都对学生党员队伍的建设和发展构成了挑战。面对这种情况，从组织的角度来有效组织学生党员开展活动，很难取得实效。

第三，数量急剧扩张与质量提升之间的矛盾。现在的高校学生党员大都出生于21世纪，与之前的大学生党员相比有新的特点。他们处于当今这样一个复杂多变、各种思想文化相互交织、各种社会矛盾逐渐突显的时代，容易迷失前进的方向，引起价值取向的多元化。在当前大学生党员数量持续增长的背景下，如何确保并提升他们的质量，已成为大学生党建工作面临的重要挑战。

第四，载体、手段创新不足与发展需求多样性之间的矛盾。鉴于大学生群体的思维活跃与需求多样，为提升大学生党建工作的成效，满足其群体需求显得至关重要。然而，当前大学生党建工作在方法上显得陈旧，思路相对狭窄，未能充分适应大学生的多样性。众多高校在党建实践中，依旧沿袭旧模式，创新不足。具体而言，对于校园内各种资源的利用和发掘不足；同时，对思想政治教育的内容与形式也缺乏足够的拓展。这些不足导致了党建工作在载体、手段上与学生的需求和特点不相符，成为高校必须认真研究的课题。

第五，主体能力素质与工作创新发展之间的矛盾。近年来，以二级学院党委（系党总支）副书记、辅导员、学生党支部书记为主体的大学生党建工作队伍建设取得了显著的成绩。一批高学历、高素质、专业对口的本科生、硕士研究生甚至博士研究生加入了大学生党建工作者队伍，这对大学生党建工作的创新和发展提供了有力保证。但是，与大学生党建工作的要求相比，这支队伍的总体素质仍然有待提高。一是队伍数量跟不上工作量的要求。在高校扩招背景下，高校学生和学生党员人数急剧增加，大学生党建工作量不断加大，客观上加重了大学生党建工作者队伍的工作负担。二是队伍素质难以适应工作需要。随着形势的发展和学生的变化，一些从事大学生党建工作的教师在政治理论水平和工作能力上出现了不适应的现象；新入职的大学生党建工作者无论是知识储备还是工作经验都存在明显不足。

2. 大学生党建工作的途径

第一，坚持党委的统一领导。党的领导是大学生思想政治教育工作的核心保证，坚持党委的统一领导，首先必须明确党委的领导职责，其次必须确立党委书记的责任。每个党委成员都是思想政治教育工作的责任人。在党委班子中，党委书记是一把手，对党委决策具有重要的影响，在党委集体负责人中自然是第一责任人。一所高校能否在党委的领导下真正将思想政治教育搞上去，关键在一把手是否重视。

第二，加强大学生党组织的思想建设。思想建设是学生党组织建设的首要任务。学生党组织建设工作者应适应不断发展的形势，针对高校实际，特别是学生的思想实际，以切实有效的措施，抓好思想建设工作。一是构建多样化的教育体系。二是改组学生组织，强化学生组织的教育功能。

第三，严格大学生党员发展程序。大学生党员的发展应在从严把握党员标准的基础上，严格遵从党员发展的程序，包括政治审查、集中培训、发展对象公示以及党组织集体讨论表决等，旨在将优秀的、符合条件的大学生吸纳到党的队伍中。在院、系初步确定发展对象后，相关资料将提交至学校进行审查。学校组织部门会详细整理、汇总这些资料，并召集学生处、团委等部门进行联合会审，共同确保发展对象的质量。对于发展对象，实施系统且严格的培训，并将培训表现作为考察和审批的关键内容。一旦发展对象通过会审被初步确定，学校组织部门将组建由经验丰富的党务工作者构成的考察组，直接深入学生和教师中，广泛听取对该学生的意见和建议，以全面、细致地了解每个发展对象的情况。对具备条件的，要及时报党委审批；对不符合条件的，宁缺毋滥，坚决不予审批，但要说明理由，做好解释工作。

第四，建立纵向型大学生党支部。在新时代背景下，高校学生党建工作应秉承统筹兼顾的原则。基于这一原则，学生党支部与教师党支部应携手并进，相互支持，探索实施教师党员参与双重组织生活的创新管理模式。这一模式的核心在于：首先，双方应在学生党员的培养上展开深度合作，共同促进学生党员的成长与发展；其次，坚持由学生党员担任党支部委员，同时由专业教师担任学生党支部书记的原则；三是要在科研以及服务社会方面实现共建。

（二）大学生团建工作

1. 保证党的领导

要保证党的领导，坚持团的基本性质。保证党的领导是团委工作本质不变的根本保障。在社会主义初级阶段，保证党的领导就是要保证党在政治、思想、组织上对大学生团的建设的全面领导。

2. 加强大学生共青团的思想建设

团委思想建设的基本形式是坚持开展团的组织生活。团的组织生活是团组织对团员进行教育的主要形式，一般是指团的支部大会、团小组会，以及团的基层组织面向大学生开展的以思想政治教育为主要内容的各种活动等。

（1）组织学习

学习是团组织生活的必要内容。共青团要深入贯彻习近平总书记关于加强学习的重要论述，在全团掀起学习的热潮。在组织学习时应注意经常组织大学生进行主题讨论，鼓励团员青年敞开思维、认真思考、各抒己见，加深对学习内容的理解。

（2）载体和阵地建设

思想建设不仅存在于现实之中，还要在网络上开展。网络是大学生交流的一个重要平台，因此网络社区也要成为开展团员青年思想政治教育的载体和阵地。

（3）开展活动

活动是团的基层组织经常采用的一种组织生活形式，共青团组织已经积累了丰富的活动经验，并有待继续深化。团的组织生活采用活动形式不仅能开拓大学生的视野，而且能够使团组织保持旺盛的生机与活力。在团的工作逐步向社会化拓展的形势下，要认真研究和探讨如何使活动更适合团员和青年的特点，坚持思想性、知识性和趣味性有机结合；同时，要注意调动大学生的主观能动性，使他们的积极性得到充分发挥，在活动中有意识地进行自我教育、自我提高。

3. 坚持改革创新

当前共青团事业正处在一个新的历史高度上，共青团工作要在工作思路上进行观念创新，在工作方式上进行方法创新，在自身建设上进行体制创新，推动共青团工作不断焕发出蓬勃的生机和活力。观念创新就是要在学习和继承马克思唯物主义认识论优良传统的基础上，用新观念、新思维来观察、认识新情况，并努力学习借鉴先进的社会组织理论和管理经验，结合当前的形势，对团委工作实现认识上新的突破。方法创新则是指在观念创新的基础上，对团建的工作方法进行改进，一定要做好在新形势下的团建工作，积极探索、总结新形势下团建工作的规律，反思之前团建工作出现问题的原因，并解决遇到的新问题。体制创新是指团的建设在方法创新的基础上，改革不符合新形势下团的建设要求的旧体制，要提倡大胆尝试、大胆创新，要敢于冲破体制格局的束缚，慎重而积极地推进团的体制改革，逐步建立起与社会主义市场经济相适应的团的建设和团的工作新体制。观念创新是方法创新和体制创新的基础，方法创新和体制创新是观念创新的检验标准，这是马克思主义认识论在团委建设中所发挥的重大指导作用。

4. 建设新型团组织

（1）学习型团组织

大学生共青团组织是教育广大在校大学生坚持走中国特色社会主义和共产主义道路的另一所学校，把学生培养成"四有"社会主义新人是共青团的根本任务。从这个意义上讲，共青团本身就是一个学习型组织。学习型团组织可以概括为，全体共青团员和共青团各级组织具有持续增长的学习力，能让全体团员进行创造性学习并在学习中体会到工作和生命的意义，能使整个组织获得快速的应变能力和持续的创造能力。

建设学习型团组织，要求高校团委坚持"解放思想、实事求是、与时俱进"的思想路线，要结合自身的实际，对其他学习型组织的管理理念加以借鉴和吸收，让学习成为团组织中的普遍且制度化的活动。这样的环境将使团组织成为团员们相互学习、交流思想的重要平台，同时也是他们携手共进、团结奋斗的坚实阵地。

（2）创新型团组织

创新是一个民族进步的灵魂，是一个国家兴旺发达的不竭动力。有思路，才有出路。解放思想，实现工作思路上的创新，是共青团创新的根本。做到工作思路创新要把握好三个方面：一是要努力把握新时代共青团工作的规律；二是在谋划和部署工作中，积极开辟工作的新领域和新的生长点；三是在推进工作中，要努力摆脱在计划经济条件下形成的单一行政思维模式，树立适应市场经济发展要求的新的思维模式。

面对经济社会的深刻变革，要积极推进团的建设理论创新、制度创新和工作创新，切实加强和改进团的自身建设。首先，要认真研究把握共青团工作面临的新情况。其次，我们要在始终坚持团组织的根本性质和宗旨的前提下，着眼于增强团组织的适应性，扩大团组织的覆盖面，把巩固与创新结合起来，发挥好党联系广大在校大学生的桥梁和纽带作用，努力把团组织建设成团结教育大学生的坚强核心。最后，广大团干部要在团干部队伍建设方面树立强烈的政治意识、责任意识、学习意识，把工作激情、科学精神和务实作风结合起来，加强团干部的教育培训，拓宽团干部培养锻炼和交流、转岗渠道，培养一支专业化、职业化的青年事务社会工作者队伍。

（3）服务型团组织

服务大学生是共青团的重要使命，是新时代共青团工作的总体要求。团委工作必须高度重视这一要求，把服务大学生作为共青团全部工作的出发点和落脚点。

第一，服务大学生成才。青年时期是学习的黄金时期。来到大学，成才是大学生的强烈愿望。高校共青团要服务大学生成才，要在他们成才的道路上帮助他们扫除心理上的障碍，解决知识上的困惑，让他们在身体上和心灵上健康成长。只有服务青年成才，才能为国家和社会培养出合格的"四有"人才，共青团才能完成党交给的重大任务。

第二，服务大学生就业。高校共青团要重点服务当前大学生最迫切的需求，而当前最突出的地方就是大学生就业。因此，共青团要配合政府做好大学生就业促进工作，帮助就业困难大学生完成就业。发挥大学生的创造力和激情，是服务大学生工作的重要方面。因此，服务大学生就业是共青团当前重大而艰巨的光荣任务。

第三，服务有特殊困难的大学生群体。共青团服务高校大学生要优先服务困难群体，积极帮助家庭经济困难的学生，深化和拓展希望工程，通过开展济困助学、勤工助学、大学生互帮互助、志愿服务等活动照亮学子前行的道路。

第三节　新时代大学生思想政治教育的社会实践路径

大学生社会实践活动在我国高校具有优良的传统，可以使学生的能力不断增强，使青年学生在开放的环境中受教育、长才干、做贡献，在社会坐标中找到自己的位置，为将来投身社会改革和建设做好准备。

一、大学生社会实践活动中的思想政治教育功能

大学生社会实践活动本身就具有丰富的思想政治教育价值，本书概括出了社会实践活动的思想政治教育功能：导向功能、认知功能、培育功能、凝聚功能和激励功能五方面内容。

（一）导向功能

1. 政治引领

政治观念是人们在复杂的社会生活中形成的深层认识，其树立对于塑造大学生正确的政治意识具有不可估量的价值。在当前国内外环境错综复杂、互联网信息纷繁复杂的背景下，大学生意识形态教育面临巨大挑战。社会实践活动作为一种有效的思想政治教育手段，为引导大学生树立正确的政治方向提供了宝贵的实践平台。具体而言，通过参与如脱贫调研、城乡人口生活现状调查等社会调研类实践活动，大学生能够深刻体会到我国社会主义制度的优越性，深刻理解中国共产党执政的合理性与必然性，从而增强政治认同。同时，社会实践活动还能将红色资源中的政治思想内化为学生自身的观点与素养，激发他们参与政治生活的热情。另外，参与国家和地方大型志愿服务活动，不仅能让学生更加接近国家政治生活，还能帮助他们树立政治意识，增强政治认同。

2. 思想引导

思想是行动的指引，社会实践活动在塑造社会行为规范中起着关键性的导向作用。道德品质，作为道德与品行的集中体现，不仅决定了个人的人生态度和价值取向，也间接反映了个人对行为的掌控能力和人生价值的高低。相较于理论教育的短暂和有限影响，社会实践活动对大学生产生的影响更为持久和深刻。这种影响不仅体现在加强了管理，更重要的是，它激发了学生的内在动力，促进了学

生的自我教育、自我管理和自我服务。通过参与有针对性和目的性的社会实践活动，大学生的思想价值观念会在不知不觉中发生变化。这一过程正体现了马克思主义实践论的核心观点：思想指导实践，实践又反过来影响思想，进而规范行为。实践教育作为大学生自我教育和自我管理的重要渠道，对于培养学生形成正确的价值观念、规范日常行为，具有不可替代的作用。它符合教育的目的性，也遵循了教育的规律性。

3. 理想信念引领

理想是人生的指引，信念则是驱动个人不断前进的力量，它们共同塑造了人们的行为方向。大学生思想政治教育在塑造崇高理想信念方面发挥着双重作用。对于学生而言，它有助于学生明确自己的角色定位，引导他们朝着既定目标迈进；对于国家而言，大学生的理想信念汇聚成国家的共同理想，对于构建和谐社会、推动国家发展具有深远意义。然而，当前的理想信念教育面临着两大挑战：①教育接受性不强；②社会环境的复杂性。这两大挑战使得理想信念教育的实施变得困难重重。为了应对这些挑战，社会实践为理想信念教育提供了很好的平台。首先，针对教育接受性不强的问题，社会实践可以让学生走出校园，亲身感受社会现实。通过社会实践，学生能够激发自身的主观能动性，确立正确的人生目标，从而树立起崇高的理想信念。其次，面对社会环境的复杂性，社会实践活动同样能够发挥积极作用。在当前社会，享乐主义、利己主义等多元价值观念并存，学生容易受到负面影响。然而，通过参与社会实践活动，学生能够理性看待社会现实问题，从质疑和批判中认识到问题的客观性，并主动思考解决问题的办法。在实践的过程中，他们逐渐构建起个人的理想信念，成为有理想、有信念的新时代的好青年。

（二）认知功能

1. 对国家方针政策的认识

马克思主义认识论强调了实践在认识形成中的核心作用，实践不仅是认识的基石，也是认识的源泉。鉴于大学生在国家建设中的关键地位，对国家方针政策有准确的认识至关重要，因为这有助于他们确立正确的立场意识，以及培养奉献精神。社会实践活动为大学生深入理解国家的方针政策提供了机会。社会实践活动的组织和实施，遵循着各个学校根据党和国家人才培养目标制订的系列指导文件。这些文件基于学校的实际情况和需要，为社会实践活动提供了明确的方向和依据。在校团委的组织和各学院的牵头下，社会实践活动得以有序开展。大学生在社会实践活动中对国家方针政策的认知主要体现在以下两个方面。首先，社会实践活动的内容往往紧密围绕教育厅和学校下发的文件范围展开，这些文件不仅具有明确的价值导向，还集中体现了党和国家的方针政策。学生在参与社会实践活动的过程中，无形中会受到这些政策的影响，从而加深了对国家方针政策的理解。其次，在社会实践活动的初期阶段，通过对实践主题的深入解读和实践方案的精心设计，学生能够将党和国家的方针政策具体化、细致化，并在实践中结合时代需求进行探索，从而进一步加深对国家政策的理解和认同。

2. 对社会现状的认识

大学生承载着祖国和民族的未来与希望，对社会现状的全面认知是他们未来融入社会的重要过渡和辅助。然而，由于日常学习生活主要集中在学校，他们与社会接触的范围相对有限，往往难以形成对社会现状全面而深入的认知。单纯的理论学习无法完全填补学生亲身实践的空白，因此，参与社会实践活动成为他们了解社会现状、亲近社会、获取真实信息的重要途径。在社会实践活动中，大学生们走出校园，走进工厂、农村，针对自己关心的问题进行深入调查和分析，收集数据，从而对社会现状形成相对客观的认知。这种认知不仅增强了学生的社会认同感，激发了他们对党和政府的热爱，还促使他们思考社会现实问题，并尝试提出自己能力范围内的解决方案。此外，社会实践活动还培养了学生的服务意识，使他们从单纯的学校人转变为服务者，为他们将来更好地认识社会、参与社会实践奠定了坚实的基础。通过这些社会实践活动，大学生们能够更好地理解社会的复杂性和多元性，从而为未来的社会发展贡献自己的力量。

3. 对自我的正确认知

对真理的探求和对自我认识的深化，都是一个需要经过长时间的实践检验的过程。大学阶段，正是学生世界观、人生观、价值观形成和完善的关键时期。在这一阶段，帮助大学生树立正确的价值观，形成对自我的客观认识，对他们的成长和发展具有不可估量的作用。然而，大学生的大部分时间都在校园内度过，主要接触的是专业知识和综合性知识，这种学习环境虽然增强了他们的自信心和对自我的认同感，使他们相信所学的知识具有广泛的适用性，但长期处于相对封闭的环境也可能导致他们的自我认知产生偏差。为了克服这一难题，社会实践活动显得尤为重要。在社会实践活动中，大学生们能够以自己的表现为依据，更深入地了解自己在组织策划、解决问题、反应能力等方面的实际情况。这些实践经验不仅有助于他们培育发现问题和解决问题的能力，还能提升他们的理论学习能力、实践应用能力、逻辑思维能力以及实际操作能力。只有在客观认识自我的基础上，大学生们才能不断发现自身存在的问题，积极克服缺陷，发挥优势。

（三）培育功能

1. 培养艰苦奋斗精神

艰苦奋斗精神作为中华民族在悠久的历史中沉淀的宝贵品质，对于大学生的培育尤为重要。这一精神不仅是中华民族伟大复兴对青年一代传承民族精神的明确要求，也是大学生面对社会多变挑战所应具备的核心素质。马克思主义强调实践的重要性，道德品质的形成同样需要经过长时间的实践与锤炼。因此，实践育人成为培养艰苦奋斗精神的必由之路。首先，社会实践活动为大学生提供了艰苦奋斗的机会。在艰苦的环境中参与社会实践活动，如助困、助农、助教等，能使大学生扮演不同的社会角色，进而增强他们的自立意识和培养他们的艰苦奋斗作风。其次，通过社会实践，大学生能更深入地学习并理解中华民族长期以来形成的艰苦奋斗精神。在社会实践中，他们能更清晰地认识艰苦奋斗的内涵，并将其付诸实践，成为实现中华民族伟大复兴中国梦的积极参与者。最后，社会实践有助于大学生将艰苦奋斗精神内化为日常行为习惯。通过不断的实践锻炼，大学生能将吃苦耐劳的精神融入生活、工作和学习的方方面面，树立标杆意识，明确努力方向，成为新时代有志向、有能力、有作为的青年。

2. 强化社会责任感

责任感是每个人对国家、集体所持有的一种深厚的道德情感。大学生社会责任感的树立与强化，直接关系国家的未来和民族的命运。在新时代，对大学生进行责任感教育显得尤为关键，它承载着重要的现实意义和时代价值。社会实践活动为大学生提供了展现自我、发挥积极性的广阔舞台。通过参与社会实践活动，大学生们不仅能够积极探索自己感兴趣的项目，还能在社会实践中展现自己的才能和价值，得到教师、同学以及社会的认可与赞誉。这种双重满足，既满足了对兴趣的探索，又实现了自我价值，更能激发大学生内心深处的社会责任感。在"受教育、长才干、做贡献"的理念指引下，社会实践活动不仅让大学生们亲身体验了社会的多元与复杂，更促使他们自觉地将个人的前途与国家的命运紧密相连。这种实践经历让大学生们更加深刻地认识到，社会责任感不仅仅是一种道德要求，更是推动国家和社会发展的强大动力。从最初的无目的参与，到内心道德认同的增强，再到个人社会责任感的提升，大学生们在社会实践活动中逐渐形成了为国家和社会发展服务的长远目标。

3. 提高社会适应能力

参与社会实践活动本身就是一种锻炼与培养社会适应能力的活动，这一过程涉及学生心理和生理的双重准备，以及行为的调整。从社会实践活动的选题确定，到具体实施，再到最后的总结汇报，每一个环节都是对学生适应能力的考验。特别是在实践过程中，学生可能会遭遇各种预料之外的挑战，如恶劣的环境条件、实践区域社会成员的不配合，或是自身准备不足等，这些都可能给实践带来不小的困难。面对这些新情景和挑战，大学生往往需要调整自己的心态，接受现实环境，或者根据实际情况调整实践方案，甚至需要进行沟通与协调。在这个过程中，他们不仅会逐步改变之前的一些固有态度和观念，还会主动调整自己的行为，以适应新的环境和准则。通过这一系列的适应和调整，大学生能够在实践中不断提升自己的社会适应能力，学会在多变的环境中寻找解决问题的办法，为实现目标付出努力。

（四）凝聚功能

1. 强化团队意识

社会实践活动对大学生团队意识的强化体现在以下几个显著方面。

首先，社会实践活动提供了一个共同的目标和行动方针，让参与其中的大学生们围绕这一中心目标而努力。在这样的背景下，学生之间原有的家庭背景、社会关系及喜好差异都被淡化，取而代之的是通过协商沟通形成的相互尊重、相互配合和携手共进的关系。其次，社会实践活动为大学生们提供了一个走出原有交往圈的机会，让他们与不同背景、不同专业的人组成新的团队。这样的团队组成拓宽了大学生的社交圈子，使他们在追求共同目标的过程中，学会了与不同类型的人相处和合作。这种跨界的交流与合作，有助于培养大学生的适应力，进而增强他们的团队协作意识。最后，社会实践活动中的组织纪律性要求大学生们服从整体安排，这在无形中培养了他们的团队精神和合作意识。

2. 强化爱国情怀

爱国主义深深植根于每个人心中，作为团结民族、稳固社会的精神支柱，它凝聚着中华民族的伟大精神力量。参与社会实践，正是强化大学生爱国情怀的有效途径。在社会实践活动中，大学生们通过调研、参观、宣讲等，亲身体会国家历史文化的厚重，目睹国家的辉煌成就，从而深化了对国家历史文化的认同，增进了对国家现状的了解，爱国之情油然而生。此外，社会实践活动本身就是爱国主义精神的弘扬与传播过程，大学生们在社会实践活动中既接受了教育，又向服务对象传递了爱国理念，使爱国主义情怀在社会中广泛传播。社会实践活动不仅为大学生提供了践行爱国主义的场所，更成为他们强化爱国主义情怀的第二课堂。

3. 促进成长成才

选择什么样的前行道路是每位大学生面临的现实课题。大学时期，学生参与的社会实践活动形式多样，既具操作性又具实践性，为提高学生综合能力提供了丰沃土壤。在实践过程中，学生们通过不断锻炼，识别不足并努力完善，进而提升思维能力以及解决问题的能力。这些社会实践活动不仅促进了学生思维方式的转变，还有助于其全面发展。参与社会实践活动不仅有助于学生知识和技能的提升以及社会经验的积累，更能增强他们的社会责任感，促进他们的成长和成才。

（五）激励功能

1. 自我激励教育

自我教育，即个体在外部社会环境的熏陶下，自发地寻求自我提升和正向转变的过程。自我激励教育对个人人格的完善、个人发展的推动以及生命价值的提升具有至关重要的作用。而社会实践活动作为这一过程的重要载体，其自我激励教育功能主要体现在两个方面。首先，社会实践活动为自我思想提供了激励教育的契机。在实践中，学生能接触到各类具有深远影响的事件和人物，这些见闻能够产生强大的凝聚力和向心力，激励学生自我思考，产生积极向上的力量，从而在实践中实现自我教育。其次，社会实践活动也为自我行为提供了激励教育的平台。预设的实践目标、严谨的实践过程，以及追求高质量、高标准的实践要求，都能转化为对学生日常行为的正向激励。这种激励使学生在学习和生活中更加严格要求自己，追求卓越，展现出巨大的教育力量。因此，社会实践活动不仅为学生提供了技能提升的机会，更在无形中发挥了强大的自我激励教育功能。

2. 典型榜样教育

榜样教育法作为我国长期推崇的教育方式，不仅在营造社会良好风气上发挥着关键作用，更是实践教育的有力手段。这种方法通过具体、典型的榜样，将抽象的教育理念转化为生动的现实事例，唤起人们情感上的共鸣，从而增强人们模仿和学习的动力。在社会实践活动中，丰富的典型榜样为大学生提供了宝贵的榜样教育资源。这些榜样不仅为学生提供了品德养成的良好环境，也让学生在实践中有了学习的目标和方向。通过直接或间接接触和学习这些典型榜样的精神，大学生能够更有效地实现自我教育。社会实践活动中的典型榜样教育功能主要体现在以下两个方面。一方面，团队中的优秀成员成为大学生效仿的榜样。在团队实践中，大学生往往以团队为单位，团队成员间的思想和行为相互影响，优秀成员的表现会对其他成员产生积极的示范效应。另一方面，实践中的所见所闻也会对大学生产生深刻的影响。实践中的文化、环境以及所接触到的典型榜样，都会给大学生带来思想上的震撼和行为上的影响。

3. 激发创新精神

马克思主义理论作为科学的世界观和方法论，为大学生在实践活动中求新、求变提供了坚实的理论支撑。它指导高校密切结合现实，依据实际需求开展社会实践活动。社会实践活动对大学生创新精神的激发作用显著，具体体现在以下三个方面。首先，社会实践活动充分激发了大学生的主体创新意识。作为实践的主体，大学生展现出强烈的主动性和能动性。社会实践活动为他们提供了一个自由发挥的舞台，使得他们的创新意愿、积极性和创新性得以充分展现和释放。其次，社会实践活动有效激发了大学生的创新意识。通过将专业知识与现实活动相结合，大学生在实践中不断碰撞出新的思想火花，产生了与时俱进的社会现状调查、富有创意的小发明。最后，社会实践活动还促进了大学生创新思维的发展。创新思维是辩证的思维意识，对于引导大学生创新至关重要。通过实践，大学生树立了全面的、联系的、发展的辩证意识，利用实践成果积极参与科技节和全国创新创业大赛，实现了实践与创新的良性循环，促进了自身的全面发展。

二、新时代大学生思想政治教育社会实践的特点

（一）综合性

大学生社会化的任务是为进入社会、承担社会职责做好全面的准备，必然要求大学生在学习、成长、成才和社会化过程中，全面系统地掌握知识、提升能力、锤炼品格、了解社会，成长为社会所需的高素质复合型人才。因此，大学生社会实践活动必须具备社会实践内容的全面性、社会实践形式的多样性和社会实践理念的包容性，这就赋予了大学生社会实践活动所具有的综合性特征。首先，大学生社会实践应该实现德、智、体、美、劳的有机结合，达到全方位育人的目标，强化社会实践内容的全面性。其次，大学生社会实践应该实现自我教育、学校教育和社会教育的有机结合，突出社会实践形式的多样性。最后，大学生社会实践应该实现主观与客观、理论与实践的有机结合，彰显社会实践理念的包容性。

（二）主体性

大学生社会实践突出实践性，也即主体本身的积极性、主动性和创造性，是以主体的全面发展为目的，并通过生动活泼的活动来影响主体的观念和行为的。因此，相对于传统思想政治教育强调以学科知识体系为中心、以教师为中心，现代思想政治教育实践教学更应当充分尊重学生的积极性、主动性和创造性，发挥学生自教自律的功能，培养学生的主动性和创造力。首先，实践教学以培养、提升学生的主体性为目的，而不是单纯地灌输政治观念和理论知识。其次，现代思想政治教育实践教学在整个过程中都注重学生的主动参与和亲身体验，学生在活动中处于主体地位。无论是实践课题的选定、材料的搜集或者具体实践活动的选择和开展，还是实践活动结束后的总结与升华，都离不开学生积极性、主动性的发挥。可以说，强调学生的主体性是实践教学的本质特征之一。

（三）预演性

从严格意义上来说，大学生社会实践行为本身，很大程度上依然属于"校同

行为"。对于大学生而言，这种活动是一种有意义的起点，未来的知识储备、能力释放、生命体验、生活展演、事业开拓，都必须借助于大学阶段的教育和相应的社会实践活动奠定良好的基础。所以，社会实践活动是大学生对未来社会生活、工作模式及学习模式的一种预演性体验，不仅有助于大学生培养社会性情感，更在无形中锻炼了他们的自理能力，使他们能够熟练掌握日常生活和工作所需的技能。同时，通过社会实践活动，大学生能够更快地融入社会，加速其社会化进程，为实现早日成才奠定坚实基础。具体而言，这种预演性特征有三个方面：一是思维的预演性，二是行为的演练性，三是环境的仿真性。

（四）创造性

创造是人类实践活动独有的特征。建设创新型国家、提高自主创新能力，是我国现代化建设的时代要求。因此，培养具有创新精神与实践能力的高素质人才，是高等教育肩负的历史使命。大学生作为继往开来的青年一代，在社会实践活动中同样要完成学习继承的历史任务，更要勇于面向未来、开拓创新。这就要求大学生社会实践活动必须具有创造性特征，这种创造性特征具体表现为以下几个方面：首先，大学生在社会实践活动中活学活用知识的应用性特点；其次，大学生在社会实践活动中追求新知、探求未知的探索性特点；最后，大学生在社会实践活动中实现从无到有、综合集成、拓展深化的创新性特点。显然，这种创新性的社会实践活动，有助于大学生处理继承与创新、平庸与卓越、失败与成功之间的相互关系，为创造性实践引领方向。

三、新时代大学生思想政治教育社会实践的建设路径

（一）加强和完善组织管理

1. 加快组织管理机制的规范化建设

为确保社会实践的各项措施得到有效实施，需要构建一套规范的组织管理机制。这一机制的核心在于明确社会实践的目标，并界定学校组织系统中各部门在大学生社会实践中的具体职责，以确保各项措施能够精准到位、高效执行。需要指出的是，学校团组织不要怕失权和放权，一切只要有利于社会实践活动有效开展的，都应该大胆去尝试。在具体的社会实践活动进行中，要注意把

"点""线""面"相结合，既要重视"点"和"线"，把某一类社会实践活动搞得有声有色，又要紧密关注面向学生个体的社会实践活动。对学生个体也应在社会实践主题的确定、社会实践方式的选择、社会实践报告的撰写等方面进行有效的指导，并明确提出有关社会实践的具体要求。

2. 丰富大学生社会实践的形式和内容

社会实践要形成自身的特色和品牌，既有利于实践活动的稳定发展，又不断迈向新台阶。要充分考虑地方的需要，大力开展多种人民群众迫切需要的服务活动，如支教、文艺活动下乡、法律援助活动下乡等。可以采取不同的活动形式，比如社会调查、生产劳动、志愿服务、公益活动等，但一定要深入下去，不能浅尝辄止，做表面文章。要有不怕吃苦的精神，比如搞农村社会调查，事实上完全可以到田间地头访问，采写实实在在的数据，了解劳动者真正的心声，掌握第一手资料；而不是找几个村干部拿点现成的数据，说几句无关痛痒的话，写一篇应付式的调查报告。只有沉得下去，才能真正获得提高。

3. 完善大学生社会实践的监督、考核评价机制

高校社会实践面向全体大学生，为了充分激励他们积极参与，须构建一套公正、有效的考核评价机制，确保每位学生的社会实践成果都能得到认可，并将这些成果纳入学分体系。同时，为进一步提升学生的参与热情，建议引入社会实践资信证书制度，将社会实践的质量与学生未来的就业紧密关联，从而促使学生更加积极、主动地投身于社会实践之中。

（二）推进大学生"三维实践基地"建设

实践基地是大学生社会实践的专属场所，"三维实践基地"则聚焦社会实践、科技实践与创业实践三个维度，全面深化大学生实践基地建设。若将"社会实践基地"与"科技实践基地"视作塑造学生基础实践能力的二维平面，那么"创业实践基地"则成为提升学生整体综合实践能力的第三维度，共同构筑起提高学生综合素质的"三维实践基地"。

1. 社会实践基地建设

一方面，高校可以充分结合区校、村校、校企开展服务活动，在区县、农村企业建设基地。另一方面，高校可依托班级、院系、社团等组织，就近构建实践

基地，并与实践对象建立长期的合作关系。高年级学生带动新生，增强基地传承性，为更多学子提供实践机会。

2. 科技实践基地建设

高校可以通过开展诸如全国"挑战杯"科技竞赛、大学生创新性实验计划等活动，以及结合科学商店项目在校内建立大学生科创中心，作为科技实践基地。同时，高校可以开展各项科技文化活动为巩固科技实践基地奠定基础，提升学生投身于科技实践基地的热忱，学校可设立激励机制，对于在创新实践中取得显著成果的大学生，经专家审核认定后，可以给予相应的学分奖励。此举旨在从科技创新层面认可学生的努力与成就，进而激发他们深入学习科学文化知识、积极参与科技实践基地建设的热情，形成相互促进的良性循环。

3. 创业实践基地建设

学校在满足学生创业实践基本需求的同时，应强化创业教育，提供系统课程、选修课程以及个性化指导，以丰富学生的创业知识，并鼓励他们将所学应用于实际的创业活动中。不仅如此，在学校统一指导下，学校相关部门可以与社会相关企业建立创业实践基地，学生可以将在各种竞赛中获奖的作品应用到创业实践中，从而提高理论与实践相结合的意识，提升学生创业的积极性。

第四节　新时代大学生思想政治教育的校园文化路径

校园文化，这一由师生员工、校园景观等元素交织而成的开放系统，在学生的非学术社会化过程中扮演着"隐性课程"的角色。其调节约束、集体意识教育及导向功能显著，成为思想政治教育中极具成效的途径。校园文化不仅能坚定学生的信念、涵养其德行，还能开阔胸襟、启发智慧、提升情趣、促进身心健康，展现其独特的育人作用。

一、校园文化建设的重要地位和作用

（一）校园文化建设是社会主义精神文明建设的重要组成部分

高校校园文化作为社会主义文化的重要组成部分，对于社会主义精神文明建

设具有重大意义。在校园文化的塑造过程中，必须坚定不移地以马克思列宁主义、毛泽东思想、邓小平理论、"三个代表"重要思想、科学发展观、习近平新时代中国特色社会主义思想为指导，确保校园文化沿着正确的方向发展。同时，应积极运用先进的马克思主义中国化理论，引导学生转变思想观念，发挥校园文化作为思想政治教育重要载体和途径的作用。

（二）校园文化是大学生思想政治教育工作的重要途径

第一，高校校园文化具有强大的凝聚力。在当代，崇高的精神境界就是"以人为本"的人文精神、"求真务实"的科学精神、"着眼未来"的超越精神和"自强不息"的奋斗精神。正是因为有这些精神因素的存在，才汇聚成了建设有中国特色社会主义的共同理想，也才能把师生的智慧和力量凝结到构建和谐校园的共同事业上来。

第二，校园文化对大学生具有重要的教育导向作用。正是通过校园文化丰富多彩的方式，全体教职工才受到了优秀文化的熏陶，从而形成了志存高远、爱国敬业、为人师表、教书育人、严谨笃学和与时俱进的优良教风；勤于学习、奋发向上、诚实守信、敢于创新的良好学风；以及崇尚科学、严谨求实、善于创造的良好校风。正是因为具备了优良的教风、学风和校风，大学文化才能够发挥培育、塑造人的作用，促进人们自觉和谐相处，大学生才会从耳濡目染中感悟到社会主义、爱国主义和集体主义教育的真谛。

二、高校校园文化建设现存的问题

（一）轻人文，重科学

改革开放后中国共产党明确提出培养"四有"人才，强调科学教育与思想道德教育的统一。然而，在当前的大学校园文化建设实践中，功利主义色彩依旧浓厚。不少学校在办学过程中过于偏重科学技术与专业教育，而对人文精神与人文教育相对忽视。这种过于关注科技人才的培养而忽视人的全面发展的做法，导致科学精神与人文精神相脱节，大学精神逐渐衰微。具体表现为过度强调科技理性，人文理性被边缘化；工具理性凌驾于价值理性之上；科研与教学、教书与育人、知识与道德之间的关系失衡。尤其是在大学人才培养规格、专业课程设置等方面，科学主义的取向十分明显。特别是近年来，与经济体制的转轨相呼应，大学在迎合市场需求的同时，过分强调工具理性。这种趋势导致了人文素养和人文关怀的缺失，最终将对学生的综合素质提升和身心全面发展产生直接而深远的负面影响。

（二）轻内容，重载体

大学普遍重视大学校园文化的载体建设，不重视其内容建设。在新一轮的大学发展中，大学校园的建设日新月异，宏伟的建筑群与美丽的景观交相辉映，庞大的组织系统与文化活动齐头并进，成效显著。然而，在这繁荣的表象之下，一些问题逐渐浮现：大楼虽多，但缺乏大师级的学术领袖；校园虽大，却欠缺深厚的文化底蕴；活动虽丰富，却往往缺乏深层次的内涵。这些问题无疑在大学内部引发了多重"危机"：有的学生出现了道德滑坡、理想淡化的现象；有的教师则呈现出学术观的功利化趋势，原本自由批判、开拓创新的学术氛围被急功近利和学术腐败等不良风气所侵蚀，严重偏离了大学教育的本真精神。

（三）各个高校的文化建设发展不平衡

1. 文化自觉程度

大学的文化自觉体现在对大学文化本质、运行规律及其功能和职责的深刻理解上，同时也表现为对校园文化建设具有全面、系统且长远的规划，并能付诸实践。然而，现实中部分大学对文化建设给予了高度重视，并取得了显著成效；有的大学则在文化建设上表现平平；而还有一些大学尚未将文化建设纳入其发展规划之中，缺乏应有的重视和投入。

2. 物态环境文化发展

众多大学在校园建设中，都致力于将本校的办学理念和崇高的价值追求融入校园的硬件设施之中，从而营造出一种浓厚的文化氛围，让整个校园成为一处文化景观。然而，也有一些大学未能充分认识到这一点，它们对于大学景观的文化内涵和育人作用不够重视。此外，在制度文化发展方面，也存在着不平衡的现象。一些大学经过长期的发展，已经构建了一套成熟、完善的制度体系。然而，另一些大学在这方面相对落后，缺乏应有的制度理念，没有明确的制度价值取向。

三、新时代的校园文化建设路径

（一）注重校容校貌建设及人文环境建设

环境对于育人的重要性不容忽视，其在大学生思想政治教育中扮演着关键角色。校园物质文化，作为高校客观实体的总和，包括学校的环境风貌、自然景观、建筑物以及各种设施等。这些物质实体不再仅仅是孤立的物体或建筑，而成为校园文化不可或缺的一部分。

1. 注重校容校貌建设

校容校貌建设是校园文化建设的重要组成部分，它涵盖了学校的建筑风格、绿化美化程度、自然风景特色、环境整洁水平以及设备现代化层次等多个方面。此外，校园内的花草树木、文明标识牌等也是校容校貌建设的重要组成部分。通过欣赏校园的美景，大学生们受到美的熏陶，能够提高审美水平，进而在日常生活中能够更好地辨别美丑，追求真、善、美。

2. 注重人文环境建设

人文环境无疑是每位大学生引以为傲的校园特色。大师的风范与智慧，集中体现在人文环境的塑造上。通过校史、宣传窗、校训标识、电子标语等多种方式，使大师的精神得以传承，并滋养着每一位师生的心灵。因此，精心构建的人文环境，无疑成为引导师生不断发展的重要力量。

（二）借鉴国外高校校园文化建设的经验

他山之石，可以攻玉。总结归纳国外高校校园文化的主要特征，探讨分析国外高校校园文化建设实践可供我们借鉴的经验和需要吸取的教训，有助于我国的高校校园文化建设。

1. 西方高校校园文化的主要类型

从中世纪大学诞生至今，西方高校经历了近千年的发展史，其校园文化也随着高等教育的发展在欧美不同国家和地区呈现出各异的特色。

（1）英国——大学历史的博物馆

英国的大学发展至今，确实保留了不少优良传统，但在高等教育的改革方面，英国的大学相对保守，认为改革应以不变革传统为原则；传统的东西只要还没有证明它一点用处也没有，就不得丢弃。因此，英国成了"大学历史的博物馆"。

高校具有较大的自主权也是英国高等教育体制所独具的特色。大学完全自治，有学位授予权，政府对它在行政管理上奉行所谓"支持而不控制"的原则，给予了较大的自主权。大学中除开放大学是公立的以外，其余都是自治的大学，不归政府教育部门直接领导，仅受议会所制订的法律的约束。部分经费由各校自筹（英国有捐赠的传统），部分由国家财政资助。资助由"大学拨款委员会"出面，经费下达后，各校自行使用，事前不需审批，中途不查账。仅在事后进行监督，由审计单位进行。

在校舍的设计上，英国大学也很有特色，作为中世纪大学的典型代表，牛津大学、剑桥大学的校舍与市民住宅混在一起，不追求统一划齐的校园和校舍，其校园和市区的街道风格相和谐，难以分辨。

（2）法国——理性的光辉

法国高等教育的历史比较悠久，如巴黎大学的建立可以追溯到 12 世纪初。拿破仑时期更以法律的形式规定了高等教育的管理权在国家，高等学校一律由国家开办，从而奠定了法国中央集权的高等教育体制，促进了法国高等教育的发展。但其显著发展集中于 20 世纪下半叶，主要经历了三个标志性的法律改革阶段：1968 年《高等教育指导法案》开启首次改革；1984 年《高等教育法》推动了第二次改革；1989 年《教育指导法》则引领了第三次改革。

（3）德国——洪堡精神的延伸与发展

1810 年柏林大学的建立是德国大学发展的划时代标志，创始人洪堡提出将"大学自治""学术自由"和"教学与科研统一"作为这所大学的办学指导思想。柏林大学的建立为 19 世纪后期的工业化、现代化提供了有力支撑，开创了高等教育的新纪元。

19 世纪资本主义工业勃兴，传统大学难以应对专业人才的激增需求，工科大学应运而生。德国高等教育呈现出传统大学与工科大学并存、互补共荣的格局。

一项题为《保证德国高等学校科研》的报告于 1976 年在联邦德国大学校长会议上通过，该报告强调科研是科学教育的基石。高等教育必须紧密围绕学科的最新知识进展来展开教学，以培养社会所需的新时代科学人才。报告中明确指出，只有在科研前沿不懈探索的学者，方能准确判断何为最新知识，也唯有这些直接参与科研的人员，方能肩负起向学生传授知识的重任。这是对洪堡思想的进一步阐述和发展。这份报告中所强调的这个指导思想，后来在《联邦德国教育总法》和其他高教法律章程里得到确认。

（4）美国——自治和进取

美国大学的发展轨迹深受欧洲国家，特别是英国和德国的影响，但更显著的是，它受到本土社会经济发展和价值观念的深刻塑造。其中，对政府的不信任以及强烈的竞争意识，成为塑造美国高校校园文化独特性的关键因素，使其与其他国家的高校文化显著区分开来。

一是自治。美国教育历来实行地方分权制，国会为教育拨款，但不能直接管理教育。州和地方政府享有广泛权力使各级公立学校能够适应当地的需要。大学自治是美国高等教育的重要特征，高等学校有权选择自己的发展方向。各学校根据自己的实际情况决定在哪些方面改进，在什么时候以及如何改进。

二是进取。主要表现在美国高校追求高质量的教育，注重知识、能力、品行等方面的教育。特别是学生丰富多彩的课外活动成为美国大学的传统，而且被视为大学教育有价值的组成部分。美国的大学非常支持学生社团，大力资助课外活动。有效的学生社团活动，可以培养学生的合作与创新精神。大学要为课外活动提供充分的资金和场地，予以充分的承认。

2.西方高校校园文化的特点

（1）历史悠久、发展较快

工业化的发展为西方国家大力普及和发展高等教育打下了坚实的物质基础，在客观上为更多大学的诞生创造了条件。于是，高等教育机构增加，学生人数、教育经费增长，大学数量急剧上升。自"二战"以来，在州立大学和学院之外，出现了由若干所大学和大学分校组成的主校园大学、多校园大学和州公立高等学校系统。在英国，"二战"结束后的30多年间，高等教育得到了长足的发展。总之，高校校园成了近代以来西方社会结构中举足轻重的部分，现代意义上的校园文化也逐步得到发展，成为社会主流文化中影响深远的重要组成部分。

（2）校园环境整体规划的独特性

学校建筑设施不仅是校园文化的直观展现，更是特定历史时期的教育理念和设计理念的集中体现。西方许多知名学府都以其独特的建筑风格和优美的校园环境而著称，这成为它们与其他学校区分开来的重要标志。例如，欧洲文艺复兴时期，人文主义教育家们极为重视学校环境的营造。巴黎大学北大门前的宽敞大厅，矗立着古代神话诗人奥墨尔和希腊先哲阿基米德的高大雕像，在石雕像后面剧场的壁龛上则展示着笛卡尔、拉瓦锡等杰出人物的塑像，彰显着学校的文化底蕴和历史传承。而在英国，牛津大学和剑桥大学则坐落于古朴小镇，依傍泰晤士河和卡姆河，其建筑风格多为中世纪庭院式，开阔的活动场地与四周的校舍交相辉映，既体现了对称和谐之美，又在无形中陶冶了师生性情，激励他们不断进取。

西方很多高校校园建筑的总体格局还呈现出开放的特色，被称为"无边际大学"或"无围墙大学"等。美国、德国、日本等国家的高校整体上都向社会敞开，与社会交错融合，甚至有些高校被社区分割成不同的区域。有的学校周边是公路、有的校园内的主干道与社会交通干线相连接等，学校与社会的相融联结使学校成了社会的一分子并融在社区之中，校园建筑的开放性特征十分明显。

3. 外国高校校园文化建设的成功经验

（1）注重校园规划的可持续

校园文化建设的基础在于校园本身，而校园规划则是这一基础的核心。它涵盖了校园区域土地布局、学生学习场所的设计、道路规划以及自然景观的打造。可持续的校园规划不仅能营造和谐的校园环境，形成富有美感的景观系统、更能为学生提供优质的学习体验，促进他们的全面发展。

可持续校园，亦被称为绿色校园，不仅涵盖了校园本身，还涉及其环境生态系统，与师生生活质量的提升紧密相连。国外高校在进行校园空间设计时，注重将绿色植物、绿色建筑与多样化的开放空间相融合。它们认为，倡导环保出行习惯，减少汽车尾气排放，并加强自然资源的保护，不仅能改善校园环境的视觉效果，还能促进生态平衡。

校园土地的利用策略旨在平衡教学、研究、教学服务的需求，同时积极回应经济社会的发展需求，并注重对历史建筑的保护。校园土地规划的核心动力源于高校对完成自身使命的坚持与追求。例如，美国弗吉尼亚大学在校园布局设计上，特别注重提高学生的学习效率，为其创造了一个更加优质的学习环境。默里州立大学则通过创新的方式，将图书馆打造成师生交流的社交中心，人们可以在此用餐、学习，促进了学生之间、师生之间的互动，丰富了校园文化生活。高校作为社会的重要组成部分，支持经济与社会的发展也是其义不容辞的责任。宾夕法尼亚州立大学不仅关注教学和研究，还积极参与美国西部经济振兴，提出区域经济发展策略，并通过开发艺术类数字设计程序，支持当地企业的创新与发展。

（2）强调校园安全维护的法制化和信息化

校园安全至关重要，关乎学生学习、教师教学和校园活动的顺畅进行。只有确保校园安全无虞，方能保障师生学习生活的稳定与和谐，促进学校的持续发展。

国外频发的校园枪击、暴力及性骚扰事件严重威胁着校园的安全。为此，美国颁布了《残疾人教育法》与《康复法》，旨在惩治校园恶行，并为校园治理提供了法制基础。爱尔兰的国立高威大学、科克大学与全国妇女理事会携手，推出校园安全项目，以遏制性暴力和骚扰，获得高教部认可与支持。

在法治化保障校园安全的同时，国外高校还注重将校园安全与信息技术紧密结合，如利用信息技术即时通过通信工具发送安全警报，实现教室门锁的自动控制。此外，摄像机、门禁系统等基础设施也为实时监控安全隐患提供了有力支持。

（3）促进学生践行公民责任的常态化

校园文化是社会文化的关键构成部分，校园里的学生也是社会成员。高等教育不仅致力于学术造诣，更将培育积极公民视为核心使命，这是社会和谐发展的基石。因此，高校推进校园文化建设，对于引导学生践行公民责任具有深远意义。

众多国外高校通过校园文化建设的力量，推动学生持续参与公民学习与民主活动。以美国塔夫茨大学为例，该校积极培育积极的公民文化，不仅将公民参与所需的知识、技能和价值观融入课程体系，还支持相关研究的深入开展。经结构方程模型分析，塔夫茨大学发现校园文化对学生的公民参与活动具有显著影响。因此，高校在培养学生的公民意识时，应聚焦于校园文化的精心培育。

美国的西北大学于新生入学日设立多个迎新站点，每名新生均能获得与在校生一对一交流的机会，旨在增强新生的公民意识，并长期关注他们履行公民义务的情况。

（4）尊重学术发展

大学作为学术自由的重要阵地，承载着捍卫学术自由的神圣使命。1915年，美国大学教授协会发布的《学术自由和学术终身原则宣言》，历经1970年的修订，持续强调并坚定支持学术自由的核心理念。

美国宪法第一修正案在捍卫言论自由的同时，也高度重视学术自由，视其为宪法保护的关键领域。学术发展需保持跨学科、跨国界的活力，追求高质量与多元化。跨学科研究应兼具理论理解与实践优势，实现真正的全面融合。

（5）强调道德理论教育

道德，作为社会意识的核心要素，设定了人们的行为准则。在高校环境中，强化道德理论教育与校园道德建设，对营造优质的学习氛围、助力教职工与学生的全面发展，具有不可或缺的作用。

在国外高校中，道德理论教育的实施更为细致入微。以美国德州理工大学为例，该校设立了道德中心，作为师生道德实践的重要平台。这一中心不仅是校园伦理的聚集地，更通过开设道德和哲学理论课程、举办道德主题研讨会等多种形式，全面提升学生的道德修养。同时，道德中心也为教师提供了与学生深入交流、跨学科解决复杂问题的机会。印第安纳大学则通过独特的慈善文化，培养学生的奉献精神和道德意识，使道德教育更加生动具体。

（6）以国际化提升学校品牌

在经济全球化浪潮日益汹涌、人口结构持续变迁、教育财政压力渐增的当下，高校正面临着愈发激烈的国际竞争。为了应对这一挑战，众多国外高校纷纷致力于构建更为国际化的教育环境，不仅积极招收国际学生，以丰富校园的多元文化，还通过开设国际分校的方式，进一步扩大品牌影响力。这些措施不仅提升了学校的国际地位，也为学生提供了更广阔的学术视野和职业发展机会。

为实现校园国际化和保持稳定的经济收入，许多国家的高校积极招收国际学生。以美国为例，多年来国际学生的涌入为其大学带来了可观的新收入，同时也为美国经济注入了活力。更重要的是，招收国际学生促进了知识、文化的多元融合。与国际学生共同学习和参与校园活动，使国内学生更易于具备国际视野；而教授国际学生的教师也在此过程中提升了自身的国际素养，更好地满足了学生的多元化学习需求。

开设国际分校已成为高校提升品牌知名度的有效途径。诸如比利时的根特大学，澳大利亚的莫那什大学与南昆士兰大学，英国的诺丁汉大学及伦敦大学学院，美国的卡耐基梅隆大学、密歇根州立大学、纽约大学等，均通过此举在全球范围内提升了影响力。以根特大学为例，其在韩国仁川的生物技术中心设立分校，不仅为东北亚和东南亚的博士后研究人员提供了丰富的就业机会，更因其先进的研究设施和实验室，使得比利时国内校区与韩国国际分校的教员、研究人员、工作人员及学生，均能够借助这些顶尖设备开展前沿的生物工程研究。

4.国外高校校园文化建设给我国的启示

（1）丰富校园文化的展现形式，提高对学校文化内涵的认知

文化内涵作为学校的核心价值体系，深植于学校的灵魂之中，对师生的思想观念与价值取向有着深远的影响。为了增强学校的凝聚力、归属感和荣誉感，开展丰富多样的校园文化活动显得尤为重要。这些活动应首先深入挖掘学校的历史传统与潜在价值，凸显独特的办学特色与办学精神，并借助国家传统节日与学校的重要活动进行生动展现。同时，校园文化内涵的展现不应局限于传统的演讲比赛、辩论赛、知识竞赛、交流会与文艺表演等形式，更应注重开发与利用社会文化资源，通过社区服务、志愿帮扶、企业实践等多种途径，将校园文化推向社会，促进学校文化与社会文化的深度融合。这样不仅能够提升校园文化活动的社会价值，还能让师生在参与中更深刻地感受到文化内涵的魅力与力量。

（2）遵循可持续发展原则，进行科学规划和设计

校园这个充满活力的生命体，承载着绿色发展的理念。在校园规划中，高校应坚持科学、合理的原则，从一草一木、一砖一瓦出发，构建美丽、绿色的大学校园生态。在这一过程中，高校应严格遵守校园建设的相关法律法规，注重建筑质量和环境生态系统的平衡，坚决反对奢华和资源浪费。在建筑物的布局上追求合理性，确保教室、宿舍、行政楼、图书馆等场所能够满足师生的学习与生活需求，并为师生间的交流提供便捷的互动空间。同时，也应注重校园植物的选择与配置，让每一株植物都能反映学校的精神风貌，凸显当地的文化特色。

（3）坚持依法治校，按需育人

依法治校作为依法治国的重要组成部分，对于推动学校改革与发展具有关键作用。为了坚持依法治校，高校首先要强化制度建设，基于法律法规来制订和完善学校的各项规章制度，确保这些规章制度得到严格的贯彻和执行。同时，教师和学生是学校的核心力量，高校应通过深化法制教育，提升他们的法律意识和法制观念，使他们能更积极地参与到学校的建设与发展中来。此外，必须明确教师和学生的权利与义务，并建立完善的申诉机制和渠道，确保师生的合法权益得到

有效保障。鉴于教师和学生的个体差异，高校在制订人才培养方案时，不能一刀切，而应充分考虑他们的特殊发展需求，真正做到以师生为中心，推动师生全面协调发展。

（4）推进思想道德教育与实践

思想道德教育与实践的推进不应仅限于理论传授，而应实现理论的实质化应用和创新，使之与现实生活紧密相连。高校在传授思想道德理论的同时，应积极建设思想道德实践基地，拓展社会公益项目，鼓励学生走出课堂，参与实践活动，从而更直观地理解和体验思想道德的深刻内涵。为了保障思想道德教育与实践活动的有效性和常态化，政府、社会与学校应共同完善激励机制和考核机制。这些机制不仅应激励学生积极参与，还应激励教师创新教学方法，推动思想道德教育与实践的深度融合，确保思想道德教育与实践活动在校园内外广泛而深入地开展。

（5）促进学校文化和社会文化的融合互通

学校与社会之间存在着既独特又紧密的关联。学校作为人才培养的摇篮，源源不断地为社会输送人才，为经济社会发展贡献力量；而社会则为学校提供了丰富的资源和广阔的平台，为师生的教育提供了有力支持。在校园文化建设的过程中，学校不仅要关注教师和学生在校园内的角色，还要充分认识到他们的社会身份，引导他们积极践行社会责任。为此，学校文化建设应深深扎根于优秀的传统文化之中，同时不断地在实践中创新，形成与时俱进、具有鲜明时代特色的新文化。同样，社会文化的发展也需要不断推崇和弘扬先进文化，吸收多元文化的精髓，塑造更加丰富多彩、充满活力的文化形象。这样的社会文化不仅能够为学校的文化发展提供有力的支持和引导，还能促进整个社会的文化繁荣和进步。

第五节　新时代大学生思想政治教育的网络路径

计算机是 20 世纪人类最伟大的发明之一，它的产生标志着人类迈向了一个崭新的信息社会。在最初的阶段计算机和通信还是两个没有交集的领域，但是从 20 世纪 60 年代起，计算机与通信技术开始结合，互相融合，从原来单一功能、单用户的系统逐渐向着多功能、多用户的系统发展。网络的产生演变经历了从简单到复杂、从低级到高级的过程。网络可以传达声、像、图、文等各种信息，具有虚拟性、及时性、丰富性和共享性等特点，发展非常迅速，成为当今社会信息传播的主流媒体。全面、深入、创造性地开展大学生思想政治教育需要利用网络开辟新的教育阵地。

一、网络环境下新时代大学生思想政治教育的特点

（一）教育目的的隐蔽性

在传统思想政治教育中，教育者与受教育者是进行直接的、面对面的接触，教育者与受教育者的身份、年龄、性别等符号明晰，思想政治教育的目的十分明确，思想政治教育的方式是"灌输"。因此，教育形式的直接性和教育目的的公开性是传统思想政治教育的两个突出特征。而在网络环境中，思想政治教育方式主要是通过人机对话，因而思想政治教育只能靠"引导"。教育者把教育目的隐蔽起来，做到含而不露，往往以受教育者朋友或知心人的身份，对受教育者的思想道德状况及其根源进行深入了解，并指导其培养良好的道德品质和行为习惯。

（二）教育环境的动态发展性

网络思想政治教育环境不是一成不变的，它具有动态发展性，建立在网络环境与校园环境基础之上，随着网络技术的迅速发展保持着动态更新。教育领域需要不断面对新问题，网络思想政治教育环境只有始终站在客观的立场上，从学校德育工作的长远发展角度考虑，对网络思想政治教育体系中的各种资源进行优化配置，做到人尽其才、物尽其用，才能真正满足社会发展需要，使学生的思想道德水平与科学文化素养同步提高。和平与发展是当今世界的两大主题。网络思想政治教育环境需要积极实现主动变化，因为只有这样才能推动事物实质意义上的发展，保持网络思想政治教育环境的动态发展性。

（三）教育主体的平等性

网络环境下新时代大学生思想政治教育主体的平等性表现在两个方面。

一是主体地位的平等性。网络交往的隐蔽性消解了传统人际的"社会的藩

篱",教育者与受教育者的身份、年龄、性别等符号不复存在,没有高低、长幼、贵贱之分,每个人的地位都是平等的。

二是主客体的不确定性。换句话说,教育者和受教育者的身份是不确定的。在互联网迅速发展的情况下,传统的金字塔式的知识等级结构已经土崩瓦解。老一辈对后辈的启蒙正在不断地失去"市场"。

（四）教育信息的开放性和丰富性

网络思想政治教育信息的开放性是由网络的开放性决定的。网络采用一种网状互联式结构,实行全通道型的信息交流方式。这种交流方式保证网上每一个节点都经由许多条路径和另一个节点相连,而任何一个节点又都可以在自身的基础上不断向外扩充,从而实现了点点是中心,而又没有一个绝对的中心。网络的这种无限拓展特性使网络思想政治教育信息具有无限的开放性。这里的开放性主要是指高校网络思想政治教育内容、教育方法、教育手段、教育资料、教育时空和教育思维训练的开放性。

在网络时代,学生通过网络可获得比以往更丰富的信息,从而了解社会动态和科技状况、加深对所学知识的理解,这有利于解决现代社会经济、政治、文化迅速发展与思想政治理论课教材内容相对滞后间的矛盾。党和国家的方针、政策等信息的传播已经不再像过去那样需要经过一段时间的逐层逐级的传达,而是由一点同时向多方面辐射,接收者不受时空限制,无论是领导者还是被领导者,教育者还是被教育者,都可以同时收到来自上级直至中央完全相同的网络思想政治教育信息。我国高校要积极借鉴国外高校的网络教育方法,吸取其有益经验。

高校网络思想政治教育在其进展过程中,教育的时空性不再受到限制。在高校网络思想政治教育中,高校网络思想政治教育主客体借助于大量的信息不但可以足不出户就能了解外面的世界,而且思想政治教育主客体之间的网络互动在大容量、高速度的信息网络的支撑下也发展到了实时交流的地步。在网络环境下,高校教育工作者既要有教育领域的专业知识,也要对计算机相关的技术有所涉猎。更为重要的是,由于思想政治教育工作者做的是人的工作,而人是有血有肉的高级生物,所以其要懂得心理学、伦理学、行为学以及相关学科的知识,以高效地为学生提供帮助。

二、网络对大学生思想政治教育的不利影响

（一）易使大学生产生心理问题

1. 大学生人际交往异化

网络是一个虚实结合的世界。网络改变了传统社会交往的秩序和规则，人们的交往不再受到时空的制约。在网络中，行为主体的人际交往大多是在"虚拟实在"的情形下进行的，大学生不用去考虑人与人相处的繁文缛节，他们更乐于"人机"对话，更乐于在网络的世界里畅游。人机对话的交往方式省去了现实世界中人际交往的诸多"麻烦"，大学生可以随心所欲地交流。然而，网络交往势必会侵占正常的人际交往时间，容易造成人际情感的淡化，使人趋向于社会分隔化和个人孤立化，导致大学生人际关系的疏淡以及交往能力的下降。他们会逐渐变得不善言谈、沉默寡言，并消极地面对现实社会中的人际环境。如果任由这种情况发展下去，大学生势必会丢失必要的交往技能，产生一种网络依赖感，从而造成其人际交往异化，久而久之就会变得对现实生活中的事物漠不关心，损害其心理健康及影响其人格的发展与完善。

2. 大学生人格异化

完善的人格是大学生所必须拥有的。网络的开放性、匿名性既给予了大学生自由发挥的空间，同时也为他们"放纵言行"提供了有效的"保护伞"。大学生长期沉迷于网络之中，会导致各方面的人格异化问题。

简单归纳，网络对大学生人格的负面影响主要存在以下几个方面。

一是多重人格障碍。网络交往的隐蔽性和自由性，使大学生可在网上随心所欲地改变自己的角色。一旦不能有效实现客观现实与虚拟世界之间的转换，就会出现心理认知错位，从而导致多重人格障碍。

二是封闭型人格障碍。大学生如果过于依赖网络，就会封闭自我，对自我缺乏客观评价。他们一方面容易以自我为中心，另一方面会变得情绪低落、性格孤僻，严重者甚至会患上孤独症。

三是平面化人格障碍。网络信息具有数量大的特点，但是从质量上来说，很大一部分网络信息只是一种"快餐文化"，大学生只是表面地、肤浅地接受，他们不去追求深层的文化底蕴，久而久之，就会使大学生形成平面人格，形成一种表面的、缺乏内涵的、无深度的思维方式。

总之，在网络时代，网络信息的传播呈现出高度的自由化特征；世界范围内的思想文化、伦理道德、价值观念都会或多或少地影响大学生的世界观、人生观、价值观、荣辱观和道德观，影响大学生的身心健康和全面发展，高校必须高度重视。

（三）使高校思想政治教育面临困境

1. 分散并模糊了高校思想政治教育的主体和客体

在网络上，学生的"主体强化"与教师的"主体弱化"是一体两面的。学生在网络上自由独立的主体性不断塑造着新的主客体关系，而教师作为教育者的角色没有改变。网络中的主客体关系是交互性的，是一个不断建构的动态结构，呈现出模糊化、相对化和地位的平等化特征。

在网络环境中，思想政治教育受体存在不确定性，教育环境和教育活动本身具有一定的虚拟性。学生可以抛弃不必要的社会约束，按照自己的意愿接受或批评教育者传递的教育信息。因此，尽管思想政治教育活动实施者的身份和组织有可能确定，但对于教育对象的认识及其范围的界定则很难明确，教育者和受教育者形成"一对多""实对虚"的关系，这种在虚拟状态下形成的主客体关系具有很强的不稳定性和模糊性。

网络的特性使网络上的主客体关系呈现交互性特征。客体在信息选择上是完全自由和自主的。在复杂的网络中，思想政治教育活动可以随时随地发生，使主客体关系呈现相对性。一方面，在网络中，教师与学生具有对象性关系；另一方面，教师与学生不是绝对的主体与客体，教师接收来自学生的教育信息并进行外化，就由主体变为客体；学生对教育信息进行加工并进行信息传播，其角色就由客体转变成主体。

以上网络的这些特征都说明传统的主体与客体观念已经有大的转变，网络思想政治教育必须适应这一转变，与时俱进。

2. 网络导致的人际关系疏离使得思想政治教育工作在沟通上遇到障碍

网络中人们的交往主要是人机对话或以计算机为中介，表面上，人们可以通过方便、快捷的方式交流，缩短了人与人之间的时空距离，而实际上，网络毕竟是一个虚拟的世界，人们终日与电脑终端打交道，而缺乏有感情的人际交往，这易使人们趋向于孤立、自私、冷漠和非社会化，易使人们对现实生活中他人的幸福和社会发展漠不关心。

大学生若遭遇了上述问题，当思想政治教育工作者在与其沟通时，会出现一些障碍，教育者与学生之间如果缺乏精神上的交流与沟通，那么两者在思想、情感和感受上就不可能实现相互渗透。一些学生不愿意打开心扉，使思想政治教育工作难度加大。

3. 高校思想政治教育者的传统权威地位遭遇挑战

信息时代的大学生通过多种渠道和媒体特别是互联网了解信息、接触信息。与此同时，他们在不同的价值观念、文化观念、道德观念的撞击和影响下，在思想行为方面，也形成了几个鲜明的特点：首先，他们认识问题变得多方位、多角度化，他们不再简单按照教育者规定的纵向思维方式理解事物，而是变得"纵横交错"；其次，他们不再满足于对问题的简单回答，而是更主动、更自觉地提出一些"为什么"；最后，他们在比较中鉴别，将各种信息、各种观点摆到一起，运用自己的鉴别力分析判断、做出选择，进而指导自己的行为。这样，许多大学生不再轻易接受思想政治教育者的灌输。因此，从一定意义上说，在互联网时代，思想政治教育者将不再是决定青年学生思想政治素质变化的主要因素。

4. 使传统的思想政治教育理念和方法受到冲击

"教师主体"的观念受到冲击。在网络时代到来之前，教师被公认为是教育过程中的主体，由于他们所拥有的知识和技能都比学生多得多，因而处于主动地位，起着主导的作用；而学生由于其思想行为与一定社会要求之间存在差距，在知识、信息的掌握上处于劣势，故在教育活动中处于被动地位，是教育过程中的客体。然而，在网络时代，学生通过网络可以获得大量的思想政治教育信息，从而导致教师的信息优势逐渐弱化，甚至有可能处于信息劣势的境地。

特别是当网络成为高校思想政治教育的载体时，它所具有的交互性特点更使教师的主体地位受到冲击。与此同时，作为高校思想政治教育中最为常用的灌输法也面临着挑战。因为这种方法是以教师具有较高的威信和绝对的信息权威为前提的。因此，长期以来使用的教育方法在今天来看未必行之有效，需要教师进行改进和创新。

面对这种挑战，思想政治教育工作者有的已经从以灌输为主转变为以启发、参与为主。从信息传播的角度讲，我们也应从以灌输正面信息为主转变为引导学生分析、判断、选择信息为主，即由"灌输信息"转变为引导其"判断选择"。当今是信息爆炸的时代，呈现在我们面前的是五彩缤纷的世界。对青年学生来说，重要的是学习能力和鉴别能力的培养，要从纷繁复杂的信息中选择正确信息，并对其进行加工，转化为自己的认识，只有具备这种分析、判断、选择能力的学生才有可能成为国家建设的中坚力量。否则，尽管在学校里学习了不少课程、积累了不少知识，但是，如果不具备分析、判断、选择能力，一旦进入社会，就不知道怎样建构起新的信息框架，甚至误入歧途或被时代淘汰。

三、新时代大学生网络思想政治教育的开拓创新

（一）创设良好的校园网络文化环境

在网上搭建活动平台，以丰富多彩、健康向上的校园文化活动为抓手，推动形成厚重的校园文化积淀和清新的校园文明风尚，使学生在校园网络中接受熏陶和文明风尚的感染。要注重大学自身精神特色的传承，大学精神是经过所在大学一代代学人的努力，长期积淀而成的共同的稳定的追求、理想和信念。大学精神是大学生命力的源泉，是大学文化的精髓和核心所在，对大学生有着重要的思想导向作用。如校史中具有代表性的和特殊意义的人、事、物，既是校园文化积淀发展的结晶，又是德育的重要载体，它们共同承载着学校的理念和辉煌，具有极高的文化内涵，这些比简单的说教更容易被认同。

（二）推进网络法治进程，建设有序的网络教育环境

互联网对人们的影响力日益增强，被誉为网络信息时代的虚拟社会。在这个虚拟世界中，除了有人们所需要的学习、工作、生活资讯外，还充斥着大量的有关网络犯罪、赌博、色情等方面的垃圾信息，这些垃圾信息对人们的思想和心理会造成一定的负面影响。因此，要加强互联网使用和管理立法，推进网络法治进程，以法律的强制力来约束人们的网络行为，保留网络环境中的积极因素，剔除网络环境中的消极因素，净化教育环境，以求更有效地开展网络思想政治教育工作。为了优化网络教育环境，实现网络思想政治教育的可持续发展，国家有关部门应该完善网络立法体系，有针对性地制定具体的网络规章制度，提高执法能

力，加大执法力度，推进网络法治进程，净化网络空间，建设有序的网络教育环境。

（三）提升学生的网络心理素养

大学生心理的不成熟和不健康是构成其网络行为失范的一个重要因素。大量个案表明，许多有网瘾的大学生或网络信息污染的始作俑者和沉迷者，往往都性格孤僻，缺乏理想，缺少责任感，甚至出现了各种各样的网络心理问题，如网络伪装心理、网络成瘾综合征、网络依赖型人格障碍等。因此，网络环境下的高校德育要关心大学生的网络心理健康，通过开展网络心理健康教育和咨询辅导工作，帮助大学生克服不良的心理疾患，提高心理预防能力以及网络心理素养。

第一，增强大学生的自我保护意识。大学生对于网络上的负面信息，应该主动去防御，应该有自我保护的意识。面对网络的诸多诱惑，大学生需要建立自我保护机制，做到上网有"节"、上网有"度"。此外，学校应加强大学生的网络安全意识教育，培养他们的自我保护意识和能力。

第二，提高大学生的自我控制能力。大学生要控制自己的网络行为，应该从以下几个方面做起：一是要理智地控制上网时间和次数，不要长时间上网；二是要对网上出现的色情图片信息保持警惕，千万不要掉入色情陷阱；三是网上交际不能代替现实中的社交活动，因此必须调整身心，纠正错位的思维定式，并在此基础上处理好各种人际关系，保持与周围人员的正常交往；四是不要把上网作为逃避现实生活中的问题或者排遣消极情绪的工具；五是上网之前要先定目标，并且给自己限定上网时间。学生上网应该有较强的目的性和时间性，不论是为了获取信息还是休闲娱乐，都应该有节有度。不要因为上网影响了正常的学习、工作和生活。要清楚地认识到网络只是我们生活的一部分，而不是生活的全部。

第六章　新时代大学生思想政治教育的创新发展

本章为新时代大学生思想政治教育的创新发展探析，主要介绍了三个方面的内容，分别是新时代大学生思想政治教育的体制创新、评估体系创新和模式创新。

第一节　新时代大学生思想政治教育体制创新

新时代大学生思想政治教育体制，既包括高校内部为增强思想政治教育的实效性而设置的组织机构和人员配备，也包括高校外部上下级相互配合的工作机制。从管理学角度来说，新时代大学生思想政治教育体制的创新就是要实现管理组织设置及人员搭配的合理高效，上下关系的协调一致，形成一种创新活动持续高效运行的制度化、科学化的教育工作运行模式。新时代大学生思想政治教育体制创新研究对于促进高校思想政治教育创特色、出成效、上水平，对于提升大学生思想政治教育工作的实效性和长效性，具有重要的理论和实践意义。

一、新时代大学生思想政治教育体制与机制

（一）大学生思想政治教育体制与机制的内涵界定

体制和机制本来是一对管理学的概念。人们通常认为，体制是指组织体系内的机构设置和权限划分，机制是指机构的具体实现和运作方式。体制和机制相互联系，不可分割。国外有时也使用"组织结构"（organizational structure）、"管理结构"（management structure）和"组织报告关系"（organizational reporting relationship）等词语来表达。在《辞海》中，体制是指"国家机关、企事业单位在机构设置、

领导隶属关系和管理权限划分等方面的体系、制度、方法、形式的总称"。

机制的概念，最早来源于希腊文。随着近代物理学和生物学的发展，西方的一些社会学家乃至社会主义者，开始运用有机体理论来分析社会。比如英国的斯宾塞提出了"生物有机体论"；法国的傅立叶把社会比喻成一个有机体，运用有机体理论和方法来研究社会，深入分析了社会有机体的内部结构和各组成部分的功能；早年的马克思也曾在其著作中把人类社会比作一个"活的机体"。因此，近代自然科学中的"机制"引入并推广到社会科学领域，就形成了我们今天常讲的人类社会中的各种运行机制，并且更加强调人的能动性与事物客观规律性的内在统一。

研究大学生思想政治教育创新问题，自然需要搞清其体制与机制的问题。那么，什么是思想政治教育机制呢？目前学术界关于思想政治教育机制内涵的界定有不同的观点。有的学者认为：思想政治教育机制就是各个构成要素之间功能的耦合，它的功能的发挥依赖于各类要素功能之间按照一定方式有规律地运行的动态过程。有的学者认为思想政治教育机制是教育过程中的内在的工作方式和各个要素之间的相互联系方式，通过这种方式，思想政治教育的目标得以逐步转化成思想政治教育主体的内在需要和动机，并且只有使思想政治教育主体把这种动机转化为行为才能算是获得了良好的效果。还有学者认为，所谓的思想政治教育机制，就是指规范的、稳定的，具有可操作性的、可考核性的一整套规章制度，用于解决思想政治教育工作做什么、由谁来做、怎样做、做得怎样，以及思想政治教育工作怎样运转、怎样监管、怎样考核和评估的问题。这种说法，目前得到比较多的学者的认同。

把思想政治教育机制引入思想政治教育学的研究，是为了揭示和再现思想政治教育复杂、生动的过程。因此，它的立论重点并不在于一般地分析思想政治教育系统，而是力图通过对思想政治教育系统动态运行过程的考察，对多因素、多变量的思想政治教育运动做一种整体的、动态的刻画，从而达到实现思想政治教育运行的最优化控制的目的。

众所周知，思想政治教育是一项复杂的系统工程，大学生思想政治教育也不例外。它并不是由单个思想政治教育者孤立地来开展的，而是由众多思想政治教育组织机构和人员共同进行的。从事大学生思想政治教育的各级各类组织机构和人员，各自按照一定的分工向大学生思想政治教育对象施加一定的影响，从而构成了大学生思想政治教育的总体过程。为了协调众多思想政治教育组织机构和人员的教育活动，使各方面的教育影响有机地结合起来，并形成一股合力；为了实现思想政治教育要素的最佳组合，充分有效地发挥各种要素的作用，从而达到既定的思想政治教育目标，就必须对大学生思想政治教育实行有效的管理。因此，可以对大学生思想政治教育管理的概念做出以下界定：高校党的组织系统，根据大学生思想政治教育的目的，依据大学生思想政治教育的客观要求和发展规律，通过科学管理手段，充分发挥决策、计划、组织、指导和控制等职能，有意识地调节大学生思想政治教育系统内外的各种关系以及人力、物力、财力、时间和信息等各种资源，最大程度地实现大学生思想政治教育效果的良好控制的过程。从系统论的观点看，思想政治教育机制本身就是一个相对独立的多层级的操作系统，涵盖思想政治教育体系各部分、各层面以及思想政治教育运行过程各阶段、各节点之间的联系方式和操作机理。

思想政治教育机制和思想政治教育体制既有关联又有差异。思想政治教育机制为思想政治教育体制服务，机制是贯彻落实体制的具体手段，通过机制运行来充分发挥体制的作用。体制的改变也会使机制发生相应的变化，机制发生变化的同时也适应了体制发展的需要。思想政治教育机制与思想政治教育体制的区别在于：机制更强调机体的组织结构的相互作用和具体运行过程及方式，表现为动态性、具体实施性；而体制强调静态的制度和组织体系，是对具体结构关系、功能、制度的规范。因此，机制将结构关系、功能及运行方式作为重点，而体制侧重的则是组织方式及相关制度规范。

从思想政治教育机制与思想政治教育制度的关系来看，机制和制度具有一定的同构性。思想政治教育制度是指思想政治教育主体、客体必须遵守的规范和行为标准，它对思想政治教育起到规范、约束和调节的作用，保障思想政治教育活动顺利实施。作为思想政治教育工作系统的重要组成部分，思想政治教育制度和思想政治教育机制同时具有稳定性。体制和制度作为一种客观的外部力量，对人们的思想政治活动都具有约束力。可以说，制度保障并规范着机制的具体运行，制度在某种意义上起到规范、调节机制功能的作用。

思想政治教育机制与思想政治教育制度的差异性在于：机制更强调各要素之

间的关联性和自身的功能性，而制度更强调实体性和外部制约性；机制是动态的运行过程和运作方式，而制度是静态的行为规范和价值取向；机制是隐性化的，隐藏在思想政治教育过程之中，体现了机体运行的客观规律，是按某种机理来运行的，而制度是显性的，在某种程度上是机制的表现形式。

总的来说，较之于制度，机制具有更多的灵活性、不确定性和可变性，从而更能在具体实践中体现思想政治教育的动态性和效用性。在一定意义上，机制又包含着制度，制度是机制的重要因素，为机制的有效运行服务。当某些机制被证明是有效的、科学的并因此而被固定下来的时候，它们便获得了制度的意义，为生成新的制度提供参照依据。总之，无论是思想政治教育机制、体制还是制度，三者共存共生，有着密切的联系。体制和制度都需要具体落实到机制运行过程之中。体制具有决定性，决定机制的具体运行方式和制度的制定。机制的运行必须尊重事物及其内部要素结构的机理，力争从思想政治教育的前提条件和客观基础来出发。制度在机制运行中具有辅助性、规范性和保障性功能，缺乏了制度的保障，机制运行就会出现问题，体制就难以落实到位。

（二）大学生思想政治教育体制和机制的构成要素

1. 管理主体

管理主体，即由谁进行管理的问题，指在管理实践中，具有一定管理能力，被赋予相应的权利和责任，从事管理活动的组织或个人。

大学生思想政治教育管理主体，主要由三层管理组织机构构成：一是高层管理机构，这是从宏观上对全校思想政治教育活动进行决策、领导的机构，包括校党委等部门；二是中层管理机构，这是在高层管理机构的领导下，根据自己的工作职能进行思想政治教育管理的机构，主要包括党委宣传部、组织部、共青团、学生处等部门；三是基层管理机构，它是在高层和中层管理机构的领导下直接进行思想政治教育管理的机构，其中包括各系党总支、学生工作办公室和团总支等。管理主体在思想政治教育过程中具有主导作用。

大学生思想政治教育管理体制的主体，就是在大学生思想政治教育工作中处于主导地位的领导者和组织者。高校思想政治教育创新机制的主体主要包括两个方面：一是进行大学生思想政治教育工作的机构，比如思想政治理论课的教学研究部门、学生行政管理部门、学生后勤管理部门等；二是从事大学生思想政治教育工作的工作人员，主要包括任课教师、从事学生管理的管理干部和行政人员等。这些机构和人员在大学生思想政治教育工作中共同承担着教育任务、管理任务、协调任务和研究任务。各部门和各方面的工作人员在大学生思想政治教育工作中，要积极承担起对学生进行思想政治教育的重任，共同支撑起思想政治教育工作全局。只有各部门以及全员树立全局意识、增强大局观念，才能在工作中取长补短、相互支持、相互促进，从而为中国特色社会主义现代化建设事业培养更多的建设者和接班人。

2. 管理客体

管理客体，即管理对象，指管理主体在管理过程中所组织、领导、控制、协调的对象，表明管理什么的问题，它总是以系统的形式存在。

大学生思想政治教育管理客体，主要指思想政治教育的实践活动过程，包括思想政治教育的计划、决策、实施、监督、评估等环节。在管理活动中，思想政治教育管理对象是管理者实现管理目标的依托，是管理活动得以进行的前提。

3. 管理方式

管理方式，即如何进行管理的问题，指在管理过程中，管理主体为实现管理目标所采取的手段和措施。大学生思想政治教育管理方式，主要包括行政手段、法律手段、教育手段、心理手段、经济手段等，这些方法互为补充。通过行政手段、法律手段，规范管理行为；通过经济手段，包括奖金、补助、鼓励等形式调动管理者的积极性，形成有效的竞争机制。在大学生思想政治教育管理活动中，管理者只有借助恰当的管理方式，管理工作才能达到事半功倍的效果。总而言之，管理方式是管理活动得以落实的保障。

4. 管理结果

管理结果，即管理所要实现的最终目的及效果。任何管理活动都是在一定目的的指引下进行的，目的是人的行为所追求的效果在主观上的反映。大学生思想政治教育管理结果，就是要保障思想政治教育活动的顺利进行，为学校创造良好的育人环境。管理结果集中体现于管理目标中，一切管理活动都是围绕管理目标而进行的，管理结果是管理活动的核心。

二、新时代大学生思想政治教育体制存在的问题

大学生思想政治教育体制对于推动大学生思想政治教育顺利展开、维护学校稳定和促进社会发展起着积极的作用，但是随着时代的变化，也逐渐暴露出了很多问题，主要表现为关系不顺、效率不高等。

（一）关系不顺

顺畅的关系是体制正常发挥作用的前提条件。大学生思想政治教育涉及党与政的关系、教与学的关系、校内与校外的关系、理论与实践的关系、内容与形式的关系以及意识形态与科学研究的关系等，正确处理这些关系需要体制来调节。然而，这些关系并不是完全顺畅的。

在党与政的关系上，即党务工作者主要从事教职工思想政治教育工作，而行政工作者则主要抓业务工作。从理论上讲，教职工的思想政治教育工作和业务工作是无法截然分开的，因为业务工作本质上也是人的工作。但是党务工作者过多地干涉行政工作和行政领导不支持思想政治教育工作的情况是屡见不鲜的，教学院系和科研所更是如此，这样就难以形成合力来开展和加强教职工的思想政治教育。

在教与学的关系上，关系不顺的现象反映在教职工思想政治教育方面，表现为教与学的脱节。从教的角度看，教职工思想政治教育主要靠党的各级基层组织，但是高校党的各级基层组织的思想政治工作往往缺乏对思想政治教育规律的把握、缺乏对党的知识和方针政策的科学研究和正确运用，内容上以传达上级精神为主、形式上以开会为主、手段上以讲话为主、方式上以"灌输"为主。从学的角度看，教职工多把接受思想政治教育视为例行公事，不能真正认识并解决问题，教与学无法真正对接，也就无法产生效果。关系不顺的现象反映在学生思想政治教育方面，表现为教与学在内容上的偏离。部分思想政治理论课教师没有丰富的社会实践经验，缺乏对社会的感性认识，对教学内容没有真正理解，其课堂教学显得空洞无物，而大学生却是一个对社会高度敏感的群体，少数学生对社会了解的深度、广度可能更胜于教师，他们对教师教授的内容可能持排斥态度，显然无法达到良好的教育效果。

在校内与校外的关系上，一方面校内缺乏对一些不良社会现象的防护机制，

给思想政治教育的进行造成了阻碍；另一方面，高校没有建立起有效利用校外思想政治教育资源的体系，使得大量的教育资源闲置。

（二）效率不高

效率是影响一个系统或一个单位实际工作成效的关键，也是系统或单位内部组织状态与运行状态的表征。管理的一个重要功能是提高系统或单位的运行效能，一般通过建立科学合理的体制来实现。就目前的大学生思想政治教育体制而言，还存在着效率不高的问题。

从教职工思想政治教育看，层次过多、环节复杂、相互推诿、敷衍塞责的现象时有发生。就教育的主体来看，上到学校党委及其职能部门，下到以教研室为单位建立的党支部，都直接担负着教职工思想政治教育的责任和使命。分层结构可以体现管理的层次感，但同时过多的层次也会带来效率低下的问题。一方面，从思想政治教育的安排部署到具体组织实施，往往需要三到四个层次的逐级传达，很容易造成信息失真，组织实施可能不完全同步，同时教职工可以通过层级较少的部门率先获得相关信息，这容易抵消教职工对思想政治教育的热情；另一方面，一旦信息的传递产生偏差，就容易出现相互推诿的现象，很难找到问题的症结所在。

从大学生思想政治教育看，教育资源的配置还不尽合理。从第一课堂的显性教育来看，思想政治理论课具有很强的实践性特点，以短期社会实践的形式开展相对集中的教学活动无疑有助于提高教学实效。但是，严格的大纲、固定的教学形式制约了第一课堂的教学效果。第二课堂的隐性教育是开展大学生思想政治教育的有效载体，但是第二课堂活动往往要经过严格的、程序复杂的审批，而且场地、设备等资源往往分布于不同的部门，彼此利益牵扯，协调难度很大，因此，第二课堂活动常常是低水平的重复活动，教师组织的愿望不强，学生参与的热情不高，活动的效果不好。

三、新时代大学生思想政治教育体制存在问题的原因分析

（一）责、权、利不一致，积极性差

党中央、国务院历来重视大学生思想政治教育工作，把思想政治教育工作摆

在重要位置。然而，作为大学生思想政治教育工作的实施主体，大学生思想政治教育工作者队伍的积极性没能有效调动起来，主要原因在于责、权、利不一致。从责任上讲，思想政治教育工作者肩负着培养和造就人才的光荣使命，可谓责任重大，大到确保社会和学校的安全、稳定、和谐，小到对师生的思想引导，都必须守土有责。在对学生日常事务上，更应事事关心，责任无限。在多元化趋势日益明显的现实环境中，教师和学生的行为出现偏差的概率增大，而一旦出现问题，往往归咎于思想政治教育工作者。从权利和利益来看，在现行政策框架内，思想政治教育工作者对资源的配置能力有限，其所获得的待遇与承担的责任极不相称。思想政治理论课教师没有得到应有的重视，他们的工作负荷大、职称评审难、参加社会实践和交流研讨的机会少；党务工作者开展教职工思想政治教育得不到行政部门的有效支持，尤其是可以使用的经费十分紧张，加之安全、稳定这一道"紧箍咒"，致使教育活动的形式单一，效果不佳；学生辅导员的工作更是"两眼一睁，忙到熄灯"。思想政治教育工作者承担的重大责任与其较低的待遇之间形成了鲜明的对比，不利于基层思想政治教育者工作积极性的发挥。

（二）导、管、监不到位，执行力差

大学生思想政治教育工作是一项责任重大的系统工程。为有效实施这项工程，高校普遍采用"党委领导、党政工团齐抓共管"的工作思路，制定了系统的管理制度和规范。具体做法是由院系和学生工作部负责学生的日常思想政治教育工作，由思想政治理论课教师负责传授给学生思想政治理论以及提高他们的道德法纪意识，安保部门负责日常安全保卫工作，后勤部门负责日常生活服务、公寓管理等。应该说这种网状管理模式是很严密和有序的，但是也很容易引发多头管理的弊端，造成"无人管理""无人负责"的"真空地带"。

党委对大学生思想政治教育负总责，党委的领导作用具体通过宣传部、学生工作部等党委职能部门来实现，主要形式是开会、发出通知等。但是，各单位是否贯彻落实、落实的效果如何无从得知，即缺少相应的过程管理和监督，导致一部分基层单位的思想政治教育变形走样，甚至流于形式。久而久之，大学生群体对思想政治教育的重要性的认识就会淡化。这样，党委对思想政治教育的领导实际上是没有到位的，因此必须加大管理和监督力度。

（三）纵向沟通不畅，实效性差

大学生思想政治教育工作需要采用条块结合、网状结构的模式。应该说，这种模式能够合理调整和理顺学校与机关职能部门和二级院系的关系、机关职能部门与院系的关系以及院系与各教研室和班级的关系，从而增强思想政治教育的实效性。但在实际工作中，由于沟通不畅，这种管理模式难以发挥应有的作用。

纵向沟通不畅主要表现在以下两方面。思想政治教育工作实施主体上下级之间的沟通不畅。上级认为教育内容简单，易于掌握，甚至不需要沟通，其结果是下级可能对教育内容囫囵吞枣，在理解上产生偏差，在实施教育活动时照本宣科，不解决实际问题。二是思想政治教育实施主体与接受者之间的沟通不畅。主要原因在于接受者对教育活动本身就抵触，不太关心自己是否掌握了内容，也不会思考这些内容会给自己带来什么影响。纵向沟通不畅使思想政治教育无法达到预期的效果，解决的办法是建立沟通平台，同时上级和施教者要主动与下级和接受者沟通。

四、新时代大学生思想政治教育体制优化对策

（一）建立健全思想政治教育沟通回应体制

在思想政治教育过程中建立沟通回应体制，有利于主客体交流观点和看法。通过回应解决实际问题，既可以发挥教育者的主导作用，又可以发挥受教育者的主体作用。但传统思想政治教育在沟通上存在着平台不多、渠道不畅、手段落后以及沟通多回应少等不足，在回应时间上随意性大，在回应方式上简单模糊，因此必须创新思想政治教育的沟通回应体制。

建立思想政治教育的沟通回应体制，应注重以人为本，充分发挥被教育者的能动作用，耐心细致、充分尊重个人的沟通交流，这不仅能使双方建立一种和谐的人际关系，而且能使思想政治教育工作更有针对性。交流渠道更加畅通，教育者的回应力更加强烈，从而做到化解矛盾、理顺情绪、引导有力、未雨绸缪。

建立思想政治教育的沟通回应体制，应坚持平等原则，营造平等交往的氛围；坚持沟通方式的多样性原则，确保上下级和师生之间的沟通渠道畅通；坚持以鼓励为主，引导受教育者克服心理障碍，帮助其解决实际问题；充分利用信息技术，牢牢把握网络思想政治教育的主动权。

建立思想政治教育的沟通回应体制，要做好以下三个方面的工作。一是在制度上，首先要建立校领导联系院系、院系领导联系教研室、党员教师联系学生班级的制度，通过深入基层、深入学生班级，了解师生的思想状况，以收集信息，掌握情况，采取措施，对症下药；其次要建立值班领导"接待日"制度，尤其是校院两级领导要通过"接待日"了解师生个体的需求或困惑，帮助他们疏导情绪，解决困难；再次要建立学生信息员制度，以班干部、入党积极分子为主体的信息员队伍，能够把一切情况通过正常的途径及时传送到相关部门；最后要建立信息反馈制度，对于收集到的问题，一定要按规定程序在最短的时间内及时处理，做到件件有着落，事事有回应，以取信于师生。二是在沟通渠道上，要特别重视发挥互联网的作用。网络对人们的政治思想、政治情感、政治价值取向的影响很大，应提倡通过网络正面地交流思想、交换看法、传递信息，倡导在网络中相互学习、相互借鉴。要利用好校长信箱、学生工作信箱等载体，指定专人负责来信的处理，每天将师生提出的问题提交相关部门处理后，将处理意见及时在网上反馈给师生，并给予一定的教育引导；要建立网上视频交流机制，邀请校领导和职能部门相关领导定期或不定期地通过视频与师生面对面交流，讨论问题，提出解决方案或达成谅解等。三是在对象上，要特别加强对教职工的心理健康教育。通过开设心理课程、讲座等形式对教职工进行心理健康教育，帮助他们掌握基本的心理知识；通过心理咨询、开设心理热线等形式解决他们的心理问题；还可以建立心理宣泄室，让他们发泄情绪，促进其心理健康。

（二）建立健全思想政治教育的保障体制

在社会主义市场经济条件下，大学生思想政治教育的正常运作离不开物质条件和制度条件的保障。

思想政治教育的保障体制是对思想政治教育起保障作用的诸要素相互作用、相互影响、相互制约的方式，是一个复杂的系统，包括专门的组织机构、专门的队伍机构、相关的规章与制度、必要的资金和装备以及相关的外部环境等方面。

1. 建立健全思想政治教育的管理制度体系

加强和改进大学生思想政治教育，就要建立健全与法律法规相协调、与高等教育全面发展相衔接、与大学生成长成才需要相适应的思想政治教育管理的制度体系。中央明确规定，党委一把手要负起思想政治工作第一责任人的职责，进一步明确了党委书记是思想政治工作的主管领导和第一责任人，各级党委是思想政治工作的主管部门，负有直接的领导责任。凡思想政治理论课教学达不到基本要求的，该校教学水平测试不能评为优秀等级。这些规定为大学生思想政治教育提供了强有力的保障。要探索并建立强化领导和管理的具体制度，如党政联席会议制度、党群工作协调会制度、干部思想动态分析制度、领导干部联系点制度等。要充分调动各方面的积极性，齐抓共管，形成合力。要逐步制定出与新时代思想政治工作相适应的法律和规章制度，使思想政治工作能依法、有序地进行，实现由人治型向法治型、由经验型向科学化的转变。加强思想政治工作的法治建设，使思想政治工作做到规范化、制度化，保证工作体系各责任单元都能各司其职、协调配合。同时也要使思想政治工作依法行事，靠制度运作，真正做到不为个人的主观意志所左右。

2. 建立思想政治教育工作者培养提高体制

建立思想政治教育工作者任职资格准入制度。这是思想政治教育工作专业化发展的基本条件。在事关政治原则、政治立场和政治方向问题上不能与党中央保持一致的，不得从事思想政治理论课教学。辅导员队伍建设也要按照"高进、厚待、严管、优出"的原则制定从业标准。

提高思想政治教育工作者队伍的整体素质。对于政工干部，当务之急是要加强理论武装，使之逐渐朝专业化、专家化的方向发展。由于目前大量的专职思想政治教育工作者非思想政治教育专业出身，工作方式经验化，其已经越来越不适应日益复杂的工作需要，因此很有必要对政工干部进行定期培训，为他们学习专业知识创造条件。对于思想政治理论课教师，要通过实践研讨、理论学习、考研攻博等形式提高理论水平，同时要把理论武装和实践工作有机结合起来。要努力创造良好的政策环境、工作环境和生活环境，使思想政治教育工作者工作有条件、干事有平台、发展有空间，真正做到政策留人、事业留人、感情留人。

3. 优化和改善大学生思想政治教育工作的物质条件

学校要为开展大学生思想政治教育活动提供必要的场地和设备。开展大学生心理咨询的场所、学生群体活动的场所、必要的计算机和多媒体设备都需要不断地改善和优化，只有这样，才能获得更好的工作效果。

（三）建立思想政治教育风险预警体制

随着改革开放的不断深入，中国社会已经进入变化最深刻的历史时期，人们的思想观念、精神追求、价值取向等多方面也随之受到很大的冲击，社会进入问题的多发期、矛盾的凸显期，面临各种各样的风险和考验。美国学者认为，一个高度传统化的社会和一个已经实现了现代化的社会，其社会运行是稳定而有序的，而一个处在社会急剧变动、社会体制转轨的现代化之中的社会，往往充满着各种社会冲突和动荡。根据中国学者的研究讨论，在中国体制转型和现代化过程中，中国社会所面临的风险是叠加的。

就高校而言，作为高知识群体聚集的场所，广大师生对社会风险具有天然的敏感性，并通过他们的政治倾向和思想行为体现出来。大学生思想政治教育工作者无疑是对中国社会风险最敏感的一个群体，思想政治教育工作无疑是防范社会风险的前沿。建立预警体制是学校思想政治教育工作的重要组成部分，是维系学校正常的教学秩序、促进校园和谐的重要防线。

建立大学生思想政治教育风险预警体制，其目的是对在广大师生的工作、学习、生活中可能出现的危害校园及社会稳定与安全事件保持警觉，从而加以防范，使之在发生前就被察觉，并及时应对。

建立反应灵敏的思想政治教育预警体制，需要做到以下几个方面。一是对社会问题和社会矛盾要充分了解，认真研究，及时沟通。一旦发生重大事件，应立即组织专家分析事件对师生员工可能产生的影响，通过党政工团组织及时向广大师生公布事件真相，传达相关部门的应对措施，努力在第一时间让师生释放情绪、统一思想、回归理性，有效避免社会事件影响学校的稳定和谐。二是重点防控，要针对不同的群体防控重点领域。针对学生，重点防控的领域主要是因恋爱、心理问题产生的极端事件，因一般纠纷引发的打架斗殴，因政治问题引发的游行示威、静坐等事件；针对教职工，重点防控的主要是关乎其切身利益的领域，如岗位设置、工资改革、住房调整、工作调动、政策落实等，重点人群主要是家庭经济困难职工、离退休职工和校内其他工作人员等。不同群体的矛盾和问题，其表现方式也不同，要提出有针对性的预案，把防与控紧密结合起来。三是建立反应灵敏的应对突发性矛盾和事件的信息情报网络。学校各部门、各级领导和教师都要有高度的责任感和协作精神，要细心观察，发现有可能引起纠纷和突发性事件的苗头要及时通报给有关部门和相关人员，切忌掉以轻心。要做到信息畅通，一旦得到信息，相关部门要及时采取有效措施加以疏导、沟通，将问题和矛盾及时处理，解决在萌芽状态。

第二节 新时代大学生思想政治教育评估体系创新

评估是思想政治教育中不可或缺的必要环节。教育过程离不开检测和评估，否则就无法正确地实施调节和控制。对教育结果，也必须进行检测和评估，一方面，通过检测和评估来肯定成绩，以便采取措施巩固和发展已经取得的成果；另一方面，通过检测和评估可以指出存在的问题和不足，以便采取措施加以解决。因此，在新时代的发展背景下，大学生思想政治教育的评估可以有效地监测和推动教育的正向进行，有利于增强学生的责任感，以及激发学生的积极性、创造性。

一、新时代大学生思想政治教育评估概述

（一）新时代大学生思想政治教育评估的功能

新时代大学生思想政治教育评估的基本功能就是开展评估活动、反馈评估结果，使思想政治教育工作的进行得到及时的、有效的控制和调整，进而优化思想政治教育的运行机制。围绕这一基本功能，新时代大学生思想政治教育评估的具体功能主要表现在以下几个方面。

1. 导向功能

新时代大学生思想政治教育评估的导向功能主要表现在以下两个方面。一是思想政治教育评估是对思想政治教育社会价值的实现做出价值判断的过程。因此，评估对于思想政治教育是否适应了社会需要，是否朝着社会发展方向进行等问题起到了引导的作用。二是任何评估都会潜移默化地使评估对象的思想观念、行为表现等发生变化。有目的、有计划的思想政治教育评估，可以促使和引导学生的思想观念、行为表现等都遵循社会发展的要求，以实现其正确思想观念的内化和行为表现的外化过程。由此，评估对象可以认识到自身的优缺点，进而明确今后在思想政治教育工作中努力的方向，促进思想政治教育目标的实现。

2. 咨询功能

新时代大学生思想政治教育是一项复杂的系统工程，要使该工程顺利进行，思想政治教育领导部门的决策和管理成效十分重要。如果领导者不能及时准确地掌握大量真实可靠的信息，决策和管理成效就无从谈起。例如，开展思想政治教育评估时，评估主体所掌握的思想政治教育系统各个环节所取得的效果，也可以作为领导者决策和管理的依据。领导者根据这些评估所得信息，考核原定目标，从而做出新的决策。因此，评估在思想政治教育管理中发挥着咨询的功能。

3. 比较功能

新时代大学生思想政治教育评估运用科学的评估方法对某一时间段或某一单位的思想政治教育工作的质与量进行分析、比较，从而帮助评估主体认识到评估对象之间的好坏、优劣等差异。如评估主体可以根据各部门思想政治教育开展的程度，识别学生思想道德素质的不同层次，考察思想政治教育是否达到了教育目标的要求；还可以通过比较选出哪些方面做得好，哪些方面存在不足；等等。另外，通过评估还可以比较选拔出思想政治素质过硬的优秀个人和单位作为榜样、典型。

4. 调控功能

在日常工作中，人们经常运用评估来明确工作目标的实现程度。在思想政治教育工作中，预期效果是否达到；提出的目标是否符合实际，具有可行性；现阶段目标实现后，是否还有向更高目标发展的空间……诸如这些问题，都可以通过评估来掌握。掌握了这些信息，人们就能对原定目标的实现程度有一个明确、清醒的认识，从而根据思想政治教育过程中的实际问题和当前的实际状况等，对原定目标加以调整，以保证思想政治教育目标更加符合实际、更具有操作性，确保新时代大学生思想政治教育的顺利、有效开展。

5. 考核评比功能

思想政治教育评估是按照评估指标对思想政治教育的实际效果进行判定的，其结果可以作为教育行政管理部门对高校或者高校对下属院（系）进行考核评比的重要依据。这是因为，"种瓜得瓜，种豆得豆"，在其他条件相同或相似的情况下，那些重视思想政治教育，扎实地开展教育活动的单位和部门，一定能取得比较令人满意的效果；而那些敷衍了事，习惯于做表面文章的单位和部门，在评估中一定会露出马脚。同时，根据评估结果，对思想政治教育开展得好的部门和单位，给予精神或物质上的奖励；对思想政治教育没达到要求的部门和单位，给予某种形式的惩罚。通过评估，表扬先进，鞭策后进，对于增强新时代大学生思想政治教育的实效大有裨益。

（二）新时代大学生思想政治教育评估的原则

1. 公开、公平、公正原则

公开、公平、公正原则的价值追求，是评估工作的普遍性、平等性和正当性。公开是指评估方式、方法、对象等的公开；公平是指评估起点和标准的公平；公正是指评估基本价值取向的正当性。

（1）公开原则

在新时代大学生思想政治教育评估过程中，公开必须作为一项根本性的要求得到贯彻执行，同时还应该坚持多向度性和针对性。在大学生思想政治教育评估机制语境下，公开就是将需要公开的事项多向度、针对性地公开。公开内容向度若以思想政治教育考评本身为参考系，可以视为考核的办法、考核的对象、考核的内容等；若立足本体之外可以视为公开的对象、考核的监督主体等。公开是公平、公正的基础，没有了公开也就没有了公平和公正。

（2）公平原则

公平是思想政治教育评估工作的重要保证。公平不是空洞的，而是包含具体内容。结合思想政治教育评估工作的特质，公平的内容包括起点公平、尺度公平和结果公平。

起点公平是指评估的基准点要公平。对于被评估对象而言，处在不同基准线上而用同一种评估方法所取得的评估结果是不具有可比性和普遍意义的。具体说来，起点公平就是指评估的项目是统一的，评估的对象是相同的，所设置的评估指标也应该是相同的。

尺度公平，也称标准公平，是指在评估工作中所使用的评估标准、评估指标和指标体系是公平的。基于内容维度就是指标准、指标和指标体系的使用要具有公平性。

结果公平，就是评估的结果是可以用同一种方法去度量和实证的。结果公平就是指评估的最终结果是按照预先设定的标准归纳和演绎出来的，它对于所有被评估的对象都是适用的。

（3）公正原则

公正原则是思想政治教育评估工作的重要衡量基础；失去了公正原则将直接导致评估的失衡和结果的失真。公正包括对人公正、对事公正、程序公正和方法公正。对人公正就是所采用的评估系统对于所有被评估客体都是适用的，具有相当的普遍性，不因人的各种差异而存在偏私或不平衡。具体来说就是，不考虑被评估者的民族、职称、身份、出身等；评估不因评估者的主观意愿而改变，不因被评估对象的不同而改变。对事公正要求评估工作的参与者要正视这项工作，不带有任何偏见和私心杂念；评估者应当就事论事，不与任何不相关的工作相联系；不将个人偏见带到评估工作之中，不能公报私仇。

2. 乐学原则

乐学即快乐地学习。乐学原则就是在思想政治教育评估中，要注重对受教育者接受、参与思想政治教育的兴趣、态度的评判，即评判受教育者是否积极、愉悦、快乐地接受、参与思想政治教育。

在思想政治教育评估中，倡导、坚持乐学原则的基本理由和依据如下。

第一，乐学反映了思想政治教育的情状和效果。由于教育的内容、原则、方法、艺术等要素，思想政治教育应该是受教育者欢迎的，否则，就不能真正算作思想政治教育。

第二，乐学是思想政治教育持续、深入进行的前提和动力。思想政治教育是个持续、深入进行的过程，永无完结。但是，持续、深入进行思想政治教育的前提和动力是受教育者乐学，否则，没有好的实效，只能是教育者的一厢情愿。

第三，乐学是思想政治教育与既往思想政治教育的重大区别。不容回避，进入新的历史时期以来，由于众多因素的影响，我们的思想政治教育效果不理想。正是因为这样，在评估中我们才倡导乐学原则。

第四，乐学是思想政治教育中受教育者本应具有的情态。思想政治教育对于个人的成长、发展具有重大的作用和意义。思想政治教育通过提高人的思想道德品质满足人的精神需要。所以，受教育者是应该乐于接受思想政治教育的，即乐学是思想政治教育中受教育者本应具有的情形和状态。

第五，乐学是以人为本的理念在现代教育评估中的反映。以人为本已成为当代社会非常重要的理念。以人为本的理念贯彻在教育中就表现为以受教育者为本。在教育中以受教育者为本，就要尊重、关心、爱护受教育者，就要倾听他们的意见、心声，就要从他们的实际和发展需要出发进行教育。而一旦具有了这样的教育，受教育者是应该乐于接受的。所以，坚持评估的乐学原则，也就检验了思想政治教育是否贯彻了以人为本的理念。

3. 实效原则

思想政治教育评估坚持实效原则的基本理由或依据如下。

第一，重实效是思想政治教育的最高原则。人们对实践活动效果的追求，其落脚点也正在于实践活动结果的效用上。进行思想政治教育就是为了提高受教育者的思想道德水平，特别是让受教育者有良好的行为，这是思想政治教育的最高原则。因此，进行思想政治教育评估就应注重实效，而不应该注重形式，华而不实。

第二，重实效是思想政治教育的重要意图。思想政治教育的理念、内容、实施原则和方法等，都力求和谐，何故？除了目标的和谐，就是为了有良好的教育实效，同那种形式主义的、受教育者不愿接受的、低效甚至负效的思想政治教育相区别和决裂。

第三，重实效是求真务实的良好作风。实事求是、求真务实是我们党倡导的良好作风。在思想政治教育评估中注重实效就是坚持并弘扬我们党求真务实的良好作风。

第四，重实效给思想政治教育确立了良好的导向。较长时期以来，由于官僚主义、形式主义严重，在思想政治教育评估上也有较为严重的形式主义——不注重实效而走过场，从而给思想政治教育带来了不良影响。坚持评估的实效原则，将为思想政治教育及其评估确立务实、求实的良好导向。

坚持好实效原则的基本要求如下。

第一，确立起牢固的实效观念。我们必须确立起牢固的实效观念，不要搞形式主义，否则，既浪费了人力、物力、财力，也有损党的思想政治教育以及党的形象与威望。

第二，真正以"实"检测实效。以"实"检测实效，即注重的不是听汇报，看书面材料，看那些准备好、安排好的场景，而是看工作、生活、学习中的真实事例、现象、数据。

第三，"实"在现实中寻找、确认。"实"在哪里？多年来，那种走马观花、形式主义的考核、评估使诚信进一步丧失，致使人们哀叹——现在讲实、找实很难。道德是一种精神，但它不是一般的精神，而是一种特殊的精神，它的特殊性就在于实践性。"实"在现实的工作、生活、学习中，"实"在群众的眼中、口中、心中。寻找、确认"实"，必须到群众中去。

第四，树立务实的作风。以"实"检测实效，在现实中寻找、确认"实"，就要求评估者必须有务实的作风，即要脚踏实地，深入实际，深入群众，实事求是。否则，难以见实效，评估也就没有了意义。

4. 和谐原则

和谐原则即以和谐理念为指导与核心，坚持以融洽、协调为根本要求评估思想政治教育的过程及其效果的原则。

和谐原则是评估思想政治教育的首要原则，主要理由如下。

第一，和谐是思想政治教育的灵魂、核心。思想政治教育秉持的就是和谐理念，实施的就是和谐内容，追求的就是和谐目标，或者说，和谐是思想政治教育的性质和要求。因此，在对思想政治教育进行评估时，理应坚持和谐原则，否则，评估就可能无的放矢或者南辕北辙。

第二，坚持和谐原则，评估就能促进思想政治教育的发展与完善。评估不是目的而是手段，即评估是为了推动、促进思想政治教育的发展、进步、完善。但是，不是任何的评估都具有推动、促进的功能，只有评估这一手段有利于目的的实现时，它才具有推动、促进的功能。坚持和谐原则，以和谐为准则评估思想政治教育的过程及其效果，有利于促进思想政治教育的发展与完善。

第三，和谐原则对其他评估原则具有决定作用。思想政治教育评估的原则有多个，但是，所有的评估原则都是由思想政治教育的性质决定的，都是为思想政治教育的实施和发展服务的。和谐原则集中地体现、反映了思想政治教育的性质，因此，它对其他的评估原则有决定作用，即所有的评估原则都应以和谐理念为指导，都应遵从其融洽、协调的要求。

坚持评估的和谐原则需要遵循以下要求。

第一，以和谐理念指导评估。既然和谐是思想政治教育的灵魂、核心、目标，坚持的是和谐评估原则，在评估的整个过程中，就必须以和谐理念为指导，着眼于和谐，注重和谐，追求和谐，让评估过程成为弘扬和谐、促进和谐的过程。

第二，既注重教育结果的和谐，又关注教育过程的和谐。评估首先关注的是结果，因为，结果是人们追求的目标。但是，结果与过程是统一的。特别是在思想政治教育方面，若没有过程的和谐，定难有结果的和谐。因此，坚持评估的和谐原则，必须既注重教育结果的和谐，又关注教育过程的和谐。

第三，评估活动的实施要和谐。评估能否发挥出、发挥好应有的功效——推动、促进，关键在于评估的实施。实施和谐评估取决于多方面的因素，其中主要的有：评估主体合理，其关系和谐；评估方法正确；评估指标适当。在坚持和谐评估原则时，对上面诸因素都要注意到，要处理好各因素间的关系，让它们发挥好作用。

第四，评估活动的效应要和谐。前面已说到，评估是手段而非目的。这一手段是否合目的，是否有利于目的的实现，就是评估的效应。评估效应既取决于评估的指导思想、具体实施，还取决于其做出的判断是否客观、公正。因此，坚持评估的和谐原则，还必须确保评估判断的客观、公正，这样评估才具有促进和谐的效应。

5. 全面原则

全面原则即全面评估原则。就是说思想政治教育评估要全方位、多层面评估，即从评估的两大方面看，既评估教育效果，又评估教育过程。从过程评估看，既评估教育的内容，又评估教育的方式、方法；从结果评估看，既评估受教育者的思想、心理，又评估受教育者的行为。

思想政治教育评估坚持全面原则的主要理由如下。

第一，和谐就是多因素的协调、统一。思想政治教育的评估，就要着眼于思想政治教育的方方面面，看多种因素、要素的状况及其作用的发挥，看多种因素、要素的关系是否和谐。

第二，思想政治教育的成效由多方面显现。思想政治教育的成效是个多面体：从个体看，既包括思想认识、心理素养、行为习惯，又包括这样的思想认识、心理素养、行为习惯产生的客观结果；从社会看，既牵涉社会的政治、经济、文化领域，还有社会生态、社会的持续发展；从思想政治教育本身看，既包括已经历的过程及其成效，又包括思想政治教育的进一步开展。所以，评估时不应仅就某一方面或侧面进行评估，应全面评估。

第三，思想政治教育的成效是多因素共同作用的结果。思想政治教育是非常复杂的活动，需要多种因素共同参与，且协调、一致地发挥作用。如既需要适切的教育目标、内容、载体、方法，又需要积极、协调的教育环境；既需要教育者真挚的情感、较强的教育能力，又需要教育者以身示范。因此，只有全面评估才能掌握思想政治教育中多种因素的真实情状。

第四，只有全面评估，才能细辨优劣，促进思想政治教育的发展。正因为思想政治教育活动中要素众多且需要协调、一致，所以，只有全面评估，才能仔细地辨别、区分各要素及其关系何优何劣，从而有针对性地采取措施，促进思想政治教育健康、和谐、持续地发展。

坚持好评估的全面原则需遵循以下要求。

第一，评估指标要全面。坚持评估的全面原则，首先评估的指标要全面。指标即规定的目标，是对思想政治教育中各项工作、活动制定的标准，有了标准才便于衡量。因此，全面评估就要有全面的指标，并按照各项具体指标逐一、认真地评估。

第二，评估主体要全面。人的本质是社会性，人在各种社会关系中存在；任何单位、团体也必然参与社会活动，在与个人、其他单位、团体的关系中表现自身的社会性及社会作用。因此，对某一受教育者抑或某一群体的思想政治教育进行评估，应让所有知情者——被评估对象的关系者成为评估主体，只有这样，评估才全面，才有利于克服评估的片面性、主观性。

第三，评估资料要全面。资料是评估的依据。全面评估就要全面收集资料，资料越全面、详尽，评估就越准确、客观。全面的资料，是指既有教育活动方方面面的资料，又有反映教育成效的资料；既有直接的资料——可以直接查获、取得的资料，又有间接的资料——来自非教育主体的资料，这些资料有时可能更客观、真实。

第四，评估过程要全面。评估活动是作为一个过程而存在和进行的，全面的评估就要有全面的过程，即评估的方方面面的工作要做足、做实、做细，而不是走过场。如确定适宜的评估模式、方法、指标，全面、详细地掌握评估资料，对获取的资料认真、仔细地核实与查证，对评估中的各项工作坦诚地征询多方面的意见、建议，等等。过程的全面是全面评估的保证。

（三）新时代大学生思想政治教育评估的内容

1. 对思想政治教育的目标、内容设定的评估

思想政治教育是否有效，同思想政治教育的目标、内容的设定有着密切的关系，如果设定的思想政治教育目标和内容太高、太空，甚至太抽象，即它严重地脱离了思想政治教育对象的思想实际，那么要想取得良好的思想政治教育效果，则是不可能的；如果设定的思想政治教育目标和内容太低、太具体，要想取得良好的思想政治教育效果也是不可能的。因此，思想政治教育目标的设定及其内容的确定，必须从思想政治教育对象的实际出发，这就需要摸清他们思想政治觉悟的高低，分析他们思想政治素质的主流和支流，掌握他们的特点等。只有这样，才能制定出切合思想政治教育实际的目标和内容，从而取得良好的思想政治教育效果。

2. 对思想政治教育者和教育对象的评估

评估教育对象的素质及其受思想政治教育影响后的效果，也就构成了思想政治教育评估的重要内容。思想政治教育的效果如何，在很大程度上取决于教育者的素质，因为教育者处在思想政治教育的主导地位。如果教育者的思想素质、理论素质、政治素质、道德素质等都很高，那么，他们就能制定出一整套科学实施思想政治教育的方针、办法和方法，从而提高思想政治教育的有效性；如果教育者的素质很差，那么要搞好思想政治教育则是不可能的。因此，思想政治教育的评估，也必须对教育者的素质、水平及他们实施思想政治教育的方法、效果进行科学的评估。

工作效果的好坏，不仅同教育者密切相关，而且取决于教育对象的思想道德素质和科学文化素质，如果教育对象的素质较高、理解力较强，那么他们就很容易接受思想政治教育所施加的影响；如果教育对象的素质很差，那么思想政治教育要取得良好的效果也十分艰巨。

3. 对思想政治教育领导、管理部门的评估

思想政治教育是否有效同领导部门的组织领导、管理密切相关，这主要体现在以下几个方面。

（1）领导的重视程度

要评估领导部门对思想政治教育是否重视，是否能认真地制订科学的思想政治教育总决策、规划，是否能确立科学的指导思想和合乎实际的工作内容。

（2）管理制度的实施情况

要评估领导和管理部门能否把握方向，能否及时总结经验，能否不断提高思想政治教育的有效性。

（3）管理制度与监督机制

要评估领导部门是否建立了一套行之有效的管理和监督机制及奖惩分明的良好制度，是否建立了一支强有力的高素质的思想政治教育工作者队伍。

（4）相关领导的态度、作风

要评估领导部门及思想政治教育工作者队伍的风气是否端正，是否有良好的工作作风，是否能抵制歪风邪气，等等。

领导、管理部门的工作好坏，不仅直接关乎思想政治教育是否有效，而且关乎思想政治教育能否顺利进行，关乎思想政治教育的成败。凡是领导、管理部门高度重视思想政治教育的，并在实际中加强领导和管理的，思想政治教育都能取得良好的效果；凡是那些领导和管理部门不重视思想政治教育的，要想搞好思想政治教育，则是不可能的。

4. 对思想政治教育实施的途径和方法的评估

思想政治教育实施的途径和方法也应该是思想政治教育评估的重要内容。因为，新时代大学生思想政治教育是否有效同它的实施途径和方法密切相关，即使思想政治教育的目标设定和内容选择得当，符合教育对象的实际，但如果思想政治教育实施的途径和方法不当，同样也达不到预期的效果。生动活泼、丰富多彩的寓教于乐的方法，把思想性、知识性和趣味性融为一体，往往能使思想政治教育取得良好的效果。而那些简单的说教的方法，空洞无物的高喊口号的工作方法，常常使教育对象产生逆反心理。

5. 对思想政治教育效果的评估

思想政治教育是否有效是思想政治教育评估的最主要的内容。所谓"有效",是指能达到预期目的、效果,即正效应;一点预期目的都没有达到,称为零效应;无效果,同预期目的正相反的效果,称负效应。从效果上看,思想政治教育达到预期目的也是有层次的,它可分为有效、比较有效、基本有效和非常有效等不同的层次。

要对新时代大学生思想政治教育是否有效做出正确的评估,必须注意思想政治教育有效性的复杂的表现形式。

(1)精神效果和物质效果

前者是指通过思想政治教育能够改变人的思想政治观点,改变人的精神面貌,使人们的思想政治道德素质发生改变。这种改变既可以表现为前进的,也可以表现为后退的。后者是指通过思想政治教育,在改变了人们的思想政治观点和精神面貌以后,精神的力量转化成物质力量,创造了更多的物质财富和精神财富,从而最终表现为物质效果,推动社会前进。当然也存在着另外一种情形,即腐朽的精神力量给物质力量带来巨大的破坏,阻碍社会的发展。这是一种负面的效果。

(2)暂时的、具体的效果和长久的、根本的效果

前者是指在一定范围内、针对某些问题而进行的思想政治教育,它产生了暂时的效果。这种效果较为短暂,有时容易消失。后者是指对人们进行带有根本性、全面性的思想政治教育,它能从根本上改变人们的思想政治观点。这种效果带有持久的性质。

(3)直接的、现实的效果和潜在的、间接的效果

前者是指通过思想政治教育,在较短的时间内,教育对象的思想政治观点发生了明显的变化,思想政治教育取得了直接的"立竿见影"的效果。后者是指通过思想政治教育,教育对象的思想政治观点虽然没有明显的变化,但在他们的思想深处,世界观、人生观都在进行着量的变化,这是潜在的、间接的效果。随着时间的推移,这种效果一旦表现出来,它便转化为直接的现实的效果。

科学的思想政治教育评估体系是保证教育评估正确、客观的重要因素。构建科学的思想政治教育评估体系,一方面需要依据一定的客观性原则,另一方面要按照一定的步骤进行。科学的思想政治教育评估体系还必然包含着思想政治教育

体系的创新问题。因此构建思想政治教育评估体系要做到客观与创新。

（四）新时代大学生思想政治教育评估的分类

为达到评估目的，可以从不同角度并按不同标准对思想政治教育进行评估。评估的类型不同，评估所产生的作用也会有所不同，但评估的类型必须服从于评估目的。基于目前对思想政治教育的评估，可以依据一定的标准划分为以下类型。

1. 单项评估和综合评估

依据思想政治教育评估内容的不同，可以分为单项评估和综合评估。单项评估是对思想政治教育活动的某一个方面、某一项指标或某一个环节所进行的评估。单项评估是综合评估的基础，它的准确性影响着综合评估的准确性。综合评估是从整体上对思想政治教育所进行的评估，包括对思想政治教育的主体、内容、过程及效果所进行的综合考评。

2. 定期评估与不定期评估

按照时间分，可以分为定期评估和不定期评估。定期评估有固定的时间，多数为例行评估。如可以在每学期结束时对本学期的学生的思想政治状况进行评估，采取的方式多为思想政治理论课考试等方式。也可以是每月底对学生党员、团员进行评估，采取的方式多为过组织生活、写思想汇报等。

不定期评估主要用于评奖评优等，根据高校的工作实际及要求进行不定期的评估。因情况不固定，其评估的时间也不固定。同时，对于学生思想政治素质考察中的心理素质情况，如工作学习中出现思想波动的情况，就需要当事人及时、不定期汇报或者教育者及时发现并采取措施。因此，这类评估直接反映出了思想政治教育工作体系建构得是否合理、反应是否迅速等情况。

3. 动态评估和静态评估

依据思想政治教育状态的不同，可以分为动态评估和静态评估。前者是对思想政治教育的过程和学生的思想政治素质变化的状况所进行的评估；后者是对思想政治教育已经取得的成效和学生的思想政治素质已经达到的水平所进行的评估。

思想政治教育是一个不断发展的实践过程，其效果的体现也是一个动态的过程，因而，应对思想政治教育进行动态的评估。但思想政治教育也有相对静止的一面。思想政治教育的静态评估，就是以思想政治教育相对静止的状态为依据所进行的评估。动态评估和静态评估不可偏废，应当结合进行，只有这样才能真正把握思想政治教育的规律性，符合评估科学性的要求。

4. 失误性评估和成功性评估

依据思想政治教育后果的不同，可以分为失误性评估和成功性评估。思想政治教育的后果大致可以分为两个方面：一是失误（或失效）的后果；二是成功的后果。失误性评估重在查找问题、分析失误（或失效）的原因，目的在于从失误（或失效）中吸取教训，从失误中探索思想政治教育的规律与正确的方法。成功性评估是对思想政治教育活动中取得成绩与成功经验所进行的评估，目的在于从成功中总结经验，探索思想政治教育的规律，推广先进经验。

二、新时代大学生思想政治教育评估的指标体系创新

由于大学生思想政治教育是一个不断发展和完善的过程，其社会效果也是一个逐步显现和不断提高的过程，新时代大学生思想政治教育评估指标体系也要根据新时代思想政治教育的要求和特点而不断调整、充实和完善，尽可能反映思想政治教育的发展方向和要求。我们应当以创造性思维来创新思想政治教育评估指标体系。要坚持实事求是，采用科学方法和技术手段进行整体建构，注重实效，力求客观公正，激发学生参与的积极性，做到动态评估与静态评估相结合、定性评估与定量评估相结合、全面评估与重点评估相结合，克服传统的思想政治教育评估中普遍存在的评估目的不清、评估主体单一、评估内容抽象、评估手段滞后、评估功能狭窄等毛病，为公正合理的奖惩提供真实可靠的依据。

（一）思想政治教育评估指标的创新原则

1. 注重教育过程的协调性

教育过程的协调性即思想政治教育过程中的各因素之间相互配合、协同一致，使思想政治教育过程呈现出和谐的状态。

思想政治教育过程是非常复杂的，包含许多要素。从教育实施看，包括教育内容、教育方式和方法、教育载体、教育手段、教育环境等；从受教育者思想品德的形成看，包括认知、情感、信念、意志、行为等。把教育实施和受教育者思

想品德的形成结合起来看，教育过程还可分为内化阶段和外化阶段。

思想政治教育要获得良好的教育效果，上述各要素之间必须协调，即相互配合、协同一致，这样才能力往一处使，使思想政治教育活动产生更大的效能。否则，彼此矛盾、相互掣肘，使教育过程中的障碍、梗阻、破绽、漏洞不断，一则教育难以顺利进行，二则教育效果将大打折扣。德育自身诸要素的和谐是德育效益最大化的前提。所以，评估思想政治教育的一个重要指标，就是教育过程的协调性，或者说，教育过程的协调性是思想政治教育的突出表现。

把握和评估好思想政治教育过程的协调性要注意以下几点。

（1）看具体施教过程的协调性

思想政治教育过程的协调性的一个重要表现是具体施教过程的协调性。因为不论前面谈的要素之间的协调，还是对要素的调节控制，都要落脚于施教过程的协调，或者目的是实现施教过程的协调，否则，前两者的协调就变得没有意义了。具体施教过程的协调表现在多个方面，如教育内容的协调性，教育内容与教育方法和教育手段之间的协调性，教育内容、教育方法和教育手段与教育环境之间的协调性，施教活动各环节的协调性，教育活动与教育目标之间的协调性，等等。把握和评估具体的施教过程的协调性，评估者除了听被评估者的汇报和查验书面材料外，更为重要的是参与、体验、感受被评估者的具体的教育活动过程。因为"参与""体验""感受"才是最直接的，才是最有说服力的。

（2）看各要素之间的协调性

过程的协调性是由过程中各要素间的协调性决定的。所以，把握和评估好思想政治教育过程的协调性，首先要看思想政治教育过程中各要素之间的协调性。思想政治教育过程中的要素众多，看各要素之间的协调性，主要应看到教育内容、教育方法、教育环境与受教育者以及它们之间的协调性。因为，教育内容、教育方法作为教育过程中的介体，教育环境作为教育过程中的客观条件，对受教育者的影响最大，它们决定着受教育者接受教育的程度与状态。当然，其他要素之间的协调性也要看到，如教育载体、教育手段与受教育者之间的协调性，教育载体、教育手段与教育内容、教育方法、教育环境之间的协调性等。

（3）看对各要素的调节控制

教育是一种自觉的可控影响，它可以对各种环境影响做出选择和调节，可以利用环境中的有利因素，协调各种自觉影响，也可以有意识地抵制环境中的消极影响，甚至能转移环境影响的某些因素，使其纳入教育的正常轨道，从而创设一种良好的教育条件和情境。思想政治教育过程中的各要素都是变动的，其中受教育者、教育环境要素的变动性更为突出。因此，思想政治教育过程的协调性有赖于对思想政治教育的要素进行调节、控制，以使各要素之间保持协调。特别是在我国社会转型时期，社会处于急剧变化之中，种种社会现象、价值观念对人们的影响异常强烈，人们的观念也出现了很大的变化，这就更需要重视对教育要素的调节、控制。教育者能积极主动地对教育要素实施调节、控制，教育过程的协调性就可能好些，否则，教育过程就很可能矛盾、冲突多发，教育成效低下。对教育要素的调节控制是实现教育过程协调的手段和保障，体现着教育者的协调意识，反映着教育者的协调能力，是从动态角度对教育过程协调性的把握和评估。

2. 注重教育内容的适切性

所谓教育内容的适切性即教育内容适应、切合教育对象和社会的发展需要与现实状况。

教育内容的适切性是思想政治教育评估的首要指标。这是因为，教育内容只有适应、切合教育对象，教育对象才有可能积极接受，才有可能便于接受，从而才可能有好的教育成效。否则，教育对象就不感兴趣，不愿接受。现实的思想政治教育中，不是根据教育对象的需要和情状安排的教育内容比比皆是，这正是思想政治教育没有吸引力、成效不佳的主要原因。教育内容适应、切合教育对象的发展需要，是思想政治教育的本质和思想政治教育以人为本的基本原则要求。

教育内容的适切性的另一要求，是教育内容对社会发展的需要和现实状况的适应、切合。思想政治教育内容的建构，依据阶级社会对其成员的根本要求、时代条件发展变化的客观要求、思想政治教育内容的继承借鉴和结构要求，形成思想政治教育内容体系。思想政治教育毕竟是以社会的要求来教育人，目的是实现人的社会化，让受教育者成为适应和推进社会持续发展的人。所以，教育内容的适切性不能仅谈适应、切合受教育者。但是，在受教育者和社会两者中，适应、切合受教育者必须摆在第一位。因为，不适应、切合受教育者的教育其效率、效益都不会高，甚至是负效益，无论其多么适应、切合社会都将没有意义。因而，较长时期以来我们以社会为本位的思想政治教育必须进行适度的调整了。

把握和运用好教育内容的适切性指标,要注意以下几点。

(1)把握现实社会的要求

教育内容的适切性,包括适切现实社会的要求。所以,在评估教育内容的适切性时,评估者要把握现实社会的要求。现实社会对不同的群体有不同的要求,评估者必须清楚现实社会对所评估教育对象的要求,并将这些要求与施教内容相比照,从而做出"适切"程度或等级的评估。在这里,把握好现实社会对不同群体的要求是做出正确评估的关键。在现实评估中,并非所有的评估者都清楚现实社会对自己评估的教育对象的要求,所以,其评估的针对性、准确性往往存有问题。

(2)了解施教的具体环境

具体来说,教育内容的适切性还应包括适应、切合施教的具体环境。所谓施教的具体环境,包括施教单位面临的主要职责、思想政治教育的条件等。不同的施教单位有不同的职责、思想政治教育条件等,这些因素对思想政治教育的内容也有影响或决定作用。思想政治教育不能脱离具体的施教环境而确定教育内容,恰恰相反,应根据具体的施教环境选择、安排教育内容。否则,教育内容的适切性将不强。因此,要想运用好教育内容的适切性指标,评估者还需要认真了解被评估对象的施教环境。

(3)熟知教育对象的情况

教育内容的适切性,指适合教育对象的需要与特点。所以,在评估教育内容的适切性时,首先要看的就是这一点。正因为这样,评估者要熟知教育对象的情况。这里的"熟知"包括许多内容,如教育对象的思想品德状况及发展需要、教育对象的知识和阅历、教育对象面临的环境等。真正把握住教育对象的这些情况,将教育对象的这些情况与施教的内容相比照,从而做出"适切"程度或等级的评估,也不是容易的事,需要评估者做深入细致的工作。

(4)倾听教育双方的意见

要想真正掌握好教育内容的适切状况,除了了解、把握上述客观情况外,还需要倾听教育双方的意见。教育者和受教育者是思想政治教育活动的主体,教育内容是否具有适切性或适切程度如何,教育主体具有重要的发言权。教育内容适切性高,受教育者就喜欢,就乐意接受,受教育效果就好;否则,受教育者就没有兴趣,不愿接受,教育效果就差。同时,教育者选定教育内容也必有其理由,倾听教育者的意见，了解其理由的适切性，便于评估者做出正确的判断。

3. 注重教育效果的知行统一性

教育效果的知行统一性即思想政治教育从效果上看，既能让受教育者掌握一定的思想政治道德理论规范，又能让受教育者将掌握的思想政治道德理论规范转化为行为，实现认知与行为特别是行动的一致性。

人的思想政治道德从本质上讲是行为特别是行动的问题。因为，人的行为特别是行动才会产生有利于或是有损于他人或社会的后果，人们主要是依据行为特别是行动去评判一个人的思想政治道德面貌的。在思想政治教育上，教育者应注重知行统一，要特别注意引导受教育者将已有的思想政治道德认知转化为行为，落实到行动上。

在现实的思想政治教育中，往往是仅注意思想政治理论的灌输，对教育效果的评估也往往是仅有书面的纸笔测试，以纸笔测试成绩的高低，来确定一个人思想政治道德水平的优劣。这样的教育和评估是不妥的，这也是导致思想政治教育效果欠佳的重要原因。在思想政治教育评估中必须突出知行统一，将知与行的统一性作为思想政治教育重要的评估指标。

把握和评估好教育效果的知行统一性要注意以下几点。

（1）既注重认识，又注重行为

人的思想品德的形成，以知为基础，以行为归宿，良好的行为是思想政治教育的最终目标。所以，把握和评估思想政治教育效果，既要注重受教育者对思想政治道德理论知识的掌握，又要注重受教育者的行为特别是行动，把两者统一起来。不可仅看一点，特别是不可仅看认知。

（2）注重被评估者的本职工作状况

人的思想品德的高低会从多方面表现出来，但行为是主要的，而在行为中，更为重要的是自己本职工作或者叫分内之事的完成状况。因为本职工作或者分内之事是自己的本业，是自己与他人、与社会交往的基本职责。只有将自己的本职工作或分内之事做好了，才算承担了自己的基本责任，才算尽到了自己与他人、与社会交往的基本义务，才算表现出了自己基本的，也是应然的思想道德素养。否则，思想政治道德素养就难以合格。因此，把握和评估思想政治教育效果的知行统一性，要注重被评估者的本职工作状况。

（3）注重被评估者已获取的成绩、荣誉

知行统一，不是虚拟的，而是真实的、可见的客观存在。所以，在把握和评估思想政治教育效果的知行统一性时，要注重被评估者已获取的成绩、荣誉。这些已获取的成绩、荣誉是知行统一的最好见证。

（4）注重被评估者的口碑

由于种种原因，有的人的良好的思想道德行为获得了荣誉，而有的人的良好的思想道德行为没能获得荣誉。在现实社会中有的荣誉也并不"荣誉"，但是不容置疑的荣誉是有的，那就是口碑。评估者要深入群众之中，收集口碑，注重口碑。我们认为，在评估权重中，口碑重于可见的荣誉。

（二）创新思想政治教育评估指标体系的流程

思想政治教育是由若干要素构成的一个系统，每个要素又由若干子要素构成。这些要素的有机结合产生了思想政治教育的实践活动，进而会产生一定的活动效果。因此，我们可以按照这些要素及其组合而产生的效果来构建思想政治教育的评估指标体系。评估指标是对评估对象进行评估的内容和依据，提出的评估指标要概念清楚，表达规范，言简意赅，便于操作，评估者和受评对象都能理解和把握。思想政治教育评估指标体系创新大致可按以下流程进行。

1. 提出评估的一级指标

如果是全面评估，则根据思想政治教育工作整体目标的要求和受评对象的整体实际，得出评估的一级指标；如果只是针对单项进行评估的话，那只能得到单项的一级指标。

2. 确定权重系数

衡量评估指标重要程度的数据叫权重系数。权重系数能区分各指标在评估中的主次差别。权重系数的确定，既要根据思想政治教育工作目标的要求，保证重点，又要兼顾一般，还要从实际出发，从已经变化了的情况出发，进行必要的调整。例如，假定在一定时期和一定条件下，对辅导员素质进行评估时，在一级指标中确定道德素质的权重系数为 0.2，如果条件发生变化，辅导员普遍对这一素质修养不大重视而成为突出问题时，可适当调高其权重系数。所以，确定权重系数，增加或降低某项指标的权重系数，关乎思想政治教育的价值导向，一定要科学合理。

3. 分解一级指标

这是把思想政治教育整体目标的要求和受评对象的整体实际进行分解，使之逐步具体化的过程。换言之，这一过程是把一级指标项目逐一分解为二级指标项目，再把各二级指标项目分解为三级指标项目等。经过这样的分解，就会产生一个比较复杂的评估指标层级体系。

通过对不同级别的单项进行分析，可以发现在评估系统中的指标中所包含的各个项目之间都具有一定的层级性和系统性，每个级别之间的单项都具备一定的独立性。

所以，评估系统中的指标都是一层一层递进的，由简单到复杂，逐渐深入，直到得出的评估结论是符合大家所期望的。但是评估系统中的指标并不是无限制的，所以指标的设定都具有一定的原则，不是越细越好，也不是越多越好，而是按照评估的目标进行设定，否则在实际操作中很难实现。

4. 进行试评和检验

为了能够证明评估指标体系的合理性，必须进行一段时间的试评和验证。只有合格之后，这个指标体系才能够真正地推行。所以在试评期间，应该按照不同的对象进行小范围的抽样测试，在试评中遇到任何问题都需要及时解决，只有评估指标体系在试评中得到认可，才能证明这个指标体系是合理的。

5. 设立评估指标等级

按照一般的规律来说，评估指标可以设为偶数制和奇数制。一般来说偶数制可以分为二级制和四级制，而奇数制可以分为三级制和五级制。所以可根据不同的规定制定不同的级别。比如，四级制可以分为优、良、合格和不合格四种。又比如，五级制可以分为优、良、中、合格和不合格五种。所以在设立评估指标等级的时候应该根据思想政治教育的实际情况来确定，不同学校的实际情况都会存在一定的差异。每个等级都应该有严格的标准，按照这个标准进行等级判定。

三、新时代大学生思想政治教育评估方法创新

建立科学有效的思想政治教育评估机制能够对思想政治教育的成效进行准确的描述与评估，从而发现思想政治教育工作的不足，为高校改进思想政治教育的

策略与方式提供科学的依据。新时代大学生思想政治教育评估是一项严密的科学论证工作，必须严格遵守评估原则，并采用科学的评估方式。

（一）新时代大学生思想政治教育评估的基本方法

1. 定性分析法

在唯物辩证法看来，任何事物都是质和量的统一。质是事物的性质，是一事物区别于其他事物的内在规定性；量是对事物数量的规定。因此，我们可以采用定性分析方法来对大学生思想政治教育的效果进行测评，确定大学生思想政治教育的质。

定性分析是评估大学生思想政治教育的基础，因为首要的是弄清楚大学生思想政治教育对社会发展所起的作用的性质，即它起的是进步作用还是反动作用。不弄清这一点，就不能把不同性质、不同价值的大学生思想政治教育严格区分开来。因此，定性分析是我们评估大学生思想政治教育的重要方法，这种方法的优点是能确定大学生思想政治教育的性质，它可以用落后、先进或好、坏来表述。但这种评估缺少数据支持，因而较难反映大学生思想政治教育评估的质量，因为它对大学生思想政治教育的评估不够深刻，这就需要有定量分析来补充。

2. 定量分析法

定量分析是对大学生思想政治教育评估的深化和精确化，因为只评估大学生思想政治教育的先进与否、有无价值是不够的，还必须弄清它好到什么程度，有价值到什么程度，这就需要做定量分析。大学生思想政治教育的定量分析，正是从数量方面对它的成效、作用大小予以测评。这种测评，可以用等级的数量概念来测量，如可以用优、良、中、差，很落后、落后、先进、很先进，负价值、零价值、有价值、很有价值，负效果、零效果、有效果、很有效果等反映数量程度的概念来表达。

3. 调查评估法

调查评估法是通过问卷调查等综合手段对大学生思想政治教育进行评估的方法。这种评估方法注重对评估对象的调查研究，是一种具有调查特色的评估方法。调查评估实施的具体形式和方法有以下几种。

（1）调查法

它是指评估组通过向被调查者发放问卷，直接测试其思想政治理论水平的高低、观点和立场是否正确，将此作为评估被评估单位开展思想政治教育情况的重要依据。调查法主要是抽样调查，适用于较大范围的评估对象。

（2）实地考察法

这是一种较为直观、比较注重感受性的评估方法。评估者直接深入思想政治教育第一线，对思想政治教育过程和效果的诸要素、诸环节进行实际考察和调查研究，详细了解教育主客体的思想、工作、学习和生活情况，从而获得对评估对象的直观感性认识。实地考察时通常使用的方法有查阅资料法、听取汇报法、访问座谈法等，通过看、听、问等形式从不同侧面了解评估对象，获得关于评估对象的第一手材料和信息。

第一，查阅资料法。查阅资料法是思想政治教育评估的常用方法。它是指评估组通过查阅被评估单位的相关资料，从而对被评估单位开展思想政治教育的情况做出评判。

第二，听取汇报法。听取汇报法是思想政治教育评估最基本的方法。它是指由实施思想政治教育评估的部门组建的评估组，通过听取被评估单位领导做的关于开展思想政治教育工作的汇报，对被评估单位开展思想政治教育的效果进行评估。被评估单位领导的汇报，能比较全面地反映出其对思想政治教育的认识高度和重视程度，通过它评估者能够迅速了解被评估单位开展思想政治教育的全貌、特色和存在的主要问题，从而确定评估的重点。

第三，访问座谈法。访问座谈法也是思想政治教育评估必不可少的方法。它是指评估组通过召开思想政治教育工作人员座谈会掌握思想政治教育工作人员的素质和能力，了解思想政治教育的情况，从而对被评估单位开展思想政治教育的情况进行评估。

（二）新时代大学生思想政治教育评估的新方法

1. 定性与定量相结合的评估方法

所谓定性与定量相结合的评估方法，就是在对思想政治教育效果进行评估时，综合分析定性评估与定量评估的优、缺点，将二者相结合的一种评估方法。

这种评估方法是由思想政治教育的特点和内在规律决定的，是科学评估思想政治教育的必然要求。定性与定量相结合的评估方法，不仅能够判断教育对象思想行为的性质类型，而且能判定教育对象思想行为的性质，从而帮助我们更全面、更准确、更深刻地把握思想行为的质的规定性，使我们的思想政治教育更有针对性、方法更得当、效果更明显。

定性与定量相结合的评估方法的特点如下。第一，定性与定量的评估方法是辩证统一的。没有脱离定性的定量，也没有脱离定量的定性。定性评估是评估的直接目的，是定量评估的出发点和结果；定量评估是评估的辩证工具，是对定性评估的深化。二者是相互促进、相辅相成的辩证关系。定性与定量相结合的评估方法实现了定性评估与定量评估功能的互补。第二，这种评估方法实现了科学性与人文性的统一。传统的思想政治教育评估方法要么在评估过程中按照固定的、严格的程序进行，使评估活动缺少了必要的灵活性和弹性，强调"科学性"；要么过度强调评估者的主导地位或过度强调受教育者的个人需求，强调"人文性"。定性与定量相结合的评估方法是以科学精神、人文精神为指导的，实现了科学性与人文性的统一。

2. 系统分析的评估方法

所谓系统分析的评估方法，就是运用系统论的原理，采用系统分析技术，把思想政治教育看作一个由不同要素组成的系统，充分了解要素与要素、要素与系统、系统与环境相互作用的规律，并对其做出价值判断的方法。这种方法看到了思想政治教育的系统性、整体性、层次性和动态性。著名的高等教育专家薛天祥教授指出，高等教育的改革与发展如果缺乏系统的思想和方法，往往会带来失误。在思想政治教育评估方法中运用系统论的原理是必要的。

系统分析的评估方法的特点如下。第一，整体性。研究一个系统，首先按照其特征实事求是地研究该系统以及相关系统的限制表象；其次找出这些系统的一般方面、一致性和同态性。运用系统分析的方法来评估和检验思想政治教育工作，就是将思想政治教育看作一个有机的整体，从系统整体的角度来检验和评估。第二，层次性。每一个复杂的系统，都是有一定的层次结构的，每一层次结构都有自己的特点和功能。思想政治教育系统也不例外，其由不同层次的部分构成，其整体的效果是靠不同层次部分功能的发挥来实现的。第三，动态性。思想政治教育是一项育人的工作，人的思想在变化，思想政治教育也无时无刻不在发生着变化。因而在对这些要素进行评估时要坚持动态性原则。同时我们也应该看到系统整体方法的相对静止性。每一个时期都有固定的目标和任务，每一个思想政治教育的要素都有存在的时间和空间，所以说评估的方法又具有静态性。第四，最优化。系统是由诸多部分和要素组成的有机整体，系统的整体性来自各部分和要素的相互作用，系统的整体功能也是各部分要素有机结合、相互协调的结果，达到了"整体功能大于部分之和"。对思想政治教育的评估应先从整体出发，通过整体来分析部分与部分间的关系，再通过对部分的分析达到对整体的最优化。

3.信息引导的评估方法

所谓信息引导的评估方法，就是运用信息论的原理，把思想政治教育过程看作信息的收集、传递、加工整理的过程，并对其进行价值判断的方法。任何组织之所以能够保持自身的内在稳定性，是由于它有取得、使用、保持和传递信息的方法。我们采用信息引导的评估方法，就是对信息传递过程的一种评估。首先是对收集到的教育信息进行评估，运用定性或者定量的方法，对所收集到的材料进行分析。其次是对信息的传播途径和方法进行有效的评估，选择合适的传递途径。最后通过对各阶段的信息进行整合和处理，实现一个总的评估。这种信息引导的评估方法是伴随着思想政治教育过程开展的，是一种比较简捷的方法。

第三节 新时代大学生思想政治教育模式创新

模式是简洁表达理论的一种手段。它的作用是提供简洁、直观和有效的辅助工具，以便清晰地表达各种理论。思想政治教育模式是对思想政治教育的途径与方式方法的客观概括和完善，是上升到理论层面的范式。新时代大学生思想政治教育模式具有理论概括的特点。当前的思想政治教育模式如下。

一、坚持传统教育与现代教育相结合

（一）传统教育的现代价值

与新时代大学生思想政治教育相比，传统思想政治教育的具体表现：在教育思想中遵循传统观念，甚至在思想政治教育的进行过程中，始终要与过去的思想观念和实践相提并论。

中国共产党有着良好的思想政治教育传统，在长期的革命和建设中积累了丰富的经验。例如，坚持思想领先，充分挖掘人的主观能动性，充分发挥人的精神力量的作用；充分发挥榜样的作用，广泛宣传他们的事迹，以鼓励和激励他人努力工作；领导干部吃苦在前，享受在后，在任何地方都起着带头作用；思想政治教育紧紧围绕党的中心工作，通过有效的思想政治教育，贯彻党的路线、方针、政策；等等。

这些传统的思想政治教育经验今天过时了吗？如前所述，它们是不过时的，而且是应该继承和推广的。传统的思想政治教育在今天仍然具有不可替代的价值，思想政治教育的传统不能丢失。

面对现代社会的新形势和新时代的新要求，思想政治教育不能停滞不前，勇于突破和创新。

（二）新时代大学生思想政治教育的积极意义

所谓新时代大学生思想政治教育是相对于传统思想政治教育而言的，是指适应社会发展变化的教育。创新思想政治教育，包括教育理念、方法和手段等方面的创新。创新思想政治教育，不能排斥一切传统观念、途径和方法。同时，我们应该充分重视信息社会发展带来的新变化，与时俱进。传统与现代的有效结合有利于思想政治教育创新的发展。

关于新时代大学生思想政治教育，互联网的使用引起了广泛关注。由于互联网对教育对象的影响已经超出了人们的想象，如何充分利用互联网这一现代教育手段来加强思想政治教育已成为一个不可回避的问题。首先，信息传输和交流方式非常特殊。虽然网络信息的传递和交流也是在人与人之间进行的，但从外在和直观的角度来看，它是人与机器之间的直接联系，也是人与机器之间的对话。其次，信息的传输和交换快捷方便。最后，信息传递和交流的对象（主体）是非常隐蔽的。互联网不仅是思想政治教育的新领域、新方式，也是新时代大学生思想政治教育的新课题。

（三）正确处理传统与现代的关系

在新时代大学生思想政治教育中，传统与现代的关系仍需正确处理。

从理论上讲，传统和现代各有优势，不应该单方面反对或否认。如前所述，传统思想政治教育和新时代大学生思想政治教育在教育方法上各有特点和优势。这些特点和优势可以在教育过程中发挥作用，也可以影响教育对象。对于教育对象来说，在接受思想政治教育的过程中，除了学习知识之外，无形中也接触到了不同的教育方法，学到了不同的技能。无论是通过传统否定现代，还是通过现代否定传统，都不利于大学生思想政治教育与时俱进。从马克思主义方法论的角度来看，这与对事物的全面、系统、科学的分析的观点相矛盾。从实际教育过程和人才培养来看，也存在明显的片面性。

就个体思想政治教育者而言，由于专业、年龄、环境等因素的影响，传统教育和现代教育的掌握水平必然不同。由于思想政治教育工作者具有不同的个性和研究优势，传统教育与现代教育之间的选择不应该是整齐划一的。在现实中，大学生思想政治教育工作者经常被要求参加现代教育方法的培训、竞赛和论文写作，好像现代教育是唯一的，从而忽视或轻视传统教育。对思想政治教育工作者工作质量的评价，不仅要依据所采用的方法和手段，还要依据教育对象对教育内容的理解和消化。换句话说，对思想政治教育工作者教育效果的评价不仅要看是采用传统或现代化的教育方法和手段，还要看教育对象对教育内容的理解和接受。因此，每一位思想政治教育工作者都应该坚持传统与现代的结合，比如注重运用自己的教育技能，充分发挥自己的优势，而不是片面追求时尚和新奇。

二、坚持显性教育和隐性教育相结合

（一）显性教育

显性教育和隐性教育是根据教育功能的呈现形式划分的，显性教育是一种直接的"有形"教育。新时代大学生思想政治教育中的显性教育以马克思主义理论，社会主义核心价值体系和核心价值观为主要教育内容。通过开放教育的方式，有意识地、公开地、直接地、系统地在公共场所对受教育者进行教育。思想政治教育中显性教育的宣传不仅对教育者来说是明确的，对受教育者来说也是明确的。有时候，受过教育的人需要某种形式的评估来测试教育的效果。

大学生思想政治教育中显性教育的特点：①教育的目标明确；②明确的教育者和受教育者；③标准化的教育形式；④一些特定的受教育者必须学习并经历各

种评价环节；⑤评估的形式是外在性的（所谓外在性是指对教育内容的理解和接受程度，这是通过考核来了解的）。

大学生思想政治教育的主导教育功能主要表现在：①能够实现系统的思想政治教育，即能够根据理论基础、接受能力、实践要求等，全面系统地进行相对完整的思想政治教育；②实现思想政治教育的规范化，对于教育对象的思想政治教育来说，规范化教育是一个重要环节；③与意识形态要求高度一致。

（二）隐性教育

所谓隐性教育是相对于显性教育而言的，有其独特的教育内容和方法。显性教育是显性的、直接的"有形"教育，而隐性教育是间接的、隐含的、可渗透的"无形"教育。新时代大学生思想政治教育中的隐性教育既要体现思想政治教育的内容要求、实现教育效果，又要具有隐性教育的特征。思想政治教育中的隐性教育在不同的单位和领域会有不同的表现形式。例如，高校马克思主义理论教育中的隐性教育的间接性体现在，不是直接展示思想政治教育，而是通过其他理论、案例、事件等间接传授马克思主义理论和社会主义核心价值体系。它证明了思想政治教育内容的科学性和正确性，使教育对象能够理解、认识和接受马克思主义的世界观和方法论，运用马克思主义的立场、观点和方法解决实际问题。其暗示性表现在以非公开、非显式的方式进行思想政治教育，但受教育者通过相关的教育活动接受思想政治教育。它的渗透性表现为潜移默化、由表及里、由浅入深，对教育对象产生积极影响，使其接受健康向上的教育，为思想政治教育奠定思想理论基础，本质上是思想政治教育的一部分。

新时代大学生思想政治教育中隐性教育的特点：①教育方法的内隐性和渗透性；②教育内容的多样性；③教育效果的持续性和差异性；④受教育者的自主性。利用隐性教育的规律进行思想政治教育，参与者没有强制性限制，可以决定是否参加活动以及参加的程度。受教育者的自主性决定了他们参与的热情，也决定了他们教育的真实性、稳定性和有效性。

隐性教育在新时代大学生思想政治教育中的作用与其特点密切相关，主要表现在以下三个方面。一是教育过程潜移默化的影响。与显性教育相比，思想政治教育中的隐性教育可以使受教育者在相对宽松和不自觉的氛围中接受教育，发挥显性教育难以发挥的作用，甚至发挥意想不到的作用。二是教育效果的稳定性。尽管隐性教育缺乏规范性和系统性，但对受教育着的影响是长期而稳定的。从这个角度来看，有必要采取各种措施加强隐性教育功能的开发。三是有利于受教育者的主观能动性的发挥。隐性教育可使受教育者参与教育活动的主观能动性更强，更有可能收到事半功倍的教育效果。

（三）正确处理显性教育与隐性教育的关系

新时代大学生思想政治教育的实效性取决于显性教育和隐性教育的良性互动。在新时代大学生思想政治教育中，人们往往忽视隐性教育，而重视显性教育，即规范化、系统化、有形化的教育。他们认为隐性教育的内容不集中，形式过于复杂，效果难以评价；也有人认为，思想政治教育的内容是明确的，思想特点是突出的，就是大张旗鼓地开展教育，在一定程度上忽视了隐性教育。

在新时代大学生思想政治教育的实施中，要注意显性教育和隐性教育的结合。一方面，要加强思想政治教育的显性教育，充分发挥隐性教育因素在显性教育中的积极作用。显性教育有多种形式，如课堂教学、开设思想政治理论课、规范系统地进行思想政治教育等。在显性教育中，应重视隐性教育资源的开发和利用。例如，利用教师人格力量对教育对象的影响，形成感化的教育力量。另一方面，在重视显性教育的同时，应注意教育对象的主观能动性，培养教育对象的自我影响和自我教育的隐性教育能力。

在新时代大学生思想政治教育中，要特别注意隐性教育功能的开发。鉴于隐性教育容易被忽视，一些问题应该重点解决。首先，新时代大学生思想政治教育不仅是一种积极开放的显性教育，还包括对错误思想和思潮的批判。这种批判有时反映在显性教育中，有时反映在隐性教育中。其次，优化人民生活的物质环境，弘扬人文精神，注重环境氛围和社会文化建设，使之与思想政治教育、马克思主义中国化理论和社会主义核心价值观的内容相协调，这符合积极向上的精神状态的要求。例如，观看报纸专栏、名人雕塑等的人可以接受符合思想政治教育要求的正面教育。最后，完善规章制度，加强各领域的规范化管理，建立良好的社会生活秩序，增强人们对社会的信任和对中国特色社会主义的信心，从而坚定他们的马克思主义信仰。

三、坚持课内教育与课外教育相结合

新时代大学生思想政治教育的对象是广泛的，不同对象的思想政治教育方法也应该是不同的。对在校学生进行思想政治教育，应坚持课内教育和课外教育相结合的模式。

（一）解决课内教育的问题

这里所说的课内教育是指课堂教学，具体是指教学计划中包含的思想政治教育课程的教学。这些思想政治教育课程包括大学的思想政治理论课和中小学的思想品德课，被认为是高校德育和思想政治教育的主要渠道。这主要取决于学校思想政治教育的主要特点：①教学内容的系统性、完整性，思想政治教育课程既各自独立又密切联系，对各类各层次学生形成了完整、全面、系统的马克思主义理论、社会主义核心价值体系和核心价值观教育；②教育过程的规范性，这体现在教师的专业水平和教学计划中的课程标准化上；③强制性评估要求，上述思想政治教育课程是学生的必修课，学生必须通过考试。

改进和创新思想政治教育课程的教学方法的基本原则：①主体性，即以学生为主体；②立体化，即利用现代手段开展实践教学；③开放性，即根据现有条件，主要采取聘请专家做专题报告、观看教学视频、安排主讲教师以外的人员举办行专题讲座的形式。

为了提高思想政治教育的实效性，在改进和创新方案中要注意解决好以下两个问题。首先，从教学方法载体的角度出发，要注意以下问题：①团队教学；②实践教学；③加大多媒体教学的力度。其次，从提高学生学习积极性的角度出发，创建互动课堂，激发学生的思辨热情：①引导启发；②实施案例式教学；③实施专题式教学；④实施演讲式教学；⑤实施辩论式教学。

（二）解决课外教育的问题

所谓课外教育是指课外的新时代大学生思想政治教育，不包括在教学计划中。在学校思想政治教育中，课外教育是课堂教育的有效补充，是对学生进行马克思主义理论、社会主义核心价值体系和核心价值观教育的重要途径。课外教育的特点：①教育的随机性和灵活性；②教育的潜移默化性；③教育方法的多样性；④教育对象的非特殊性。

课外教育的方式有很多，可以分为不同的类别：①根据与课堂教学内容的相关程度，可以分为直接相关教育和间接相关教育；②根据思想政治教育的显示水平，可分为显性课外教育和隐性课外教育；③根据课外教育的内容和形式，可以分为理论性课外教育和实践性课外教育；④根据课外教育活动的组织程度，可分为有组织的课外教育和无组织的课外教育；⑤根据课外教育活动的状态，可以分为动态课外教育和静态课外教育。对学生来说，去做社会调查和做好人好事是一种动态的课外教育。专栏、雕像、名言等对学生来说都是静态的课外教育。

课外教育在学校思想政治教育中的有效实施需要做大量细致的工作。当前，我们应注意以下几个主要方面：①切实加强课外思想政治教育的组织领导，虽然课外教育是一种不系统、不规范的教育，但它也应该有相应的教育目标、教育计划和管理，所以必不可少的组织和领导不可或缺；②多部门参与，形成联合管理的良好局面，与课外思想政治教育相关的部门包括学校党委组织部、党委宣传部、学生工作部、研究生工作部、教务处、团委、学生会和基层工作部门，他们在思想政治教育中各有责任，不能互相替代；③重视学生的自我教育，在课外思想政治教育中，学生自我教育是一种有效的形式，这种形式使学生更容易相互影响；④充分发挥教师在课堂中的积极作用；⑤增加必要的投入，增加必要的经费投入以保证课外教育的效果是非常重要的。

（三）正确处理课内教育与课外教育的关系

在新时代大学生思想政治教育中，课内教育（课堂教学）和课外教育是"主体"和"辅助"的关系。由于课内教育是主渠道，我们应该重视主渠道的作用。①加强规范化管理，即按照课程规范化建设的要求，甚至是按照重点课程的建设要求进行建设。许多学校的思想政治教育课程被各级职能部门评为优秀课程，这是规范化管理和加强建设的结果。②增加人力资源投入。课内教育和课外教育都涉及人力和物力的投入。相比之下，在课堂教学的人力、物力投入方面，吸引高水平的教学、科研和学科建设人才加入教学团队是重点。③加大教学改革的力度。在思想政治教育教学中，有许多问题需要研究，教学改革仍需加强。

当然，所谓以课外教育为辅，并不意味着削弱课外教育的作用，也不意味着课外教育是可有可无的。①根据课堂教学的进度，辅以课外教育。课外教育需要关注课堂教学的进展，并与课堂教学内容相结合。②课外教育相对独立，可以根据教学计划设计课外教育，开展有特色的独立的教育活动。③思想政治教育评价应与课内教育和课外教育相结合。特别是要评价两者之间的协调情况，促进课内与课外教育有机结合。

四、坚持消极心理干预和积极心理引导相结合

（一）消极心理及其干预

消极心理作为心理学中的一个专门术语，有广义和狭义之分。狭义的消极心理是指个体心理的消极反应，表现为缺乏自信、偏执、愤世嫉俗、看破红尘等。广义的消极心理是一种病态心理，它源于个体自身的遗传因素或外部环境因素。这种心理形成后，会对患者的意识和行为产生很大的影响。有这种心理的人容易产生猜疑、多虑、恐惧和缺乏安全感，这导致过度的自我保护和抵抗情绪。

将消极心理引入新时代大学生思想政治教育不是从纯粹的心理学角度出发，而是借用这个术语及其一般含义来讨论教育对象对思想政治教育的排斥和抵制，或者更确切地说，它是对思想政治教育的某种接受的心理障碍。当前，教育对象接受思想政治教育的心理障碍主要表现在以下几个方面。

首先，认知接受的障碍：①现有认知背景形成的障碍；②认知结构形成的障碍。当大学生接触到与其认知结构不一致的教育信息时，会产生以下三种心理反应：拒绝教育信息；将教育信息误解为与自己一致的观点；改变认知结构，接受教育信息。

其次，情感接受的障碍：①教育对象自身的情感抗拒形成的障碍；②对教育者的情感抗拒形成的障碍；③对教育要求的情感抗拒形成的障碍。如果思想政治教育过于强制性，损害了受教育者的自尊心，受教育者就会感到厌倦。

最后，接受意愿的障碍：①受教育者意志薄弱所形成的障碍；②抵制所形成的障碍诱惑。诱惑与一个人的欲望有关，并且具有吸引人的内在特征。因此，抵制诱惑实际上是以意志来抵制自己的欲望。

为消除受教育者接受思想政治教育的心理障碍，我们应努力做到以下几点：①在新时代大学生思想政治教育过程中，要注意尊重受教育者的多样化需求，在

充分满足受教育者需求的基础上，不断满足他们的新需求，不断提高他们的需求水平；②在新时代大学生思想政治教育中，要努力改善受教育者的心理过程，应以知、情、意和行之间的关系为指导，促进知、情、意和行之间矛盾的积极变化；③在新时代大学生思想政治教育过程中，要积极改善教育对象的心理环境。

（二）积极心理及其引导

为了与上述"消极心理"对称，这里使用了"积极心理"一词。

积极心理学在新时代大学生思想政治教育中的运用是十分必要的。首先，当前的教育对象，尤其是年轻人，在心理上追求自我价值的实现，他们渴望被认可、被尊重和倡导个人自由。根据教育对象的这些心理和行为特征，采用积极心理学中的快乐、幸福和积极的理念符合当代教育对象的心理特征，更容易被教育对象所接受。其次，虽然健康促进的目的是维护个人的健康，但健康促进的重点是提高个人的能力，教育对象的能力在不断发展和变化，从而在促进其健康方面取得了更显著的教育效果。也就是说，积极教育的理念更适合于新时代大学生思想政治教育的教育对象。最后，在我国当前国情下，应根据社会发展的需要，并结合教育对象自身发展的特点，引导教育对象积极追求社会主义道德原则和规范所认可的各种真、善、美，形成良好的人格。

在新时代大学生思想政治教育中，探讨积极心理学的理论和应用可以给思想政治教育带来有益的启示。

（1）坚持以人为本的理念

积极心理学认为教育者和教育对象是在教育活动中成长和发展的个体，教育者应培养积极心理，用积极心理对待发展中的教育对象，关注个体教育对象的自我成长体验。

（2）丰富和改进积极的教育内容

对积极心理学的研究证明，具有积极思想的人通常具有更好的社会道德和更强的社会适应性。这些人通常能更轻松地面对压力、逆境甚至失败。即使他们处于不利地位，也能冷静地面对和处理。因此，教育对象的思想政治教育应以教育对象的外显和潜在的积极品质为出发点和归宿，重视教育对象积极观念的培养。

（3）注意使用积极的教育方法

基于积极心理学的思想政治教育的本质不是对人的管理、控制和约束，而是对人的尊重、解放和发展，体现人的价值，关注人的诉求，满足人的需要。新时代大学生思想政治教育工作者应该对教育对象采取信任、接受和肯定的态度，在教育实践中付出更多的耐心，在教育过程中采取更加人性化和富有感染力的教育方法，激发教育对象的积极品质，引导教育对象健康成长。

（三）正确处理消极心理干预和积极心理引导的关系

在实施新时代大学生思想政治教育的过程中，教育对象的消极心理是存在的，进行积极的心理引导是十分必要的。将消极心理干预与积极心理引导相结合，加强教育对象的思想政治教育，解决他们的思想问题、心理问题是现实的迫切需要。

对于新时代大学生思想政治教育工作者来说，要克服重纠错、轻正面思想政治教育的传统倾向，避免过分强调灌输教育。当然，积极的思想政治教育不是忽视教育对象的不良品质，而是强调在教育活动中，教育者应该首先关注和重点强调教育对象身上已具备的积极品质，促使教育对象在原有思想政治素养的基础上进一步发展与成长。思想政治教育工作者应从教育对象的积极素质出发，营造积极的教育环境，激发教育对象自身的积极潜能，引导他们充分利用教育环境中的积极因素；要提高他们的素质，在养成积极素质的过程中，帮助他们逐步克服不良的品行。积极的思想政治教育强调积极品质的培养，而不是对消极品质的矫正。

为了更好地解决这个问题，思想政治教育行政部门应特别重视环境建设。积极心理学研究的一个重要方向是人的积极体验、积极品质和社会系统之间的联系。社会形态、国家制度和文化规范对人类发展有重要影响，良好的社会环境能促进人们积极品质的形成和发展。社会是一个以国家为基本形式的单位，要建立一个积极的社会环境，我们必须首先建立一个积极的国家环境。对于具体领域和具体单位，不仅要重视和参与外部环境建设，还要努力营造良好的新时代大学生思想政治教育内部环境。

参考文献

[1] 中共中央马克思恩格斯列宁斯大林著作编译局. 马克思恩格斯选集（第1卷）[M]. 北京：人民出版社，2012.

[2] 中共中央马克思恩格斯列宁斯大林著作编译局. 马克思恩格斯选集（第4卷）[M]. 北京：人民出版社，2012.

[3] 中共中央马克思恩格斯列宁斯大林著作编译局. 列宁专题文集[M]. 北京：人民出版社，2009.

[4] 中共中央马克思恩格斯列宁斯大林著作编译局. 列宁全集（第42卷）[M]. 北京：人民出版社，1987.

[5] 中国共产主义青年团中央团校. 马克思恩格斯列宁斯大林论青年[M]. 北京：中国青年出版社，1980.

[6] 中共中央马克思恩格斯列宁斯大林著作编译局. 斯大林选集（下卷）[M]. 北京：人民出版社，1979.

[7] 习近平. 习近平谈治国理政（第1卷）[M]. 2版. 北京：外文出版社，2018.

[8] 中共中央文献研究室，中央电视台. 大型电视文献纪录片《邓小平》[M]. 北京：中央文献出版社，1997.

[9] 习近平. 习近平谈治国理政（第3卷）[M]. 北京：外文出版社，2014.

[10] 习近平. 之江新语[M]. 杭州：浙江人民出版社，2007.

[11] 人民日报评论部. 习近平用典[M]. 北京：人民日报出版社，2015.

[12] 中共中央文献研究室. 十八大以来重要文献选编（中）[M]. 北京：中央文献出版社，2016.

[13] 习近平. 摆脱贫困[M]. 福州：福建人民出版社，1992.

[14] 中共中央宣传部. 习近平总书记系列重要讲话读本[M]. 北京：学习出版社，2014.

[15] 赵师渊. 资治通鉴纲目（第3册）[M]. 北京：中国书店，2020.

[16] 陈万柏. 思想政治教育学原理 [M]. 北京：中国人民大学出版社，2012.

[17] 冯友兰. 三松堂全集（第4卷）[M]. 郑州：河南人民出版社，1986.

[18] 鲁力，刘洋. 现代思想政治教育的多维探索 [M]. 天津：天津人民出版社，2023.

[19] 杨小岑. 高校思想政治教育工作创新实践 [M]. 沈阳：辽宁人民出版社，2022.

[20] 寇跃灵. 高校思想政治教育探索与实践研究 [M]. 北京：北京工业大学出版社，2021.

[21] 叶楠. 大学生思想政治教育的时代诠释 [M]. 北京：九州出版社，2021.

[22] 陈华. 大学生思想政治教育与心理健康教育融合及实践 [M]. 成都：四川大学出版社，2022.

[23] 梅鲜. 高校思想政治教育第二课堂建设研究 [M]. 上海：上海三联书店，2023.

[24] 刘珥婷. 文化视野下高校思想政治教育实践研究 [M]. 哈尔滨：哈尔滨工程大学出版社，2023.

[25] 罗亚莉. 思想政治教育调查方法理论与实践 [M]. 成都：四川大学出版社，2021.

[26] 崔玉娟. 新时期高校思想政治教育教学与反思研究 [M]. 长春：吉林大学出版社，2022.

[27] 陆安琪. 新时代高校思想政治教育协同育人路径研究 [M]. 北京：中译出版社，2021.

[28] 白留艳，赵旭英，蔡艳宏. 新时代高校思想政治教育融合机制研究 [M]. 长春：吉林大学出版社，2021.

[29] 孙立权. 论语注译 [M]. 长春：吉林文史出版社，2010.

[30] 全国马克思主义教育思想研究会. 马克思主义教育思想研究文集（第1辑）[M]. 全国马克思主义教育思想研究会，1980.

[31] 宿竟元. 新时代大学生思想政治"微教育"创新方法探究 [J]. 品位·经典，2023（19）：66-68.

[32] 余惠婷. 新时代大学生思想政治教育获得感提升研究 [J]. 西部学刊，2023（13）：98-106.

[33] 侯帆. 新时代高校大学生思想政治教育的创新发展探究 [J]. 食品研究与开发，2023（13）：242.

[34] 王华，徐绘，冯宏伟. 新时代加强"00 后"大学生思想政治教育研究的思考 [J]. 陕西教育（高教），2023（5）：25-27.

[35] 罗佳. 新时代大学生思想政治教育认同培育研究 [J]. 食品研究与开发，2023（9）：238.

[36] 刘丽红. 新时代背景下红色精神融入大学生思想政治教育研究 [J]. 湖北开放职业学院学报，2023（7）：82-84.

[37] 普通，张越. 新时代大学生思想政治教育实践育人路径研究 [J]. 湖北开放职业学院学报，2023（6）：120-122.

[38] 黄健，赵美岚. "四史"学习融入新时代大学生思想政治教育的实践探索 [J]. 河南农业，2023（9）：10-12.

[39] 聂妍. 新时代大学生思想政治教育质量提升路径探析 [J]. 湖北开放职业学院学报，2023（5）：97-98.

[40] 赵锋，王友琛. 全面学习贯彻习近平青年观加强和改进新时代大学生思想政治教育工作 [J]. 创造，2023（2）：49-51.

[41] 姜雪. 新时代加强大学生思想政治教育探究 [J]. 齐鲁师范学院学报，2022（6）：40-45.

[42] 毛丽，李峻. 新时代大学生思想政治教育话语反思与体系重构 [J]. 中学政治教学参考，2022（40）：52-53.

[43] 吕国辉，张峰. 习近平新时代中国特色社会主义思想融入大学生思想政治教育路径研究 [J]. 吉林广播电视大学学报，2022（4）：114-116.

[44] 冷文丽，罗来松，史久林，等. 新时代大学生思想政治教育协同机制研究 [J]. 江西师范大学学报（哲学社会科学版），2022（2）：56-62.

[45] 颜娟娟，冯炎莲. 伟大建党精神之于新时代大学生思想政治教育的价值 [J]. 老区建设，2021（22）：29-34.

[46] 李嘉琪. 新时代大学生思想政治教育获得感提升研究 [D]. 太原：中北大学，2023.

[47] 杨梦娇.新时代大学生思想政治教育获得感提升研究[D].长春：长春工业大学，2023.

[48] 欧庭宇.大学生思想政治教育话语体系优化研究[D].贵阳：贵州师范大学，2023.

[49] 梁靖.新时代大学生日常思想政治教育科学化研究[D].长春：东北师范大学，2023.

[50] 袁路珈.新时代大学生网络思想政治教育探析[D].荆州：长江大学，2023.

[51] 习近平.青年要自觉践行社会主义核心价值观[N].人民日报，2014-05-05（002）.

[52] 习近平.在庆祝中国共产党成立100周年大会上的讲话[N].人民日报，2021-07-02（002）.

[53] 柳晓森，李章军.全国青联十一届全委会全国学联二十五大在京开幕[N].人民日报，2010-08-25（001）.

[54] 坚持依法治国和以德治国相结合 推进国家治理体系和治理能力现代化[N].人民日报，2016-12-11（001）.

[55] 在纪念五四运动100周年大会上的讲话[EB/OL].（2019-4-3）[2024-01-10]. https://www.gov.cn/gongbao/content/2019/content_5389309.htm.

[56] 习近平给华中农业大学"本禹志愿服务队"回信[EB/OL].（2013-12-5）[2024-01-20]. https://www.gov.cn/ldhd/2013-12/05/content_2542812.htm.

[57] 习近平在全国高校思想政治工作会议上强调：把思想政治工作贯穿教育教学全过程 开创我国高等教育事业发展新局面[EB/OL].（2016-12-09）[2024-01-23]. http://dangjian.people.com.cn/gb/n1/2016/1209/c117092-28936962.html.

[58] 教育部等十部门关于印发《全面推进"大思政课"建设的工作方案》的通知[EB/OL].（2022-07-25）[2024-02-12]. https://www.gov.cn/zhengce/zhengceku/2022-08/24/content_5706623.htm.

[59] 做好高校思想政治工作的着力点[EB/OL].（2016-01-25）[2024-03-22]. https://www.gov.cn/xinwen/2016-01/25/content_5035841.htm.

参考文献

[47] 杨容臻. 新时代大学生理想信念教育实效性提升研究[D]. 长春：长春工业大学, 2022.

[48] 倪佳宇. 大学生思想政治教育引领体系优化研究[D]. 贵阳：贵州师范大学, 2023.

[49] 陆婕. 新时代大学生日常思想政治教育有效性研究[D]. 长春：东北师范大学, 2022.

[50] 欧阳翘楚. 新时代大学生网络思想政治教育研究[D]. 福州：福大学, 2023.

[51] 习近平. 青年要自觉践行社会主义核心价值观[N]. 人民日报, 2014-05-05(002).

[52] 习近平. 在庆祝中国共产党成立100周年大会上的讲话[N]. 人民日报, 2021-07-02(002).

[53] 胡锦涛. 高举中国特色社会主义伟大旗帜，为夺取全面建设小康社会新胜利而奋斗：在中国共产党第十七次全国代表大会上的报告[N]. 人民日报, 2010-08-25(002).

[54] 坚持中国特色社会主义文化发展道路 推进社会主义文化强国建设[N]. 人民日报, 2016-12-11(001).

[55] 中共中央国务院印发《新时代爱国主义教育实施纲要》[EB/OL]. (2019-1-5)[2024-01-10]. https://www.gov.cn/gongbao/content/2019/content_5362305.htm.

[56] 关于开展中小学大中小学生党史国情教育意见[EB/OL]. (2013-12-5)[2024-01-20]. https://www.gov.cn/jrzg/2013-12/05/content_2542312.htm.

[57] 关于开展全国大中小学校以党的十九大精神和"理想信念"为主要内容的学生党团员、共青团员及骨干分子专题教育活动[EB/OL]. (2016-12-09)[2024-01-24]. http://dangjian.people.com.cn/gb/n1/2016/1209/c117092-28636962.html.

[58] 关于印发《关于十四五"思政课"学习推进"大思政课"建设的工作方案》的通知[EB/OL]. (2022-07-25)[2024-02-12]. https://www.gov.cn/zhengce/zhengceku/2022-08/2/content_5706623.htm.

[59] 国务院关于印发国家教育事业发展"十三五"规划的通知[EB/OL]. (2016-01-25)[2024-01-22]. https://www.gov.cn/zhengce/content/2016-06/25/content_5051311.htm.